成渝地区双城经济圈高质量发展研究丛书

2022年度成都市哲学社科规划重点项目（2022B04）
2021年度重庆市教育委员会科学技术研究项目（KJQN202100810）
2023年度重庆市教育科学规划项目（K23YD2080092）

成渝地区双城经济圈
战略引领下的成都都市圈研究

杨继瑞　黄　潇　何雄浪 / 著

西南财经大学出版社
中国·成都

图书在版编目(CIP)数据

成渝地区双城经济圈战略引领下的成都都市圈研究/杨继瑞,黄潇,何雄浪著.--成都:西南财经大学出版社,2025.5.--ISBN 978-7-5504-6566-4

Ⅰ.F299.277.11

中国国家版本馆 CIP 数据核字第 20258CF043 号

成渝地区双城经济圈战略引领下的成都都市圈研究

杨继瑞　黄　潇　何雄浪　著

责任编辑:李特军
助理编辑:李　佳
责任校对:冯　雪
封面设计:墨创文化
责任印制:朱曼丽

出版发行	西南财经大学出版社(四川省成都市光华村街 55 号)
网　　址	http://cbs.swufe.edu.cn
电子邮件	bookcj@swufe.edu.cn
邮政编码	610074
电　　话	028-87353785
照　　排	四川胜翔数码印务设计有限公司
印　　刷	成都国图广告印务有限公司
成品尺寸	170 mm×240 mm
印　　张	15.5
字　　数	252 千字
版　　次	2025 年 5 月第 1 版
印　　次	2025 年 5 月第 1 次印刷
书　　号	ISBN 978-7-5504-6566-4
定　　价	88.00 元

前言

区域协调发展是推动高质量发展的关键支撑，也是实现共同富裕和推进中国式现代化的重要内容。习近平总书记亲自谋划、部署并推动了成渝地区双城经济圈的建设。2020 年 1 月，在中央财经委员会第六次会议上，习近平总书记明确指出："要推动成渝地区双城经济圈建设，在西部形成高质量发展的重要增长极。"2023 年 7 月，习近平总书记在四川考察时再次强调："要坚持'川渝一盘棋'，加强成渝区域协同发展，构筑向西开放战略高地和参与国际竞争的新基地，尽快成为带动西部高质量发展的重要增长极和新的动力源。"

《成渝地区双城经济圈战略引领下的成都都市圈研究》一书，以成都都市圈为研究对象，紧扣区域协调发展和都市圈建设两大主题。在成渝地区双城经济圈战略的引领下，成都都市圈的建设不仅是高质量发展的核心所在，也是城乡融合与区域协同发展的重要实践。本书深入剖析了成都都市圈在经济、交通、科技创新、文化交流以及公共服务等多个领域中的建设路径与未来规划。

本书主要面向学术界、政府决策者、区域规划从业者，以及特别关注区域经济、城市规划、社会治理和政策研究的读者。同时，本书也旨在为关心成渝地区双城经济圈和成都都市圈发展的企业和公众提供有价值的参考。

本书系 2022 年成都市哲学社科规划重点项目"成渝地区双城经济圈战略引领下的成都都市圈建设研究"（项目编号：2022B04）的综合性研究成果。该专著汇聚了成都都市圈建设的现状、进展及咨询建议，得到了成渝地区党政领导和有关部门的指导和关注。该成果可以为相关部门推进成都都市圈建设提供决策支持和借鉴，同时也为关注成都都市圈高质量发展的专家学者提供了数据资料、研究素材和参考资料。

本书共分为十二章。第一章，规划一体的成都都市圈。本章探讨成都都市圈的整体规划，分析其发展使命和主要建设任务。第二章，科技创新的成都都市圈。本章聚焦科技创新能力建设，提出成都都市圈成为全国科技创新高地的策略。第三章，轨道上的成都都市圈。本章分析轨道交通在都市圈一体化中的关键作用。第四章，产业协同的成都都市圈。本章阐述成都都市圈以成都市为核心，包含德阳市、眉山市、资阳市等几个主要城市的产业分工与协同发展路径。第五章，开放发展的成都都市圈。本章探讨如何在双循环格局下推动内陆开放型经济发展。第六章，数字经济的成都都市圈。本章研究数字经济如何赋能成都都市圈的产业升级。第七章，文化自信的成都都市圈。本章强调文化建设的重要性，探索区域文化品牌的塑造路径。第八章，绿色生态的成都都市圈。本章提出生态保护与绿色发展的创新方案。第九章，公共服务便捷的成都都市圈。本章分析教育、医疗等公共服务领域的均衡发展与合作模式。第十章，现代化治理的成都都市圈。本章探讨成都都市圈现代化治理体系的构建与实施路径。第十一章，人心相通的成都都市圈。本章研究文化交流和经济合作如何促进区域内的精神融合。第十二章，成都都市圈高质量发展评价。本章构建成都都市圈高质量发展评价体系，并进行实证分析。

成渝地区双城经济圈建设正如火如荼地进行，成都都市圈作为其重要支点，已经取得了显著的成效。希望本书能够为各级政府、企业及学术界提供有益的参考，为进一步推动区域协同和城乡融合发展贡献智慧。让我们共同携手，为成都都市圈的高质量发展和中国西部现代化建设谱写新的篇章。

著者

2025 年 3 月

目录 CONTENTS

第一章

规划一体的成都都市圈

自20世纪90年代“都市圈”概念被引入我国的规划研究与实践应用以来，对其内涵、作用等的理解也随着社会经济背景的变迁而不断改变。如今面对新发展阶段、新发展环境，有必要进行新的思考与应对，需要重新认识、梳理都市圈的价值使命，精准匹配城镇化、经济社会发展的现实需求。不同于先前主要是来自地方政府的自发行为，新一轮的现代化都市圈规划、发展与建设更加强调国家层面的顶层设计引导，更加强调区域协同体制机制的探索创新。相比于偏重自由市场、地方自治的西方国家，中国“有为政府+有效市场+有力治理”的独特制度环境优势，使得都市圈层面统筹资源要素与空间秩序的能力更为突出，这就为新时代推动更高质量的都市圈规划与发展提供了有利的条件。总之，面对百年新变局，我们也有必要、有责任以全面贯彻新发展理念为遵循，向世界贡献一份成都都市圈发展的“中国方案”和“成都实践”（张京祥和胡航军，2023）。

一、 都市圈规划的理论溯源

都市圈一体化规划涉及的理论是一个庞大的理论体系，包括城市群理论、都市圈理论、田园城市理论、有机疏散理论、中心地理论、增长极理论、点轴开发理论等，特别是城市群理论和都市圈理论及其在实践中的运用。

（一）城市群理论

城市群代表了区域空间结构的新层级，是城市化进程成熟阶段的重要标志。可以从两个方面对城市群进行分析：一是地理空间形态，二是社会空间结构。首先，经济与社会的发展是城市群形成的根本动力。城市群内部的各个城市之间的经济活动紧密相连。其次，城市群通常以一个或多个中心城市作为其核心组成部分。同时，城市群是由不同等级和规模的城市共同构成的复杂体。最后，中心城市与周边城市之间存在着相互依赖与制约的关系，这种互动关系促进了城市群一体化发展的格局形成。

城市群体现出一系列基本特征，包括空间集中性、行政界限跨越性、核心城市的存在、区域一体化以及高水平城市化。第一，空间集中性表现在城市群内的城市并非孤立，而是多个中小城市围绕一个或多个核心城市聚集，形成紧凑的空间布局。第二，行政界限跨越性对城市群的发展至关重要。尽管各个城市保留独立的行政职能，但通过城市群一体化的协同发展机制，才能实现整体的进步。第三，核心城市的存在是构成城市群的必要条件。中小城市环绕核心城市形成集聚效应，并且在此结构中，核心城市展现出显著的辐射力和吸引力。第四，区域一体化特性强调了核心城市与周边城市之间的相互依赖与制约，区域内部经济联系紧密。主要发展演变过程如下：随着经济活动形式的演变，城市之间最初缺乏联系，各自独立发展；随后，城乡联系逐步增强，城市的集聚与扩散效应日益显著；最终，城市化进程加深，城市间的经济社会关系向一体化发展迈进，协调发展成为城市群发展的核心理念。第五，高水平城市化标志着城市群发展的成熟阶段。这不仅要求核心城市实现较高的城市化水平，而且强调整个城市群需实现高水平的城市化。单一核心城市的高城市化水平不足以代表城市群的整体发展水平，需城市群共同实现高水平的城市化。

（二）都市圈理论

随着社会的经济与城市发展，城市规模及其与周边地区的关联持续性演变，传统的行政划分方式已难以全面揭示城市发展的动态趋势。因此，各国依据自身的行政体系特点，引入了多样化的城市地域界定概念。例如，英国倾向于使用“conurbation”一词，法国则常采用“urban agglomeration”，美国普遍使用“metropolitan area”，而日本则惯用“都市圈”来表达这一概念。鉴于此，有必要结合中国国情及区域发展现状刻画中国式现代化进程中都市圈发展的特点及规律。

“都市圈”的概念最初由美国提出，用于描述以一个大城市或特大城市为核心，包括其周边地区的城市化区域。这一概念强调了核心城市与周边地区之间的社会经济一体化关系。此后，诸如德国、法国、加拿大、英国及意大利等众多国家也相继提出了类似的概念。这些概念尽管具体细节可能有所不同，但均排除了城市行政边界以外的城市化区域，围绕一个核心大城市或特大城市，以及与之相邻的地域单元进行界定，从而划定了都市圈的范围

（尹稚 等，2023）。

“城市群”这一概念，指在特定地域范围内，由一个或多个核心城市（通常是特大城市或大城市）以及周边的多个城市共同构成的城市集合体。城市群是城市化进程中的高级形态，它通过核心城市的引领和周边城市的协同发展，形成了一个高度一体化和同城化的区域经济体系。城市群的发展不仅提高了区域的整体竞争力，还促进了资源的优化配置和经济社会的可持续发展。（姚士谋，1992）。

截至目前，学术界对于“都市圈”的定义尚未达成统一共识。周一星（1995）提出了“都市连绵区”的概念，该概念的空间范围与大都市带相似。宁越敏（2003）提出大都市区应归类于“城市功能区域”的范畴，其构成包括拥有一定人口规模的中心城市及其周边与之紧密相连的县域地区。尹稚等（2023）认为，都市圈本质上隶属于“城市—区域”的结构范畴，并列举都市圈、大都市区域、大城市区域、城市化地域、都市连绵地带以及城市群等概念，表明都市圈是多种城市发展模式的体现，是城市与区域相互作用、相互影响的结果，其表现形式并非单一，而是根据具体的地理、经济、社会等因素而形成了不同的城市发展模式。张京祥等（2023）认为都市圈是“城市—区域”空间形态演化序列中的一个阶段性成果，都市圈的特征在于核心城市与周边地区的一体化发展，形成多中心、多层次的城市系统，从而提高整个区域的资源配置效率和综合竞争力。都市圈展现出的这种由周边城镇与区域共同构成的、具有一体化趋势的圈层结构，可视作“城市—区域”空间形态演化序列中的一个阶段性成果。

著名地理学家戈特曼则采用“大都市带（megalopolis）”这一概念来阐述对都市群的理解并将其应用于描述和分析全球其他类似的城市群。他认为大都市带是由多个大城市及其周边地区组成的庞大城市网络，这些城市在经济、社会、文化等方面紧密相连，形成了一个高度一体化的区域。

都市圈特征在于包含一个或多个核心城镇，这些核心城镇与周边城镇展现出一体化的趋势。由核心城镇及其相邻城镇共同构成的区域，显著呈现出圈层式的结构特征，即周边城镇环绕核心城镇，构成近似的环形布局。在都市圈内部，物流、资金流、信息流等流动频繁。此外，都市圈内的城市间交通便捷，满足居民当日往返通勤的需求。都市圈这一概念，常被用来描绘我国平原地区城市群的发展演变情况（张京祥 等，2001）。

都市圈作为一种介于都市区与城市群之间的中介空间形态，其界定主要以国家或区域的中心城市为核心，并以一小时通勤距离为边界。这种界定方式强调了都市圈内部的空间紧密性和高效连接性。在内部特征方面，都市圈由多个具有独立且均衡城市职能的单元组成，这些单元各自发展出特色各异的产业和经济模式，形成了互补发展的分工合作体系。此外，都市圈内的城市布局合理，多产业链条协同共存，共同推动整个区域的经济社会发展。

肖金成（2021）认为都市圈是以超大城市、特大城市或辐射带动功能强的大城市为核心，以核心城市的经济辐射距离为半径，形成的功能互补、分工合作、经济联系密切的区域。肖金成从多维度（包括城市规模、空间间距、联系紧密度及邻域关系等）深入剖析了都市圈理论。

就城市规模而言，肖金成认为，都市圈的核心是都市，即常住人口规模在 300 万人以上的大城市或特大城市。这些城市具有强大的经济辐射能力和人口吸引力，是都市圈发展的核心驱动力。随着城市规模的扩大，其辐射带动的范围也会相应增大。一般来说，城市常住人口超过 500 万人可称之为大都市，具有更强的辐射和带动作用。

至于空间间距，都市圈的空间范围一般以核心城市的辐射半径为基准。这个半径的大小取决于城市规模、空间距离和联系强度等因素。肖金成指出，空间距离一般以货车在高速公路上行驶一小时至一个半小时的车程距离作为辐射半径的参考。此外，联系强度也是影响都市圈空间范围的重要因素，包括人流、物流、资金流、信息流等指标。随着交通通讯条件的改善和经济联系的加强，都市圈的空间范围也会相应扩大。

都市圈内的联系主要是经济联系，表现为产业链条的延伸或市场的拓展。肖金成认为，都市圈内的城市之间应该形成优势互补、分工合作的关系，通过加强产业协同、市场整合等方式，提高区域经济的整体竞争力。同时，都市圈内的城市之间还应加强交通、通信等基础设施的建设和互联互通，降低物流成本，提高要素流动效率。

就邻域关系而言，肖金成（2021）指出，都市与周边城市的关系可以大致分为三个阶段：极化效应阶段、极化与辐射并存阶段以及辐射效应大于极化效应阶段。在极化效应阶段，周边地区的资源、人才等要素向核心城市聚集；在极化与辐射并存阶段，既有要素向核心城市聚集的过程，也有核心城市向周边地区的辐射过程；在辐射效应大于极化效应阶段，都市圈正式形成，核心城市对周边地区的辐射带动作用显著增强。德国经济地理学家杜能在其经典著作《孤立国同农业和国民经济的关系》中，提出了城市与邻域之间存在紧密的空间布局和经济联系的观点。他认为，城市作为生产和消费的中心，其周边地区的生产布局以城市为中心，形成了一系列有规则的同心圆，即“杜能环”或“杜能圈”。每个环层根据运输成本和产品特性安排不同的农业和工业生产，易于腐烂的产品和重农产品靠近城市生产，而易于储存和运输的产品则在较远地区生产。杜能还强调了城市与邻域之间的互动关系，认为城市的发展依赖于周边地区的支持，同时周边地区的发展也受益于城市的辐射带动作用，这种互动促进了区域经济的整体发展。

城市的形成是一个从小城镇逐渐演变的过程，其初始动力源于农业革命后农产品剩余所激发的交易需求。随着交易活动的增加，特定地点发展成为集市或市场，吸引了更多人口和商业活动，为城市的雏形奠定了基础。货币的出现进一步加速了这一进程，通过提高交易效率和促进商品流通，使得这些小城镇逐步发展成为商业中心，并形成了复杂的社会结构和经济体系。国家为城市的稳定和发展提供了政治保障，其通过法律、政策和公共服务的支持，推动了城市的规范化管理和持续发展。最终，随着城市规模的不断膨胀与影响力的日益增强，其辐射效应逐步向外延伸，不仅覆盖了紧邻的农村地区，还波及了相邻的城市与城镇，构建了一个由核心都市及其周边的次级、三级乃至更多层级城市所组成的城市体系。在这个体系中，核心都市通过经济辐射、文化传播、科技创新等多维度的影响力，对周边区域产生了深刻的影响。一方面，都市因其强大的集聚力和资源吸引力，可能会对周边城市的成长空间和发展速度形成一定的制约，这种现象可以形象地描述为“光芒耀眼易遮星辰”。另一方面，当都市发展到一定规模，成本上升促使部分产业向外迁徙时，周边城市和城镇将迎来新的发展机遇。它们能够借助都市的辐射效应，实现自身的快速崛起，这种现象则可以用“光辉照耀下的沃土”来形容，即都市的光芒不仅不会阻碍，反而能滋养和带动周边地区的成长与发展。这种互动关系既凸显了都市在区域发展中的引领作用，也展示了周边城市在特定条件下，利用都市的辐射效应实现自身跨越发展的可能性。

都市与其周边城市间关系的演进是一个复杂而动态的过程，可以划分为三个标志性阶段。第一阶段，以极化效应为主导，核心城市凭借其优势吸引周边资源集中，形成“单核极化”的发展格局。第二阶段，随着核心城市的资源承载能力趋于饱和，部分产业和资源开始向外转移，同时核心城市的辐射效应增强，形成了“极化与辐射并存”的局面。此时，都市圈雏形显现，核心城市与周边城市之间的经济联系更加紧密，产业分工日益明确。第三阶段，则是向城市群过渡，核心城市的辐射范围进一步扩大，周边城市在自身发展和都市圈的带动下实现了较快增长。多个都市圈之间及更大范围的城市圈之间形成耦合互动与协同发展，推动了产业结构优化升级和城市功能完善，最终形成了更高层次的城市群，提升了区域整体竞争力，并为各城市提供了更广阔的发展空间和合作平台。

对都市圈的研究、规划及建设，关键在于精准理解、把握极化现象和扩散效应这两大核心要素。极化现象反映了资源、人口和经济活动向核心城市的集中趋势，需深入分析其产生机制及其对核心城市及周边地区的影响；扩散效应则体现了资源、技术、信息等从核心城市向周边地区的扩散过程，对周边城市的经济发展和产业升级具有积极影响。在规划和建设中，通过采取合理布局城市功能、优化资源配置、构建完善交通网络、加强区域合作等措施，可以有效应对极化现象带来的问题，并充分发挥扩散效应的积极作用，从而实现都市圈内的均衡发展和可持续发展。

核心城市应充分发挥其对都市圈的引领与驱动作用。具体而言，核心城市应利用其产业结构优势、知识资源和高素质人力资本，推动技术创新和产业升级，提升在全球价值链中的地位，并通过庞大的市场需求促进区域产业结构优化。同时，核心城市应制定有利于都市圈发展的政策措施，推动产业协作和交通互联。外围地区则应积极承接核心城市的产业转移，加强与核心城市的交通联系，推动产业升级和转型，提升公共服务水平，并坚持绿色发展理念，加强生态环境保护，从而实现自身的更好发展。通过这种协同合作，都市圈能够实现整体的协调发展和可持续增长。

（三）城市群与都市圈

推动现代都市圈建设是实现中国式现代化的重要方面，是我国构建城镇化总体格局的承上启下的关键环节（尹稚 等，2023）。作为一种特定的空间组织形式和连接都市区与城市群的桥梁，都市圈以国家或地区的中心城市为核心，构建紧凑且紧密相连的空间结构，有助于提高资源和人员的流动效率。都市圈内的各个城市拥有相对独立且均衡的功能布局，形成互补发展、有序竞争和多产业链协同共生的产业分工格局，从而促进区域协调发展、提升经济效益、增强整体竞争力、改善居民生活质量，并通过绿色发展理念推动可持续发展。城市群规划引领下的都市圈规划，为实现城市群的高质量发展提供了重要的制度保障。该规划有助于优化资源配置、促进跨城市的协同发展，提升城市的国际竞争力，推动都市圈的综合发展。

推进成都都市圈建设，不仅是成都建成中国西部具有全球影响力和美誉度的社会主义现代化国际大都市的重要一环，而且是全面建成社会主义现代化强国，以中国式现代化全面推进中华民族伟大复兴的生动实践。高质量发展是全面建设社会主义现代化国家的首要任务，也是我国城市群建设的首要任务。加快成都都市圈高质量发展，是落实区域协调发展战略的应有之义，是扎实推进中国式现代化的实际行动。

2019 年，国家发展改革委发布的《关于培育发展现代化都市圈的指导意见》（发改规划〔2019〕328 号）阐述了都市圈与城市群的关系，提出：“都市圈是城市群内部以超大特大城市或辐射带动功能强的大城市为中心、以 1 小时通勤圈为基本范围的城镇化空间形态。”要求“以促进中心城市与周边城市（镇）同城化发展为方向，以创新体制机制为抓手，以推动统一市场建设、基础设施一体高效、公共服务共建共享、产业专业化分工协作、生态环境共保共治、城乡融合发展为重点，培育发展一批现代化都市圈，形成区域竞争新优势，为城市群高质量发展、经济转型升级提供重要支撑”。

就城市群与都市圈之间的关联性进行探讨，可以发现其形成顺序为先有都市圈，后有城市群。都市圈构成了城市群诞生的先决条件，缺乏都市圈基础，城市群便无从谈起。城市群作为一个更为宽泛的概念，往往包含了多个都市圈作为其组成部分。然而，都市圈的存在并不必然导致城市群的形成，这还需视周边城市的发展状况而定；相反，城市群的形成则必然伴随着都市圈的存在。

此外，都市圈之间可能产生耦合效应，即相互连接或部分重叠。首先，核心城市凭借其强大的经济、文化和社会影响力，吸引周边地区的资源和人口向其集中，形成都市圈。随着都市圈的发展，核心城市的辐射范围不断扩大，影响到更远的地区，带动周边城市的发展。当多个都市圈相互耦合，形成无断裂带的连续区域时，城市群便逐渐成形。例如，北京都市圈与天津都市圈已经紧密耦合，上海、杭州、南京等都市圈也呈现出显著的耦合趋势。这种耦合效应使得各个都市圈之间的界限变得模糊，最终促成更大范围的城市群的形成。城市群的形成是一个自然历史进程，非主观臆断所能划定，亦非人为规划所能轻易塑造。

城市群的形成是一个复杂而多维度的过程，依赖于一系列关键条件的满足和多个因素的共同作用。首先，城市群的形成至少需要一个或多个成熟的核心都市圈作为基础，这些都市圈通常是区域内的经济、文化和科技中心，具有强大的吸引力和辐射力，能够带动周边城市的发展。其次，高效的交通网络是城市群形成的重要支撑，发达的交通基础设施如高速公路、铁路和航空网络确保了城市间的高效连接和便捷交流，促进了资源和信息的快速流动，为城市群的一体化发展提供了有力保障。经济繁荣也是城市群形成的重要条件之一，区域内经济活动频繁，产业集聚明显，形成了强大的经济基础，吸引了大量的人才和资金流入，进一步推动了城市群的发展。最后，人口密集也是城市群形成的关键因素，区域内人口稠密，城市分布密集，具备足够的市场规模和消费能力，为城市群提供了广阔的发展空间和市场潜力。城市群的特点主要体现在其覆盖范围广、高度一体化、功能分工明确和资源共享等方面，城市群覆盖的地域范围远超单个都市圈，但有合理的地理边界；城市群内的城市通过高效的交通网络紧密相连，形成了高度一体化的经济和社会联系；同时，城市群内部的城市功能分工明确，互补发展，共同推动区域经济的繁荣，并能够实现资源共享和优势互补，提升整体竞争力，形成强大的区域合力。

京津冀城市群与长三角城市群作为中国经济发展的两大引擎，各自以其鲜明的特点和明确的建设方向，引领着区域经济的蓬勃发展。京津冀城市群以其独特的双核心结构，即北京都市圈和天津都市圈，以及石家庄都市圈的辅助，构建了一个辐射广泛、影响力深远的城市群体系。北京作为中国的首都，不仅承载着国家的政治、文化中心职能，还以其强大的经济实力和科技创新能力，对保定、张家口、承德及廊坊等地产生了深远的辐射带动作用；而天津作为北方经济中心，通过其独特的港口优势和产业升级，对沧州、唐山、秦皇岛及廊坊等地形成了有力的经济辐射；石家庄虽然不在京津的直接辐射圈内，但其作为河北省的省会城市，凭借广阔的腹地资源，有效带动了邢台、衡水、定州及阳泉等地的发展，形成了独具特色的石家庄都市圈。这种双核心、多节点的城市群结构不仅增强了区域内部的协同合作，也为整个京津冀地区的经济一体化发展奠定了坚实基础。长三角城市群则以其高度发达的交通网络、紧密的经济联系和合理的空间布局，成为中国乃至全球城市群发展的典范，上海都市圈、南京都市圈和杭州都市圈三大核心，通过其强大的经济辐射能力和完善的交通设施，将苏州、无锡、嘉兴、湖州、舟山、南通、镇江、常州、扬州、泰州、滁州、马鞍山、绍兴、金华等多个城市紧密地联系在一起，形成了一个高度一体化的城市体系，在这个体系中，各城市既保持了自己的特色和优势，又通过分工协作实现了资源的优化配置和经济的协同发展。

无论是都市圈还是城市群，其演变均遵循自然历史进程，非主观臆断所能划定，亦非人为规划所能轻易塑造。坚持科学规划、逐步推进、注重均衡发展和生态保护的原则，要明确各城市的功能定位，强化分工协作，避免不良竞争和“马太效应”的负面影响，逐步推进同城化和一体化进程，先实现各都市圈内部的深度融合，再以此为基础推动整个城市群的一体化发展，注重区域内资源的优化配置，缩小经济发展差距，提升整体竞争力，同时在追求经济发展的同时也要注重生态环境保护，推动绿色可持续发展。

成渝地区双城经济圈，其核心构成即为成渝城市群，两者在规划范畴上基本重合。重庆广域范围内含有一个重庆都市圈（涵盖四川省的广安市），而四川广域范围内则包含一个成都都市圈，这两个都市圈之间呈现出一种相切且互动的关系，各自拥有独立的腹地与影响范畴。重庆都市圈与毗邻的城市及乡村区域保持着紧密的关联，成都都市圈亦是如此。若两大都市圈能有效带动其周边区域的发展，则将有力推动成渝地区双城经济圈的整体进步。

位于重庆都市圈与成都都市圈之间的内江、自贡、遂宁等地，以往作为两大都市圈的边缘区域，所受辐射力相对薄弱，属于中间过渡地带，但在成渝地区双城经济圈快速发展的浪潮中，这些地区正迎来新的发展机遇，势头强劲。

步入“十五五”时期，城市群与都市圈的内部架构亟需通过优势互补、明确分工与合作来持续优化，打破行政壁垒和市场障碍，推动区域内各城市间的深度合作与协同发展。这包括提升一体化程度，减少不必要的竞争，尤其是杜绝恶性竞争现象；建立完善的区域合作机制和政策体系，促进商品、资本、人才等要素的自由流动和高效配置；形成明确的分工合作体系，各城市根据自身特点和优势承担不同的功能角色，加速同城化进程，提升基础设施互联互通水平和公共服务资源共享；核心城市要发挥辐射带动作用，通过产业扩散、技术转移和人才流动等方式促进周边城市发展，并推动整个城市群的一体化进程和产业升级；其他城市则需发挥自身特长，选择适合自身的发展路径和特色产业，加强与城市群内其他城市的联系与合作，推动产业协同发展和资源共享，逐步从区域性中心城市向功能性城市转型。最终，通过政策引导和市场机制，促进分工合作和产业结构升级，优化空间布局，缩小区域发展差距，提升城市群整体竞争力。

（四）都市圈动力机制

关于都市圈动力机制的研究，中心地理论深入剖析了城市等级体系的构建原理，中心地通过市场、交通和行政原则布局，形成六边形服务区域，并构成不同等级的城镇体系。在都市圈的动力机制中，核心城市通过集聚效应吸引资源和人口，通过辐射效应带动周边城市发展，形成互补发展的产业分工格局。高效的交通网络和政策引导进一步促进了都市圈的一体化发展，推动了区域内的资源配置优化和经济协同增长（勒施，1995）。

从城市利益格局的视角出发，城市经济学着重探讨了经济主体在都市圈形成及演进过程中的核心作用，指出正是这些经济主体促进了多个规模不一的“核心—边缘”结构的形成与发展（Friedmann，1966）。知识溢出效应与人力资本对城市增长具有推动作用，集聚效应通过规模经济和知识溢出促进核心城市的快速发展，为理解都市圈的形成机制提供了有力的阐释

（Henderson & Wang，2003）。相关制度在区域或都市圈的城市化进程中扮演着至关重要的角色，它通过影响个体决策、降低交易成本以及优化资源配置等方式，发挥着深远的影响（Davis & Henderson，2004）。综合来看，推动都市圈空间发展的四大动力要素包括：城市化进程（尤其是郊区化趋势）、现代交通技术的发展、产业的扩散与转移，以及政府的政策决策与规划布局（薛俊菲 等，2006）。

关于都市圈划定标准的研究，发达国家普遍依据人口规模或通勤流动量来确定，同时明确区分中心城市及其周边关联城市的地域范围，如美国通过通勤模式定义大都市统计区（MSA）和联合统计区（CSA）来划分。我国学者则建议采用人口规模以及外围区域非农劳动力比例等参数，来界定都市圈的具体范畴（胡序威，1998；张京祥 等，2001；钱紫华，2022）。

（五）都市圈规划

我国都市圈规划的历程反映了国家在不同发展阶段对城市化和区域协调发展的认识与实践。自改革开放以来，随着经济快速增长和城市化进程加速，我国开始逐步探索和推进都市圈的发展模式。20 世纪 80 年代至 90 年代初，沿海经济特区如深圳、上海迅速崛起，成为区域经济增长的核心。1995 年，由国务院正式批准的《南京市城市总体规划（1991—2010）》中，首次提出“南京都市圈”概念。进入 21 世纪，北京、上海等大城市周边地区形成了初步的都市圈形态，国家层面更加重视都市圈的作用。21 世纪 10 年代以来，随着城镇化加速和区域发展不平衡问题凸显，国家出台了一系列政策文件推动都市圈协调发展，如《京津冀协同发展规划纲要》（2015 年）和《粤港澳大湾区发展规划纲要》（2019 年）。2014 年，中共中央、国务院印发的《国家新型城镇化规划（2014—2020 年）》也强调培育现代化都市圈。多个城市如南京、成都、西安等相继编制并实施了各自的都市圈发展规划，通过资源整合与优势互补，实现经济社会的高质量发展，构建了更加均衡和谐的城市网络体系。

我国都市圈规划实践主要源于地方发展诉求与区域协调需求，尽管规划的具体目标各有差异，但都是为了促进区域协调发展，缓解大城市病，提升城市竞争力，优化产业结构，推动基础设施一体化并应对全球化挑战。规划内容多集中于基础设施建设互联、公共服务共享、产业协同、空间布局优化、开发管制、生态环境保护及协同发展机制等方面，除少数规划强调了执行机制外，多数规划在实施监督方面的关注尚显不足（尹稚 等，2023）。

《关于培育发展现代化都市圈的指导意见》中指出："近年来，都市圈建设呈现较快发展态势，但城市间交通一体化水平不高、分工协作不够、低水平同质化竞争严重、协同发展体制机制不健全等问题依然突出。"规划建设都市圈的初衷在于增强都市的辐射引领效应，促进区域协调发展，缓解大城市病，并通过资源整合和优势互补，实现经济社会的高质量发展，而非单纯提升都市的吸引力与集聚功能。基于此，提升都市圈的发展品质与现代化程度，需探索制定都市圈发展规划的路径，有效促进都市圈规划与城市群规划、城市空间规划之间的深度融合，确保各项规划间协调一致、形成合力。

随着行政壁垒的消除与腹地的拓展，对规模相对较小、实力有待提升的都市，政策措施应侧重于提供财政补贴、人才引进、产业扶持和公共服务改善等直接支持，从而促使都市规模逐步扩大。具备条件的都市圈，则更注重资源整合、交通网络建设、创新驱动、市场机制优化和生态环保，以推动更高层次的协同发展和整体竞争力的提升。

都市圈规划并非城市规划的简单延伸，但它亦无法脱离城市环境孤立存在。规划的核心构成应涵盖以下几个维度：

首先，在于界定都市圈的地域范畴，科学划分都市圈范围，依据人口密度、经济联系、交通网络等因素确定边界，并根据城市发展和区域联系的变化进行动态调整，以确保都市圈能够反映最新的发展状况并有效促进区域内的协同与整合。需要注意的是，这一范围既不宜过于宽泛，也不宜过分狭窄。

在经济背景和现状方面，需根据各城市的资源禀赋和发展基础明确产业定位。在着手规划前，应对都市圈的经济基底、产业结构、开发密度及发展潜力进行全面剖析，以形成对其发展背景与现状的基本认知。

其次，明确总体战略导向，制定统一的发展规划和顶层设计，明确发展目标和实施路径，发展目标的设定需科学合理，涵盖城市成长、产业集聚、人口分布、经济增长、科教发展等多个领域的中长期愿景；建立高效的跨行政区划协调机制，通过定期联席会议解决重大问题；设立专项基金支持基础设施和公共服务项目，并引导社会资本参与；同时简化行政审批程序，推行“放管服”改革，以确保各项政策措施的有效落地和区域协调发展。指导思想需遵循习近平新时代中国特色社会主义思想及国家相关政策导向，坚持新发展理念，以深化区域合作为主线，推动市场一体化建设。基于都市圈的基础优势及国家赋予的战略机遇，立足全国乃至全球视野，提出都市圈发展的战略蓝图。

基础设施方面，应建设多层次、多方式的综合交通网络，如高铁、城际铁路和高速公路，以提高内外连通性；加强城市间及内部的公共交通系统建设，如地铁、轻轨和公交线路，实现无缝衔接，特别关注“断头路”与“瓶颈路”的打通，共建交通枢纽与物流中心，打造“轨道相连”的都市圈；推进智慧交通技术的应用，提升交通管理和服务水平；同时完善能源供应和通信设施，如电力、天然气管网和5G、宽带等，以支持区域内的高效运转和信息化发展。基础设施建设需兼顾合理性、经济性与前瞻性，服务于城市建设与产业发展，促进人员流动与要素交换。

产业布局方面，根据各城市的比较优势明确差异化产业定位，避免同质化竞争、盲目追求高端化、高技术比例及服务业比重，推动核心城市产业结构升级，强化中小城市的制造业基础；通过设立产业园区和孵化器促进产业集聚和发展；加强产业链上下游企业的协作，形成完整的产业链条；同时支持高新技术和现代服务业的发展，共同构建具有国际竞争力的现代化产业体系，推动传统产业转型升级，以提升整个都市圈的经济竞争力和可持续发展能力。

在空间布局方面，合理划分居住区、商业区、工业区等功能区域，根据开发强度与潜力，合理界定核心城市与周边城市的边界，避免无序扩张，同时保持一定的灵活性以适应发展需求；推动城乡融合发展，构建均衡的城镇体系，优化农村地区的发展环境；保护和建设生态绿地和廊道，确保生态空间的完整性和连通性；结合地理特征，选择适宜的发展模式，如点轴式、梯度式或圈层式开发；并通过综合考虑交通、环境和社会需求，实现高效、宜居和可持续的城市空间结构。

生态保护是都市圈规划不可或缺的一环，需强化生态协同保护与环境治理，推进大气、水、土壤污染防治，推广绿色低碳技术和清洁能源使用，减少碳排放；核心城市与周边城市应加强在生态保护领域的合作，构建生态绿带和生态廊道，保护自然生态系统和生物多样性；同时加强生态修复工程，提升城市绿地率和居民的生活质量，确保都市圈的可持续发展；推广绿色生活理念，建立流域生态补偿机制。

体制机制方面，简化行政审批程序，推行“放管服”改革以提高政府服务效率；鉴于都市圈规划往往跨越现有行政区划，现有行政体制难以适应其管理需求，探索设立专门的都市圈管理机构来统筹协调跨区域事务；优化土地资源配置，合理调整建设用地指标并探索农村集体经营性建设用地入市；推动社会治理现代化，加强社区建设和基层治理能力；并通过智慧城市建设，运用信息技术提升城市管理和服务水平。规划中应明确都市圈的管理体制与运行机制。常见做法包括成立都市圈领导小组，由各城市主要领导组成，核心城市领导担任组长，随领导职务变更而动态调整；定期召开会议，审议实施项目及相关事项；设立领导小组办公室作为常设机构，负责落实会议决定。

综上所述，都市圈规划本质上是一种区域合作规划，其约束力相对有限，因此上级政府的支持与监督显得尤为重要。政策扶持与资金保障是确保都市圈规划顺利实施并取得成效的关键因素。

城市群规划与都市圈规划的一体化对于实现城市群的高质量发展非常重要。城市群规划和都市圈规划之间存在密切的关联，二者相互支持、相互促进。城市群规划强调通过城市之间的结合，形成经济、社会和环境等方面的协同效应，提升整个城市群的综合发展水平。而都市圈规划则更进一步，将城市群内的各城市视为一个整体，通过协同发展的方式实现综合发展。

二、 都市圈规划的空间及重构

随着都市圈的一体化发展，都市圈内的城市之间经济联系日益紧密，产业分工协作不断深化，这就需要对都市圈的空间进行重构，以适应都市圈协同化、一体化甚至同城化的发展需求。

（一）空间重构

空间重构这一概念，本质上是对地域空间的重新组织，旨在优化物理空间的布局与距离关系。这一过程不仅限于物理范畴，还促使基于物理空间的经济关系面临新一轮的重构需求，进而对经济社会关系在地域维度上产生深远影响。经济社会关系的这种变迁，又反过来要求权力的配置必须经历一次合理的再分配，最终导致治理结构的全面革新。综上所述，空间重构的核心构成包含社会空间与区域空间的双重重构。具体而言，空间重构的过程首先涉及去区域化阶段，随后是再地域化的过程。去区域化体现在人力、资本、技术等关键要素的流动增强，促使流动空间的活力提升，社会空间与区域空间开始分离，传统的区域空间逐渐被流动的要素空间所取代，行政边界在这一过程中逐渐淡化乃至消失。而再地域化，则是指通过调整原有的稳定空间架构，在新的经济与社会背景下，构建一个全新的空间形态于新的经济与社会空间之中。

（二）尺度重组

尺度是衡量地理景观分化程度的关键工具，用于辨识特定区域空间的特征。具体而言，它通过分析区域空间内的地理分化现象，并精确描绘地理景观中的权力架构，使该区域空间具备独特性，成为一个明确的界定空间。在社会科学研究的理论框架内，尺度不仅用于衡量空间的维度和层次，还能作为评估其他经济社会关系尺度的基准。因此，从社会科学研究视角出发，尺度蕴含双重意义：一方面，它代表特定区域内的物理空间维度；另一方面，它也指代经济社会关系所构成的社会空间维度。

尺度重组则是运用尺度概念对空间进行再构造的过程，旨在深入理解区域空间中的制度、权力及社会关系，并从尺度的特性、边界界定、管理模式及权力分配等多个维度进行分析。根据尺度的不同维度，可以将尺度重组划分为国家尺度重组与城市尺度重组两类。国家尺度重组聚焦于国家空间层面权力的重新配置与分化，其结果可能表现为两种趋势：一是将部分权力转移至如欧盟或世界银行等跨国机构；二是将权力下放至地区及城市政府，以实现对社会经济的调控。而城市尺度重组则涉及城市对全球经济影响的变迁，推动城市群的形成与发展，进而促进国家级城市群及世界城市体系的合理调整与优化。

（三）空间重构与尺度重组

在全球经济一体化不断推进的背景下，空间重构与尺度重组这两种趋势的发生是无可避免的。具体而言，空间重构会触发尺度上的重新配置，而尺度的这种重新配置反过来又会对空间重构产生相应的反馈作用。两者紧密相连，相互交织，共同贯穿于空间演变的每一个环节。城市层面的尺度重组涉及一系列步骤：首先是区域的形成，随后城市体系得以相应拓展，进而促使城市空间结构实现优化与转型。这一系列过程有效加速了区域空间重组的步伐。至于国家层面的尺度重组，则往往涵盖制度革新与权力结构的调整，旨在实现空间治理的高效运作。

三、成都都市圈规划的现存问题

成都都市圈规划存在的问题，在实施过程中表现在区域发展不均衡、公共服务不均等、产业协同程度不高、创新协同不足、交通基础设施仍有待完善、生态环境共保共治压力较大、体制机制障碍尚未完全突破、利益分配机制不完善等方面，从而影响了成德眉资一体化发展的积极性和稳定性。

（一）成都都市圈承载的国家发展使命责任有待落地落细落实

党的十八大以来，一方面强调以城市群与都市圈作为推进城镇化、实现国家战略部署的主体空间形态，另一方面强调县域作为推进城镇化建设的重要载体，以人为本高质量发展的新型城镇化路径愈发清晰。近些年来，都市圈在国家各类政策文件中频繁出现，若干“国家级都市圈”的规划也得到了批复，但实践中对一些都市圈的定位和作用认识尚不清晰。部分城市或是仍囿于地方自主发展的思维来看待都市圈规划建设，或是认为这只是争取国家政策支持、增强城市营销资本的“空头支票”，没有真正意识到新时代都市圈所需承载的国家发展重要使命。新时代的都市圈建设，不仅是地方城市联动资源要素、扩大区域影响力、促进自身发展的工具，而且是落实国家发展战略、践行各项改革与创新探索的试验场。在此导向下，新一轮都市圈发展如何高质量地贯彻新发展理念，如何深入实施区域协调发展战略，如何做好国家战略要求与本地发展诉求之间的传导、衔接，等等具体路径，成都都市圈还有待明晰，落地、落细、落实。

（二）成都都市圈内经济社会联系不紧密、空间发展不均衡

相比于欧美日等许多都市圈地区，目前我国大多数的都市圈发育尚不够成熟，尤其是都市圈内不同城市间的经济社会联系仍不够紧密，主要体现在以下几个方面：第一，都市圈内城市间要素联系强度普遍不足。高强度的要素交换与人口通勤流动是高发展水平都市圈的显著特征，相较于东京都市圈、伦敦都市圈等，我国绝大多数都市圈的人口流动规模、投资联系、技术合作强度等均处于较低水平（尹稚 等，2019），尚不能有效促进区域生产效率的提升。第二，都市圈内同城化发展水平较低。都市圈的高效运行有赖于产业、基础设施、公共服务等多方面的协同，然而在当前国内许多都市圈的实际发展中，诸如产业间同质化竞争严重、城际交通设施建设的滞后性、公共服务资源共享机制不畅等问题仍然凸显，有关人才、要素流动的体制机制障碍依然显著存在。第三，都市圈内区域发展失衡，中心城市对周边地区的辐射带动能力不强。受制于都市圈总体发展阶段及行政辖区利益的影响，中心城市以资源、要素虹吸为主要特征的传统发展模式仍普遍持续，成都都市圈内成德眉资空间发展极化的现象依然显著，距离成都都市圈区域真正实现网络化发展目标尚存在较大距离。

（三）成都都市圈“区域发展共同体”的理念有待确立

根据城市与区域发展的一般规律，都市圈建设初期的主要任务应当是培育中心城市功能、促进区域增长极的迅速形成，更多强调的是外围城市对核心城市发展的支撑作用（陈小卉，2003）。经过多年发展建设后，一些都市圈的中心城市已经具备了较强的综合实力，此时都市圈的发展则需要转向区域一体化、协调共生的阶段。可持续的都市圈发展应当基于“区域发展共同体”的理念，将都市圈整体视为互联共生的地域单元。然而，当前的许

多都市圈内各自为政、恶性竞争、“台上握手，台下踹脚”的现象十分普遍，要素自由流动、生态环境共保共治、区域融合发展等事宜大多仍然停留在纸面规划之上。此外，都市圈经济社会的协同发展不仅有赖于城市政府间的合作，而且需要有紧密、稳定的社会基础与广泛认同。成都都市圈内城市间虽然大都有着共同的自然环境基础、相近的社会文化渊源、密切的经济社会往来，但都市圈的现代社会协同治理机制建设尚未引起足够重视，除政府外的社会民间力量、市场力量在都市圈协同发展中难以发声，难以有效参与。

（四）成都都市圈跨区域协调治理机制有待完善

经过多年来的不懈努力，一些都市圈内跨区域的空间协同问题（例如跨界交通、跨界规划等）得到了一定程度的解决，但相较于那些定点定位、易于协同的空间建设类项目，制约人口与各类发展要素合理流动、优化配置的政策、机制与标准等仍难以突破行政区壁垒，都市圈内成员城市间的共同投入、利益分享机制依然没有建立。国际上成功的都市圈发展经验都表明，公开透明、公平协商的治理体系与相应的体制机制才是保障都市圈协同发展的关键，当然也是都市圈发展中的最大难点所在。近年来，尽管我国有少数都市圈就跨界议题开始探索建立协调、决策、执行的三级运作机制，并在某些领域的政策协同、治理体制改革等方面取得了一定进展，但包括成都都市圈在内的绝大多数都市圈此方面仍处于起步甚至是空白阶段。

四、 成都都市圈一体化规划使命

成都都市圈规划肩负着推动成德眉资一体化发展，夯实成渝地区双城经济圈成都极核，全面贯彻新发展理念，带动周边的区域经济发展、加强交通枢纽建设、保护生态环境、促进文化交流融合、实现公共服务共享等重大使命。

（一）成都都市圈是实现国家空间发展战略的重要载体

1980年、1990年以来，随着市场经济体系建立、央地分税制改革、土地有偿使用、加入WTO等一系列重大发展环境的转变，地方政府自主发展的积极性、能动性被极大激发，城镇化推动了海量人口的非农户化转变与跨城乡、跨区域的转移，极大地改善了资源配置效率，成为中国经济快速崛起的最大动力之一。然而，在“地方政治锦标赛”的激励型体制作用下，各城市在发展中急功近利的短视行为十分普遍，如追求经济快速增长单一目标直接导致人口密度过高、交通拥堵、环境污染、资源承载能力不足、社会矛盾突出等“城市病”。近年来，国际国内发展环境发生复杂而剧烈的变化，我们既要面对更加严峻的国际竞争和挑战，又亟需实现转型发展、高质量发展的目标，这一过程无法仅仅依靠城市间的自发合作、自由探索来完成，必须依赖于国家层面的战略统筹与有力引导。

显然，城市群、都市圈是实现国家发展战略、支撑全国生产力布局的重要载体。然而，实践表明城市群尺度上的规划容易产生“空心化建设”“照顾性建设”等问题，相较而言，都市圈作为城市群的核心组成部分，其不仅向上能有效承接国家战略，向下也可以有力推进县市发展，这一空间尺度载体更具可实施性、可操作性，因而都市圈就成为我国新型城镇化格局中承上启下的关键环节。截至2025年3月，国家先后批复的17个“国家级都市圈”无一不与国家主体功能区规划中的城市群、发展轴等战略空间格局相匹配（例如，南京都市圈是长三角一体化发展的桥头堡，成都都市圈是西部内陆大开发的主引擎，长株潭都市圈是长江中游城市群一体化发展的先行先试者），相应的政策等改革也都与国家宏观层面的战略要求相吻合。可见，新时代的都市圈是自上而下战略引导与自下而上发展诉求相结合的产物，成都都市圈规划的定位与发展必须超越地方、超越区域，更多地承载起国家战略的使命。

作为成都都市圈的极核，成都于2024年9月30日获得国务院正式批复的《成都市国土空间总体规划（2021—2035年）》（以下简称《规划》）。《规划》是成都市各类开发保护建设活动的基本依据，对成都都市圈之核的成都，其城市性质是这样表述的，“成都市是四川省省会，西部地区重要的中心城市，国家历史文化名城，国际性综合交通枢纽城市”；对成都的城市功能规划是这样表述的，发挥“西部经济中心”“西部科技创新中心”“西部对外交往中心”“全国先进制造业基地”等功能；对成都的目标愿景，《规划》是这样表述的，“助力践行新发展理念的公园城市示范区建设”。成都的城市性质包括“西部地区重要的中心城市”，虽然也有“中心城市”的定位，但与重庆、广州还是有差距的，重庆和广州的城市性质均为“我国重要的中心城市”，南京的城市性质包括“东部地区重要的中心城市”。由此可见，在“中心城市”这个表述上，成都和南京定位差不多，但低于重庆和广州，重庆和广州是全国性的中心城市。此外，作为经济特区的深圳，没有特别强调“中心城市”的定位。表 1-1 为重庆、成都、南京的国土空间总体规划（2021—2035 年）对比。

表 1-1 重庆、成都、南京的国土空间总体规划（2021—2035 年）对比

	重庆	成都	南京
城市性质	直辖市之一	四川省省会	江苏省省会
	我国重要的中心城市	西部地区重要的中心城市	东部地区重要的中心城市
	国家历史文化名城	国家历史文化名城	国家历史文化名城
	国际性综合交通枢纽城市	国际性综合交通枢纽城市	国际性综合交通枢纽城市
功能定位	全国先进制造业基地	西部经济中心	全国先进制造业基地
	西部科技创新中心	西部科技创新中心	东部产业创新中心
	对外开放门户	西部对外交往中心	区域性科技创新高地
	长江上游航运中心	全国先进制造业基地	东部现代服务业中心 区域性航运物流中心
			区域性航运物流中心
目标	建成更具国际影响力和竞争力的现代化主城都市群	建设成为践行新发展理念的公园城市示范区	建成社会主义现代化城市样板

成都与重庆、南京以及广州、深圳这几个城市，都获得了“国际性综合交通枢纽城市”以及“全国先进制造业基地”的定位。成都与重庆、南

京、广州均获得了“国家历史文化名城”的定位，而深圳因为建市时间太短，所以没有获得这个定位。在城市功能定位当中，成都除了是“全国先进制造业基地”之外，其他三个全部是区域性的中心，比如“西部经济中心”“西部科技创新中心”“西部对外交往中心”。对比而言，重庆多了一个对外开放门户的定位，不过成都有一个西部经济中心的定位是重庆不具备的。

总的来说，成都的功能定位是很丰富和全面的，涵盖了政治、经济、文化、科技、国际交往、制造业、交通枢纽等各个维度。这种丰富性，让成都具备成为全国综合性门户城市的潜力，此前有媒体甚至给成都赋予“第四城”的美誉，就是对成都门户属性的一种提升。当然，地处西部的成都，在经济发展水平上与沿海地区的中心城市，仍然存在差距，但成都这座城市的存在感，却出奇的高，这与成都的区位条件、文化产业、消费活力都有很大关系。在“十五五”成都都市圈规划中，要以国家《规划》为遵循，在促进成都都市圈高质量发展的同时，使成都进一步提档升位。

（二）都市圈是支撑双循环新发展格局、建设统一大市场的关键突破

改革开放以来的 40 多年，中国积极对接国际贸易规则、打破国际贸易壁垒、加入国际经贸大循环，形成了资源、市场两头在外的“世界工厂”发展模式，经济高速发展并成为世界第二大经济体。但近年来，全球经贸格局呈现复杂演变态势，贸易保护主义有所抬头，过去支撑中国外向型发展模式的外部环境已经发生巨大变化。为了适应发展环境、发展阶段的新变化，并发挥我国超大规模经济体、全产业链、内需巨大等优势，国家提出了加快构建以国内大循环为主体、国内国际双循环相互促进的新发展格局，进而提升经济社会的韧性和稳定性。双循环新发展格局的构建需要相应的空间予以支撑，都市圈就是符合这一发展转向的关键突破单元——都市圈内的中心城市可以进一步成长为生产、分配、流通、消费的重要节点，通过创新驱动产业升级催生新的消费需求和高端化的消费场景；在都市圈范畴内，非中心城市能够吸纳核心城市的功能外溢及产业转移，并随着人口的集中和产业专业化程度的加深，逐步孕育出新兴的外围经济增长点。

过去40多年的发展过程中，我们主要是关注了如何全面融入全球经贸体系，却忽略了在国内如何真正形成统一、有效的全国大市场，“行政区经济”现象仍广泛存在，导致区域一体化发展始终面临资源要素无法自由流动和高效配置、区域协同发展机制缺失、行业低效垄断、市场壁垒严重等体制机制障碍。正因如此，都市圈发展的重要意义和价值愈发凸显，都市圈内各城市在社会文化、经济产业等多方面的紧密关联，为推进建设统一开放、标准互认的区域共同市场环境，进而推进全国统一大市场的建设提供了有力保障。也就是说，可以率先以都市圈内的区域统一市场建设为抓手，来逐步推动全国统一大市场的形成。

（三）都市圈是促进产业链与供应链重组、推动协同创新的优势单元

全球化过程的一个重要表现和结果，就是不同国家、地区做强各自的比较优势，从而实现全球范围的充分分工合作，实现全球经济体系的一体高效运转。然而，近年来中美经贸与科技脱钩、逆全球化趋势日盛等全球性危机的出现，已经打破了原先建立的全球产业链与供应链体系，原有的全球范围协同分工格局正在迅速瓦解，给全球制造业发展带来了灾难性的影响。面对百年未有之大变局的种种不确定性、高风险性，中国必须强调经济发展的安全可控，必须通过产业链与供应链的“双链重组”来提升经济的韧性。

有效合理的“双链重组”不仅需要成体系的产业门类，还需要较大规模的消费腹地，从而实现从生产到销售的完整经济循环。这一过程很难依靠某一个城市来实现，必须依靠若干城市乃至更大区域范围的分工合作。与此同时，不同于通过进口或异地生产来满足当地需求，都市圈内的“销地产”生产组织模式（在主要的销售市场组织生产）既能降低运输成本、及时掌握市场信息，又能在全流程中为当地创造更多的税收和利润，形成良性的经济循环。因此，无论是从产业链、供应链安全可控的角度考虑，还是从经济运行效率的角度考量，都市圈都是最稳定可靠、最具经济效率的优势单元之一。此外，我国经济发展正面临从生产要素积累到运行效率提升的关键转型期，单个城市难以通过要素积累来实现可持续性的增量发展，也必须通过强化区域协同创新、产业分工协作等措施，促进要素配置效率的提升，而都市

圈也是最适宜的地域尺度。具体而言，通过促进都市圈内各城市功能的互补以及产业的专业化细分，可以构建一种发展模式，即中心城市集中力量于原始创新和高端产业的推进，而中小城市则侧重于应用创新，以强化制造业根基，共同形成一个综合性的创新型区域发展体系。

（四）都市圈是构筑韧性发展格局、实现区域共同成长的治理联盟

当今“全球风险社会”不仅表现在政治、经济与社会领域，而且表现在极端气候、流行性疾病等各类自然灾害与风险上，这给人口密集的城市尤其是特大、超大城市带来了巨大挑战，寻求实现韧性发展成为当今世界城市建设关注的重要议题。城市韧性建设除了不断完善城市个体自身应对自然灾害、经济与社会风险的准备之外，还应考虑与周围城市之间形成资源共享、功能互补的韧性支撑系统，借助都市圈等更大的区域系统来形成更强的稳定性。例如，中国在应对严峻疫情时跨地区的医疗资源合理调动，在面对旱涝挑战时跨地区的水资源调节，等等现实例证都为韧性城市目标的实现提供了有效的经验。

都市圈拥有较为多样的资源禀赋、较为广阔的空间腹地以及功能互补、紧密关联的城乡体系，从提高城市、区域发展韧性的角度而言，都市圈具有良好的应急保障、自我修复能力，因此是构筑“城市—区域”韧性发展格局、应对突发危机风险的最合适地域组织形态之一。与此同时，发育完善的都市圈具有超越行政边界的统筹调控能力，能够更好地推进产业协调发展、重要生态环境保护、环境污染联防联控、区域生态补偿等多边事务，形成“紧凑城镇+开敞区域”的国土空间开发保护格局。此外，都市圈内相对紧密的经济社会联系也推动了区域共商共治共享体系的形成，从而建立起协同治理、生息与共的“区域协同发展机制”。

五、成都都市圈规划的重要任务

成都都市圈规划的重要任务主要包括优化空间布局、促进产业协同、提升交通运输网络的互联互通性、强化生态环境保护力度、推动公共服务资源的共同建设与分享，以及深化体制与机制的创新改革等层面。

（一）完善都市圈规划体系与多维传导、协同机制

都市圈规划是落实区域发展战略、推进区域协同治理的重要工具，因此需要构建相应完善的都市圈规划体系，有效发挥其承上启下的发展引领与宏观管控能力。具体而言，主要有几方面的重点：第一，建立完善都市圈规划的法理基础，构建区域内多主体协同的规划编制、审批与实施体系，做到相关规划有法可依、有规可循、有责可究，从而使都市圈规划能够落到实处；第二，都市圈规划要树立“开放、包容、动态”的价值取向，不仅要在发展导向下重视区域成长的前瞻性，而且要在问题导向下梳理、破解不同领域的关键制约，将传统蓝图式的愿景规划转变为协商性、动态性的治理规划；第三，顺应“城市—区域”发展的客观规律，创新都市圈规划理论、探索规划技术方法，诸如精准识别都市圈边界、建立健全都市圈发展评价体系、制定差异化的发展策略路径等，不断提升都市圈规划的科学性与可实施性。

此外，都市圈规划要加强与国土空间规划体系的衔接，推动形成多系统耦合、多维度传导的协同机制。例如，探索行政区、功能区与经济区之间适当分离的空间传导路径，实现都市圈空间规划与各城市国民经济发展规划之间的耦合；通过底线空间管控与专项空间协同等若干维度，实现都市圈对关键生产、生态要素的系统性统筹协调等。在此方面，上海市人民政府、江苏省人民政府、浙江省人民政府联合编制并印发的《上海大都市圈空间协同规划》做了一些很好的探索创新：规划聚焦战略协同、边缘跨界地区的治理合作，建立了“大都市圈（全域）—战略协同区（次分区）—协作示范区（区县级）—跨界城镇圈（镇级）”的空间协同框架，不同尺度聚焦各自层级的协同重点，指引协同规划编制与系统行动实施。需要强调的是，发

展都市圈并不意味着单个都市圈的自我循环与“单打独斗”，不仅要处理好都市圈内部同城化的关系，而且要立足国家战略空间格局，处理好与其他都市圈、城市群之间的关系，这也需要相应的区域协同机制予以引导和约束。

（二）注重都市圈的空间规划与政策规划耦合互动

现代意义上的城乡规划并非单一聚焦空间的一种技术活动，而是面向社会多元利益，统筹政治、经济、生态、技术等复杂关系的空间治理活动（宋祖萱 等，2023）。过去二十余年，许多都市圈发展建设过程中在基础设施互联互通、重大项目共建共享等空间协同方面取得了长足进步，但复杂的府际关系、灵活的发展需求等现实因素，都使得精心编制的空间规划在缺乏政策规划支撑时，其实施就显得无能为力。都市圈的发展不仅需要包括交通基础设施等在内的空间要素支撑，而且需要政策规划在各领域、各流程的配合甚至是引领，新时代的都市圈建设要关注的一个重要工作就是如何促进空间规划与政策规划的耦合互动，通过体制机制的创新促进都市圈规划目标的实现。

在擘画都市圈发展蓝图的过程中，面向现实问题的政策规划应当成为实施都市圈规划的基础支撑，通过政策层面的完善与创新来破解各种不合理的制约，充分发挥都市圈这种地域功能单元的独特优势。举例来说，可以探索建立都市圈内的人口自由迁徙机制、人才吸引与激励措施，促进建设用地指标在都市圈内的灵活调配，以及构建都市圈内互利共赢的融资合作体系等。都市圈的空间特征、政策诉求并非静止不变，其会随着经济社会发展、基础设施建设、生态环境保护等变化而不断演变，因此需要构建灵活开放的政策—空间互动适调机制，从而推进空间规划、政策规划与都市圈发展需求的不断适配。

（三）探索都市圈要素合理流动、配置的多样化路径

都市圈现实发展中面对的一大难题，是如何解决好府际间的利益分配问题。做大“都市圈蛋糕”是分享都市圈发展红利的基础，促进各类生产要素的充分自由流动以提升区域经济的运行效率，则是其中最重要的一环。由于这一过程必须面向大量的市场主体，都市圈内的产业分工绝不是自上而下

拍脑袋的命令，而是充分发挥市场引导调节力量的自下而上经济合作。都市圈规划与发展需要探索要素合理流动、配置的多样化路径，这就要求摒弃传统行政命令式的管制模式，而转向强调通过协商谈判、秉持合同原则的新型治理模式，以此提升区域内要素的配置效能，进而促进各方利益的最大化。

值得注意的是，在单纯强调要素市场化自由流动的情境下，要素流动的方向、特征与区域发展效果最优之间并不能直接画等号。都市圈发展势必需要通过刚性管控规则、行政手段、市场机制等的综合运用来实现预期的目标，其中尤其需要政府充分发挥其公共政策调控的核心作用，引领关键发展要素和重要公共资源在都市圈范围内实现跨区域的科学配置。近年来的一些地方发展实践中，业已尝试通过合作区、飞地等尺度重组方式来促进项目、资金、人才等生产要素的跨域协同合作，取得了很好的效果，有必要在未来的都市圈规划与发展中推广运用。

（四）构建生态、文化与人本导向的都市圈发展共同体理念

成渝地区坐落于长江上游，是捍卫国家生态安全的关键区域。目前，该区域已构建起以成都与重庆主城都市区为核心的双核城市群架构，辅以众多次级城市的支撑，其经济总量与常住人口规模均占据了西部地区的约36%，在仅占全国土地面积不到2%的区域内，汇聚了全国7%的人口，并贡献了6.4%的经济总量。成渝地区双城经济圈的建设，将进一步推动西部地区生态功能区的人口向城市群集中，加速城镇化进程。随着人口等要素的空间集聚，城镇空间被赋予了更为丰富的内涵。传统的城镇化模式往往以牺牲生态环境为代价，追求工业社会的极致效率，而成渝地区双城经济圈则致力于践行以人为本的新型城镇化理念，妥善协调国土空间布局、区域协调发展与新型城镇化之间的关系，确保在经济发展的同时，坚持绿色开发原则，恢复并保护自然生态，让城镇重新拥抱绿水青山，实现山水林田湖草沙和谐共融的城乡美景。此外，成渝地区双城经济圈将宜居生活街区、规模化工业生产与绿化生态景观有机结合，实现生活空间、生产空间与生态空间的和谐统一，摒弃以往低密度、松散的城镇化扩张模式，构建高密度、紧凑型的集约化用地格局，使原本破碎化的国土资源得到高效利用，为城镇开发边界、永久基本农田保护红线与生态保护红线腾出更多空间，优化国土空间布局，提升土

地使用效率。成渝地区双城经济圈将塑造集生活、生产与生态于一体的新型城市群典范，成为集约化用地的新标杆和生态功能区保护的新示范（杨继瑞 等，2022）。

“命运共同体”理念，是当今世界人类共同应对不同层面、不同类型复杂挑战的重要价值观之一，已经得到了越来越多群体的认同。都市圈作为一种高度聚集的生产生活综合体，不仅需要城市间围绕经济社会发展进行全面的合作，还必须构建起生态、文化、人本导向的都市圈发展共同体理念，以此促进一个更高程度融合、更高程度繁荣、更可持续发展的城市区域形成。很长一段时期以来，我国都市圈的规划建设都比较注重物质环境、产业协同等可见层面的工作，但对如何凝聚、促进都市圈内广大社群间的认同与共识、培育都市圈共同精神等软环境建设方面的工作则缺乏关注。在这一方面，国际上一些都市圈有值得我们借鉴的做法。例如为了呼应、实现日本东京都市圈的发展愿景，东京在其城市战略规划《10 年后的东京——改变东京》（2006）中提出要创造东京独有的文化，积极传播东京文化，依托社会文化建设、多元活动策划等措施来促进形成更强的东京都市圈认同感，最终也取得了较好的反响（张京祥和胡航军，2023）。

还需要强调的是，真正有效、可实施的都市圈规划一定是“博弈+共识”的结果。既然都市圈是“区域发展共同体”，那么都市圈规划、发展过程中就必须正视并回应各成员城市主体的正当利益关切，构建多元化、广覆盖的博弈与协商平台，以寻求区域竞争与合作之间的平衡点。都市圈的规划与发展，除了以政府作为主要主体外，还要让广大社会公众团体、企业市场主体等都能积极参与进来，要让市场在促进都市圈发展、优化资源配置中发挥更积极、更有效的作用，让全体人民都能共享都市圈发展建设的成果（张京祥和胡航军，2023）。

六、 进一步深化成都都市圈规划的着力点

在“十五五”期间，成都都市圈的规划工作需紧密贴合国家对其的战略定位，致力于在科技创新驱动、交通基础设施升级、产业协同共进、生态环境保护强化、公共服务一体化推进以及体制机制革新等多个维度上进一步地优化与精进，以实现成都都市圈高质量发展和成德眉资的全域共兴。

“十五五”期间，要进一步深化成都都市圈一体化的规划的内涵，进一步拓展其丰富的外延，进一步深化科技创新的都市圈规划、轨道上的都市圈规划、产业协同的都市圈规划、开放高峰的都市圈规划、数字经济的都市圈规划、文化自信的都市圈规划、绿色生态的都市圈规划、公共服务便捷的都市圈规划、现代化治理的都市圈规划、民心相通的都市圈规划，进一步把成都都市圈一体化规划的大写意从“工笔画”“施工图”深化为同城化的“建设详图”。

（一）进一步深化科技创新规划

成都都市圈的科技创新规划是成都都市圈规划的“压舱石”。进一步加强成都与德阳、眉山、资阳等城市的协同创新，完善协同创新机制，打破行政壁垒，实现创新资源的自由流动和优化配置。聚焦国家发展战略腹地产业备份和加快发展新质生产力，加大对重大科技基础设施的投入。积极争取国家在成都都市圈布局更多大科学装置、国家重点实验室等重大科技基础设施，提升基础研究能力。例如，围绕电子信息、生物医药、航空航天等重点领域，建设一批具有国际领先水平的科研设施，为原始创新和发展未来产业提供坚实的硬件支撑。

以成都为核心，整合德阳、眉山、资阳以及绵阳等周边城市的科研资源，打造具有影响力的综合性科学中心。加强科学中心与高校、科研院所、企业的合作，推动基础研究、应用研究和产业创新的紧密结合，形成创新的集聚效应。对已有的各类创新平台，如产业创新中心、技术创新中心、工程研究中心等，加大支持力度，完善管理机制，提高其运行效率和创新产出。

鼓励平台之间开展合作交流，实现资源共享、优势互补。

针对成都都市圈的优势产业和重点发展产业，如高端装备制造、电子信息、新能源汽车等，引导企业、高校、科研机构等组建产业创新联盟。通过联盟的形式，共同开展技术研发、标准制定、市场推广等活动，提高产业的整体创新能力和竞争力。梳理产业链上的关键技术和共性技术需求，组织相关企业和科研机构进行联合攻关。推动产业链上下游企业之间的合作，建立协同创新的产业生态系统，促进技术创新在产业链上的快速转化和应用。规划和建设一批产业创新园区，为企业和创新团队提供良好的创新创业环境。园区内应配备完善的科研设施、孵化服务、金融支持等，吸引创新型企业和人才集聚，推动产业创新发展。

建立健全科技成果转化的政策法规体系，加强对科技成果转化的引导和支持。培育和发展一批专业的科技成果转化服务机构，如技术转移中心、知识产权服务机构等，为科技成果的转化提供全方位的服务。加大对中试基地的投入和建设力度，为科技成果的中试熟化提供条件。鼓励企业、高校、科研机构等共建中试基地，提高中试基地的使用效率和服务水平。设立科技成果转化基金、创业投资基金等，为科技成果转化提供资金支持。鼓励金融机构开展知识产权质押融资、科技保险等业务，创新金融产品和服务模式，降低科技成果转化的融资成本和风险。

制定优惠政策吸引国内外高层次科技人才和创新团队到成都都市圈创新创业。建立高层次人才信息库和服务平台，为人才提供便捷的服务和支持。加强与国内外高校、科研机构的合作，开展人才联合培养和交流活动。加强成都都市圈高校和职业院校的建设，优化专业设置，培养适应成都都市圈科技创新发展需要的各类人才。建立企业与高校、科研机构的人才培养合作机制，开展产学研合作教育，培养具有实践能力和创新精神的高素质人才。营造尊重人才、鼓励创新的社会氛围，完善人才评价和激励机制，提高科技人才的待遇和社会地位。解决人才在住房、医疗、子女教育等方面的后顾之忧，为人才的发展创造良好的条件。

加强与国内其他地区的合作。以成渝地区双城经济圈建设为牵引，加强与重庆等地区的科技创新合作。拓展与长三角、珠三角、京津冀等地区的合作渠道，开展技术交流、项目合作、人才培养等活动，实现优势互补、共同发展。

加强同共建“一带一路”国家和地区的科技合作，鼓励企业和科研机构开展国际科技合作项目。建设国际科技合作园区和创新基地，吸引国际知名企业和研发机构入驻，提升成都都市圈的国际化水平。

（二）进一步深化交通基础设施规划

进一步完善成都都市圈高速公路、快速通道网络规划，提高道路通行能力和连接性，缩短城市间的时空距离。例如，加快建设连接成都与周边城市的快速通道，提升交通效率。

进一步完善轨道交通建设规划，包括地铁、轻轨和城际铁路等。增加线路覆盖范围，实现都市圈内各城市之间的快速通勤，方便人员流动和经济往来。进一步优化公共交通换乘体系规划，提高公共交通的便利性和吸引力。完善综合交通枢纽规划，实现不同交通方式的无缝衔接；提升交通智能化水平，提高交通管理效率，减少拥堵。

（三）进一步深化产业协同发展规划

根据各城市的资源禀赋和产业基础，成都都市圈要明确产业定位和分工。成都可以发挥核心城市的引领作用，重点发展高端服务业、科技创新等产业；周边城市则可以围绕成都的主导产业，发展配套产业和特色产业。

加强成德眉资产业合作，建立产业协同发展机制。鼓励企业跨区域合作，共同开展技术研发、生产制造和市场拓展等活动，形成产业链上下游的协同效应。加大对新兴产业的扶持力度，如人工智能、大数据、生物医药等。通过政策引导和资金支持，吸引创新型企业和人才集聚，推动新兴产业的发展壮大。建设产业创新平台，如科技园区、孵化器等，为新兴产业的发展提供良好的创新环境和服务支持。

（四）进一步深化生态环境保护规划

成德眉资要进一步推进生态保护和修复工程，加强森林、河流、湖泊等生态系统的保护和建设。提高区域生态环境质量，为居民提供良好的生态环境。

建设生态廊道和绿色空间，连接城市与自然，打造宜居宜业的生态城市。强化环境治理，加强大气、水、土壤等环境治理，共同制定环境保护政策和标准，加大环境监管和执法力度。推进节能减排和资源循环利用，发展绿色产业和低碳经济，实现可持续发展。

（五）进一步深化公共服务规划

成德眉资要进一步加强教育合作，推动优质教育资源在都市圈内共享。可以通过建立教育联盟、开展教师交流、共享教学资源等方式，提高区域教育水平。促进职业教育与产业发展相结合，为企业培养高素质的技术人才。

成德眉资要进一步深化医疗卫生协同发展机制，加强医疗资源的整合和共享。可以开展远程医疗、双向转诊等合作，提高医疗服务的可及性和质量。加强公共卫生应急管理合作，共同应对突发公共卫生事件。推动文化资源的共享和交流，举办各类文化活动和展览，丰富居民的文化生活。加强体育设施建设和体育赛事合作，提高居民的身体素质和健康水平。

（六）进一步深化体制机制创新规划

成都都市圈要进一步完善协调机构运作机制，统筹协调都市圈的发展规划、政策制定和重大项目建设等工作。建立健全都市圈合作机制，定期召开联席会议，加强各城市之间的沟通和协调。

进一步深化有利于都市圈发展的政策措施，如土地、财政、税收等方面的支持政策。鼓励企业和人才在都市圈内流动和发展。探索建立跨区域的生态补偿机制、产业转移利益分享机制等，促进成都都市圈高质量协调发展。

第二章

科技创新的成都都市圈

2024年，作为成都都市圈之核的成都，在全球科技集群中排名第23位，实现了全球排名连续6年的上升。世界知识产权组织自2007年起发布的《全球创新指数报告》中，成都的表现显示出强劲上升势头。成都的排名上升与其在科技创新方面的努力密不可分。成都市科技局致力于构建完善的区域创新体系，包括高标准建设西部（成都）科学城等项目，推进德阳、眉山、资阳与成都共同形成了科技创新的都市圈。这些举措有助于打造成都都市圈创新策源地，加快建设具有全国影响力的科技创新中心。

一、科技创新是都市圈建设的“杀手锏”

在新质生产力加快发展的今天，科技创新是推动经济持续增长的核心引擎。对于都市圈而言，加大科技创新力度能够孕育和发展新质生产力，催生新的产业形态特别是未来产业和商业模式，是都市圈高质量发展的重要引擎。

（一）科技创新能够催生新产业和新业态

都市圈通过科技创新可以促进传统产业的升级转型，提高生产效率和产品质量。例如，利用先进的智能制造技术改造传统制造业，使其更加智能化、高效化。同时，科技创新还能孕育出新兴产业，如人工智能、大数据、生物技术等，为都市圈带来新的经济活力。这些新兴产业不仅具有高附加值和高成长性，还能吸引大量的人才和投资，推动都市圈经济的快速发展。

科技创新促使都市圈传统产业向高端化、智能化、绿色化方向发展。例如在制造业中，机器人技术和自动化生产线的应用，使得生产效率大幅提高，产品质量更加稳定。传统的纺织业通过引入数字化纺织技术，能够精准控制纺织工艺，生产出更具个性化和高品质的产品，从而提升产业在全球价值链中的地位。

科技创新催生了都市圈全新的产业涌现。如互联网技术带来了电子商务产业，改变了传统的商业销售模式，创造了诸如淘宝、亚马逊等大型电商平台，带动了物流、支付等相关产业的发展。人工智能技术也催生了智能安防、智能客服等众多新兴业务领域，为经济增长注入新的活力。

通过科技创新，都市圈企业可以开发出独特的产品或服务，降低生产成本。例如苹果公司不断在手机技术上创新，其芯片技术、操作系统等方面的创新成果使得苹果手机在全球市场上具有很强的竞争力，获得高额的利润回报。

（二）科技创新有助于提升都市圈竞争力

在全球化竞争日益激烈的背景下，都市圈的核心竞争力取决于其科技创新能力。加大科技创新力度，能够使都市圈在全球产业链和创新链中占据更高的位置。一方面，通过科技创新可以提高都市圈企业的自主创新能力，开发出具有核心竞争力的产品和技术，提升企业的市场份额和盈利能力。另一方面，科技创新还能吸引国内外高端人才、创新资源和优质企业向都市圈集聚，形成人才高地和创新高地，进一步增强都市圈的核心竞争力。例如，美国硅谷凭借其强大的科技创新能力，吸引了全球顶尖的科技人才和创新企业，成为全球科技创新的中心和经济发展的引擎。

在当今全球化的时代，科技创新成为都市圈提升竞争力的关键因素。一个拥有强大科技创新能力的都市圈，能够在全球范围内吸引高端人才、优质企业和创新资源。例如，旧金山湾区凭借其在科技创新领域的卓越表现，成为全球科技创新的中心之一，吸引了众多世界知名企业和创新人才。

（三）科技创新有助于改善都市圈的民生福祉

科技创新可以为都市圈的居民带来更好的生活品质。科技创新带来了更先进的医疗诊断技术。例如基因检测技术能够对遗传疾病进行早期筛查，为疾病的预防和个性化治疗提供依据。远程医疗借助信息技术的创新，使得偏远地区的患者可以通过网络视频与大城市的专家进行会诊，获得专业的医疗建议。移动医疗应用程序也让患者能够更方便地管理自己的健康，如记录健康数据、预约挂号、获取医疗知识等，提高了医疗服务的可及性和便捷性。

在线教育平台的兴起是科技创新在教育领域的重要体现。通过互联网，世界各地的优秀教师可以将课程上传到平台，学生无论身处何地都能获取这些优质教育资源。例如，Coursera、网易云课堂等平台提供了从基础教育到高等教育、职业技能培训等多种类型的课程，使得教育资源匮乏地区的学生也有机会接受高质量的教育。教育科技产品如智能学习系统能够根据学生的学习进度、知识掌握情况等因素，为学生提供个性化的学习方案。自适应学习软件可以动态调整学习内容和难度，满足不同学生的学习需求，提高学习效率，有助于每个学生充分发挥自己的潜力。

科技创新引致的智能交通系统利用物联网、大数据等技术，实现对交通流量的实时监测和调控。交通信号灯可以根据车流量自动调整时长，减少交通拥堵。导航应用程序能够为用户提供最优的出行路线规划，结合实时路况、交通管制等因素灵活调整路线，节省出行时间。城市轨道交通的科技创新，如高速磁悬浮列车技术的发展，提高了城市之间的通勤速度，为人们的出行提供了更快捷的选择。

科技创新引致的智能家居改善生活品质。用户可以通过手机或其他智能终端远程控制灯光、空调、窗帘等设备。例如，在炎热的夏天，用户可以在回家前就通过手机开启家中空调，一进家门就能享受凉爽的环境；智能安防系统如智能门锁、监控摄像头等也提高了家庭的安全性。建筑技术的创新推动了绿色建筑的发展，如高效隔热材料、太阳能光伏发电系统等，降低了能源消耗，减少了对环境的影响。同时，绿色建筑还注重室内空气质量和居住舒适度的提升，为居民提供更健康、舒适的居住环境。

（四）科技创新促进了都市圈的协同发展

都市圈通常由多个城市组成，科技创新可以促进区域内城市之间的协同发展。通过建立科技创新合作平台，不同城市可以共享创新资源，共同开展科技研发和创新活动。例如，在长三角都市圈，上海、南京、杭州等城市在科技创新方面进行了广泛的合作，共同推动了区域经济的发展。

在都市圈范围内，不同城市的高校、科研机构往往拥有各自独特的科研设施。科技创新促使这些科研设施实现共享，避免重复建设。例如，一个城市的大型粒子加速器、超级计算机等高端科研设备，可以为都市圈其他城市的科研人员提供服务。这有利于提高科研设施的利用率，降低科研成本，同时也能够吸引更多的科研项目在都市圈开展。

科技创新创造了更多跨城市的就业和合作机会，促进了人才资源在都市圈的流动。不同城市的企业和科研机构可以通过合作项目等方式共享人才。例如，中心城市的高科技企业可能会吸引周边城市的优秀人才加入，同时也会派遣自己的技术人员到周边城市进行技术指导和合作研发。这种人才的流动与共享能够充分发挥人才的潜力，提高都市圈整体的创新能力。

科技创新推动都市圈形成合理的产业分工格局。中心城市往往凭借其强大的科技研发能力和高端人才优势，重点发展高新技术产业、研发设计、金融服务等高端产业；而周边城市则可以根据自身的资源禀赋和产业基础，承接中心城市的产业转移，发展与之配套的加工制造、零部件生产等产业。例如，在电子信息产业中，中心城市负责芯片设计、软件开发等高端环节，周边城市则进行电子元器件制造、组装等工作，通过这种分工协作，提高整个都市圈产业的竞争力。

都市圈中的企业、高校和科研机构可以联合开展产业协同创新。通过建立产学研合作平台，共同攻克产业发展中的关键技术难题。例如，汽车产业中的企业可以与都市圈的高校、科研机构合作，开展新能源汽车电池技术、自动驾驶技术等方面的研发。这种协同创新能够加速产业的升级换代，提高都市圈产业的技术含量和附加值。

都市圈各城市通过政策协同，为科技创新和协同发展创造有利条件。例如，在税收政策方面，都市圈可以统一制定针对高新技术企业的投资便利化条件，吸引更多企业在都市圈投资发展。在科技成果转化政策上，各城市可以相互协调，建立统一的科技成果转化平台，促进科技成果在都市圈的快速转化。

都市圈各城市在科技创新过程中形成了各自的创新文化，在都市圈协同发展中，这些创新文化相互交流、融合。例如，一个具有创新冒险精神的城市文化与一个注重严谨科学态度的城市文化相结合，能够孕育出更加包容、多元的创新文化氛围。这种融合后的创新文化有利于激发创新灵感，吸引更多的创新主体参与到都市圈的创新活动中来。

技术创新推动都市圈交通和通信基础设施的互联互通。高速交通网络的建设，如地铁、轻轨、快速路等的延伸，使得都市圈城市之间的人员、物资流动更加便捷。同时，高速宽带网络、5G 网络等通信基础设施的完善，为都市圈的信息共享、远程协作等提供了技术支撑。这有利于企业在都市圈范围内实现远程办公、数据共享等创新服务协同。

科技创新有助于科技服务机构如科技中介、知识产权服务机构等在都市圈范围内实现协同服务。例如，知识产权服务机构可以在都市圈统一开展专利申请、知识产权保护等服务，提高知识产权服务的效率和质量。科技中介机构可以为都市圈的企业和科研机构牵线搭桥，促进科技成果转化和技术交易，从而推动都市圈的协同发展。

二、成都都市圈科技创新呈“方兴未艾”之势

“十四五”期间，成都都市圈科技创新现状呈现出多方面的特点和积极的发展态势，表现为科技创新的内生动力强劲。

（一）成都都市圈科技创新资源丰富

成都都市圈拥有大量的科研机构，国家重点（工程）实验室等国家级创新平台超过 120 个，为科技创新提供了坚实的基础和强大的支撑。例如，成都西部科学城、天府实验室的建设，聚焦电子信息、生命科学、生态环境等重点领域，开展前沿科学研究和关键技术攻关。

成都都市圈拥有普通高等学校 72 所，在校大学生数量众多，为科技创新提供了丰富的人才储备。同时，成都都市圈积极吸引国内外优秀人才，不断壮大科技创新人才队伍。正因为如此，成都作为都市圈之核，在 2024 年世界城市排名榜（中国城市榜单）中，成为世界二线城市，在大陆地区仅次于北京、上海、广州、深圳，位于天津、杭州、重庆、南京之前①。

（二）成都都市圈科技创新能力不断提升

成都都市圈高新技术产业发展迅速，集聚了大量的高新技术企业，产业规模不断扩大。在电子信息、装备制造、生物医药、航空航天等领域形成了

① GaWC. World Cities 2024[EB/OL].(2024-10-30)[2024-11-01].http://gawc.lboro.ac.uk/gawc-worlds/the-world-according-to-gawc/world-cities-2024/.

一定的产业优势和创新集群。例如，成都的电子信息产业在集成电路、新型显示、智能终端等领域取得了显著的成果，吸引了众多知名企业和项目落地。

成都都市圈企业创新主体地位日益突出，越来越多的企业加大了对科技创新的投入，积极开展技术研发和创新活动。一些龙头企业牵头组建创新联合体，与高校、科研机构合作，共同开展关键核心技术攻关，推进产学研用一体化。

（三）成都都市圈协同创新机制逐步完善

成都市科技局会同德阳市、眉山市、资阳市科技局联合印发了《关于推进天府大道科创走廊建设　促进成都都市圈区域协同创新的若干措施》，围绕技术共研、资源共享、协同转化、生态共建等板块，形成了15条具体措施，为成都都市圈的协同创新提供了政策保障。

成都都市圈搭建了科技资源共享云平台，整合成都都市圈的创新平台、仪器设备等创新资源信息及服务功能，推动共享共用。同时，建设了科技资源共享云平台的德阳、眉山、资阳分平台，进一步促进了区域内创新资源的流动和共享。

成都都市圈"科创飞地"模式兴起，支持高校院所、龙头企业等主体跨区域设立研发及成果转移转化机构，成立协同创新中心，精准挖掘和共同培育重大协同创新项目，促进科技成果在成都都市圈的转移转化。

（四）成都都市圈标志性科技创新成果丰硕

在先进材料领域，研发了新型智能抗冲弹性体材料。由四川大学高分子科学与工程学院、高分子材料工程国家重点实验室吴锦荣团队研发的"Antipac"是一种新型智能抗冲弹性体材料，应用于知名品牌手机的折叠屏中，大大提高了可折叠内屏的抗冲击能力。该材料具有优秀的光学透明性、黏接强度、耐老化、耐烟雾和耐高低温等性能，还具有比现有材料更强的剪切增稠效应，在高端电子器件、军事装备、运动器材以及个人防护等领域具有广阔的应用场景。

在能源装备领域，成功研发了300兆瓦级压气储能电站重要部件。世界首台（套）300 兆瓦级压气储能电站——湖北应城 300 兆瓦级压气储能电站示范工程首次并网一次成功，其重要部件由成都都市圈的东方汽轮机有限公司、东方电机有限公司等装备制造企业研制并提供。东方电机研制并供货了该储能电站装设的单台 300 兆瓦级全空冷发电机；东方汽轮机提供了压气储能核心设备——世界首台容量最大的 300 兆瓦等级非补燃压缩空气透平膨胀机，该设备被评为 2023 年能源行业十大科技创新成果。

在生物医药领域，2023 年 7 月，位于资阳中国牙谷的四川护家卫士生物医药科技有限公司与四川大学达成了“咖啡酸苯乙酯在制备防龋或抗龋制剂中的应用”专利技术转化协议。2024 年 9 月，利用上述技术所研发的产品——护家卫士医用防龋齿膏正式投产。这款产品的出现实现了龋齿“防、治”功效结合从“0”到“1”的新突破。因产品性能先进，该产品成功入选四川省第三批创新重大医疗器械项目。

（五）成都都市圈科技成果转化平台与合作机制成势

依托“科创通”平台，整合成都都市圈创新平台、仪器设备等创新资源信息及服务功能，建立科技资源共享云平台，推动共享共用，并建设科技资源共享云平台德阳、眉山、资阳分平台。

成立成德、成眉、成资协同创新中心，组建成都都市圈协同创新中心，精准挖掘和共同培育重大协同创新项目，促进科技成果在成都都市圈转移转化。同时，依托成都市国有投资平台，协同德阳市、眉山市、资阳市国有投资平台，联合社会资本，共同发起设立双边或多边合作的科创投资基金。

成都都市圈形成了以东方电气、国机重装、通威集团等为主的成德高端能源装备产业集群，实现了风光水核气火“六电并举”发展。并且正在打造以德阳为主导的清洁能源装备产业链，形成以水电、风电、核电、太阳能光伏、燃气轮机为主，以氢能、地热能、储能装备为辅，相关材料和零部件企业配套的产业体系。

整合成都都市圈科普场馆资源，组建成都都市圈科普场馆联盟，推动科普场馆共享、科普活动共办，支持科普场馆联盟开展科普展览、研学参观、科普讲解大赛等品牌活动。承办世界科幻大会，提高了公众对科学技术和未来世界的认知和理解，营造了成都都市圈良好的创新文化氛围。

三、成都都市圈科技创新的现存问题

与发达都市圈相比，成都都市圈地处内陆和西部，科技创新资源、条件、基础相对不足，还存在一些显而易见的短板，如创新力度的不足。

（一）成都都市圈科技创新的研发投入相对不足

与国内一些发达的城市和地区相比，成都都市圈的研发投入强度仍有一定差距。尽管成都作为核心城市在科研资源和创新能力方面有一定基础，但整个都市圈的研发资金投入占地区生产总值的比例仍有待提高，这限制了科技创新的深度和广度开展，也影响了高端创新项目的实施和创新成果的产出。

成都都市圈企业投入动力欠缺。部分企业对科技创新的重视程度不够，缺乏加大研发投入的动力和意识。尤其是一些中小企业，其由于资金、技术和人才等方面的限制，在研发投入上相对较少，难以在技术创新方面取得突破，这在一定程度上影响了整个都市圈的产业升级和创新发展。

（二）成都都市圈创新人才结构有待优化

虽然成都都市圈拥有丰富的高校资源和一定数量的科研人才，但在高端人才、领军人才和复合型人才方面仍然短缺。这些人才对于开展前沿技术研究、推动重大创新项目具有关键作用，他们的缺乏可能导致都市圈在一些关键技术领域的创新能力不足，难以在全国乃至全球范围内形成竞争优势。

成都都市圈创新人才分布不均衡。目前，各类创新人才主要集中在成都市，德阳、眉山、资阳等周边城市的人才吸引力相对较弱，人才数量和质量都有待提高。这种人才分布的不均衡不利于都市圈的协同创新发展，也影响了周边城市的产业升级和科技创新。

（三）成都都市圈科技成果的转化效率不高

成都都市圈的科技转化渠道不畅。高校、科研机构与企业之间的合作机制还不够完善，科技成果转化的渠道不够畅通。部分科研成果难以找到合适的企业进行转化，而企业在技术需求方面也难以与高校、科研机构的研究成果有效对接，导致大量的科研成果无法及时转化为现实生产力。

成都都市圈缺乏专业的空间转化服务机构。科技成果转化需要专业的服务机构提供技术评估、知识产权保护、投融资等方面的服务，但成都都市圈在这方面的专业服务机构还比较缺乏，服务能力和水平也有待提高，这在一定程度上影响了科技成果的转化效率。

（四）成都都市圈科技协同创新机制不完善

成都、德阳、眉山、资阳四市虽然在推动都市圈协同创新方面出台了一些政策措施，但在政策的协同性和一致性方面还存在不足。一些政策在不同城市之间的执行标准和支持力度存在差异，导致企业和科研机构在跨区域合作时面临政策障碍，影响了协同创新的效果。

协同创新涉及各方的利益分配问题。由于缺乏科学合理的利益分配机制，部分地区和企业在参与协同创新时存在顾虑，担心自身的利益得不到保障，这也影响了协同创新的积极性和主动性。

（五）成都都市圈产业领域科技创新生态有待优化

成都都市圈产业配套能力不足，部分产业的产业链不够完善，上下游企业之间的联系不够紧密，产业配套能力不足。这使得企业在开展创新活动时，难以获得及时、有效的产业配套支持，增加了创新的成本和风险，也影响了创新的效率和质量。

成都都市圈在知识产权保护、科技金融、技术交易等方面的服务体系还不够健全，难以满足企业和科研机构在科技创新过程中的需求。例如，知识产权保护的力度不够，可能导致企业的创新成果被侵权，影响企业的创新积极性；科技金融服务的不足，可能导致创新企业难以获得足够的资金支持，影响创新项目的实施。

四、进一步加大成都都市圈科技创新力度的创新举措

科技创新永远在路上，以通信技术为例，从早期的电报、电话，到如今的5G乃至正在研发的6G技术，通信的速度、容量和稳定性不断提高。每一代通信技术的发展都带来了新的应用场景，如5G技术推动了智能交通、工业互联网和远程医疗等领域的变革，而未来的通信技术将进一步实现万物互联的愿景。在能源技术方面，从传统的化石能源到太阳能、风能、水能等可再生能源的广泛应用，再到对核能、氢能等新型能源的研发探索，体现了随着社会对清洁能源需求的不断增长和对环境保护的重视，能源技术的创新将持续朝着更高效、更清洁、更可持续的方向发展。因此，“十五五”期间成都都市圈科技创新只有进一步加大力度，才能赋能成都都市圈的高质量发展。

（一）进一步加大研发投入与资源统筹

成都都市圈范围内的“四市”应进一步加大对科技创新的财政投入，设立专项基金支持基础研究、关键技术攻关和创新平台建设等。同时，鼓励企业增加研发投入，通过税收优惠、研发补贴等政策措施，引导企业将更多资金投入技术创新中。例如，对于研发投入占营业收入比例较高的企业，给予一定的税收减免或资金奖励，激发企业的创新积极性。

成都都市圈要着力统筹创新资源配置，建立健全成都都市圈科技创新资源统筹协调机制，整合圈内的科研设备、数据资源、人才等创新要素，提高资源利用效率。加强成都与德阳、眉山、资阳等城市在创新资源方面的共享与合作，避免重复建设和资源浪费，例如搭建统一的科技资源共享平台，实现仪器设备、科研数据的共享共用。

（二）进一步强化人才引育与结构优化

成都都市圈要加大引进高端创新人才的力度，制定更具吸引力的人才引进政策，加大对国内外高端人才、领军人才和创新创业团队的引进力度；提供优厚的待遇、良好的科研条件和发展机会，吸引人才到成都都市圈创新创业。比如设立高层次人才专项引进计划，为引进的高端人才提供住房、子女教育、医疗等方面的保障。

成都都市圈要着力培养本土创新人才，加强本地科研机构、高校和职业院校的学科建设，优化专业设置，培养适应成都都市圈产业发展需求的各类创新人才。深化产教融合，鼓励企业与高校、科研机构合作开展人才培养，建立产学研联合培养人才的长效机制。例如，开展企业定制化人才培养项目，根据企业的需求培养专业技术人才。

注重培养和引进复合型人才，满足科技创新对多学科交叉融合的需求。加强对青年人才的培养和支持，为他们提供更多的科研项目机会和职业发展空间，打造一支年龄结构合理、专业层次丰富的创新人才队伍。

（三）进一步提高科技成果转化效率

成都都市圈要遵循习近平总书记关于科技创新和科技成果转化上同时发力的指示精神，制定全面的科技创新与成果转化政策框架，将两者视为一个有机整体。例如，在国家科技发展战略规划中，明确规定科技创新各阶段（基础研究、应用研究、试验发展）与成果转化环节（小试、中试、产业化）的目标、任务和资源分配原则。建立政策协同机制，确保科技政策、产业政策、财政政策、税收政策等相互配合。比如，在税收政策方面，对于积极开展科技创新和成果转化的企业给予更大幅度的税收减免；财政政策上，设立专项基金，既支持科研项目的开展，又对成果转化项目进行补贴。根据不同地区的科技资源禀赋和产业发展需求，制定差异化的区域科技政策。对于科技创新资源丰富但成果转化相对薄弱的地区，政策重点可以放在搭建成果转化平台、培育科技中介服务机构上。例如，在高校和科研机构集中的地区，设立专门的成果转化园区，提供一站式服务。对于产业基础较好但科技创新能力有待提高的地区，政策应侧重于鼓励企业与高校、科研机构合作开展创新研发项目，给予合作项目更多的资金支持和政策优惠。

成都都市圈要建立健全科技成果转化服务机构，提供技术评估、知识产权保护、投融资等全方位的服务。加强技术转移机构建设，培育专业的技术经纪人队伍，促进科技成果与市场的有效对接。例如，成立成都都市圈技术转移联盟，整合圈内的技术转移资源，提高技术转移效率。

成都都市圈要进一步深化高校、科研机构与企业之间的合作，建立长期稳定的产学研合作关系。鼓励企业与高校、科研机构共建研发中心、产业技术创新联盟等创新平台，共同开展技术研发和成果转化。通过产学研合作项目，推动科技成果向现实生产力转化，例如开展产学研合作示范项目评选，对优秀的合作项目给予奖励和支持。

成都都市圈要探索多元化的科技成果转化模式，如技术入股、知识产权质押融资等，为科技成果转化提供更多的资金支持和商业运作方式。建立科技成果转化示范基地，推广成功的转化经验和模式，提高科技成果转化的成功率。

（四）进一步加强科技的协同创新

进一步加强科技的协同创新要建立成都都市圈协同创新的政策协调机制，统一政策标准和执行力度，消除政策壁垒，为区域协同创新创造良好的政策环境；加强区域间的沟通与协调，建立常态化的合作交流机制，定期召开协同创新工作会议，共同研究解决协同创新中遇到的问题。

成德眉资要联合建设跨区域的科技创新平台，如联合实验室、产业技术研究院等，共同开展关键技术攻关和产业创新；发挥成都的创新引领作用，带动德阳、眉山、资阳等城市的科技创新能力提升。例如，围绕电子信息、装备制造、生物医药等重点产业，共建产业技术创新平台，推动产业协同发展。

成德眉资要推动产业协同创新，要加强成都都市圈各城市之间在产业创新方面的合作，共同打造产业链、创新链，实现产业协同发展；根据各城市的产业优势和特色，进行产业分工与协作，形成产业互补、协同发展的格局。例如，成都重点发展高端研发和总部经济，德阳、眉山、资阳等城市发展配套产业和生产制造基地。

（五）进一步加强科技的开放创新

成都都市圈和重庆都市圈在科技资源方面各有优势。成都都市圈在电子信息、生物医药等领域科研实力较强，拥有众多高校和科研机构。重庆都市圈在汽车制造、装备制造等重工业相关的科技创新方面有深厚的积累。双方可以通过协同合作，实现技术、人才等资源的共享。例如，成都的电子信息产业可以为重庆的汽车智能化提供技术支持，重庆的制造业创新成果也可以应用于成都的相关产业升级。两个都市圈可以共同打造科技创新平台，如联合建立产业技术创新联盟或跨区域的实验室。这有助于集中双方的科研力量，针对共同面临的技术难题进行攻关。比如在新能源汽车电池技术研发方面，整合两地的科研人才和资金，提高研发效率，共同提升在全国乃至全球的产业竞争力。在科技人才交流方面，通过开展学术交流活动、联合培养研究生等方式，拓宽人才的视野，提高人才的综合素质；同时，为人才在两地间的流动提供便利政策，鼓励科技人才在两个都市圈之间的企业和科研机构间自由流动，实现知识和技术的传播与融合。

沿海城市群都市圈如长三角、粤港澳等地在高新技术产业发展方面处于全国领先地位，在人工智能、海洋科技等前沿领域成果丰硕。成都都市圈可以积极与这些沿海都市圈进行产业对接，引进先进的技术和管理经验；同时，鼓励本地的科技企业与沿海企业开展技术合作，共同研发新产品或开拓新市场。此外，通过政策引导，吸引沿海地区的高端科技人才到成都都市圈创新创业或进行短期的技术指导。沿海都市圈在全球产业链中占据重要地位，成都都市圈可以借助与沿海都市圈的协同合作，更好地融入全球产业链。

成都都市圈可以将自身具有优势的科技成果，如农业科技、中医药科技等，深度融入“一带一路”高质量发展进程。例如，将成都都市圈的特色农业种植技术推广到共建国家，同时引进共建国家在资源开发、新能源等领域的先进科技成果。通过这种双向的科技成果交流，丰富成都都市圈的科技资源，提升科技创新的多元性。积极共建“一带一路”国际科技合作平台，可以联合共建国家的科研机构和企业建立联合实验室、科技园区等。例如，在成都建立“一带一路”中医药科技合作园区，吸引共建国家的中医药企业和科研机构入驻，共同开展中医药的研发、生产和贸易，提升成都都市圈在中医药领域的国际影响力。成都都市圈作为历史文化名城圈，拥有丰富的文化资源。成都都市圈可以利用文化科技融合的方式，开展同共建“一带一路”国家的创新合作。如利用虚拟现实、增强现实等技术展示成都的传统文化，同时借鉴共建国家的文化创意，开发具有国际特色的文化科技产品，如文化主题的游戏、数字艺术作品等，推动文化科技产业的创新发展。

（六）进一步优化科技创新生态环境

成都都市圈要进一步建立健全知识产权保护法律法规，加大对知识产权侵权行为的打击力度，提高侵权成本。建立知识产权快速维权机制，为企业和创新者提供便捷的知识产权保护服务。加强知识产权宣传和培训，提高企业和公众的知识产权意识。

成都都市圈要进一步优化科技金融服务，构建多元化的科技金融服务体系，鼓励金融机构创新金融产品和服务，为科技创新企业提供更多的融资渠道和资金支持。设立科技金融风险补偿基金，降低金融机构的风险，引导金融机构加大对科技创新的投入。例如，开展知识产权质押融资、科技保险等业务，为科技创新企业提供个性化的金融服务。

成都都市圈要进一步营造创新创业氛围，举办各类创新创业活动，如创新创业大赛、科技成果展示会、学术交流会议等，为创新创业者提供交流合作的平台。加强对创新创业的宣传和报道，弘扬创新创业精神，激发全社会的创新创业热情。建立创新创业服务中心，为创新创业者提供一站式的创新创业服务，降低创新创业门槛和制度性交易费用。

第三章

轨道上的成都都市圈

成都都市圈是中国西南地区的重要城市圈层，包括成德眉资四城市，常住人口超过 3 000 万。随着中国经济的快速发展，成都都市圈的经济也得到了快速增长。为了进一步促进成都都市圈的发展，必须形成轨道畅通的都市圈。

一、轨道畅通是成都都市圈的重要条件

轨道上的成都都市圈是一种以轨道交通为核心纽带，连接都市圈内各个城市和区域，实现高效、便捷、一体化发展的都市圈发展模式。轨道上的成都都市圈有助于加强成德眉资及其周边区域的联系，提升交通效率，促进经济发展，优化城市布局，促进成都都市圈的高水平极化和辐射，促进人口和各种要素的便捷流动。

（一）成都都市圈轨道畅通的战略价值

随着中国全面建成小康社会，实现第二个百年奋斗目标已成为现阶段最主要的任务。我国社会现阶段的主要矛盾是人民日益增长的美好生活需要和不平衡不充分的发展之间的矛盾。解决这一矛盾需要推动高质量发展，而要发展就必须要先修路。高速铁路、城际铁路、城市轨道交通等轨道交通方式在我国公共交通中所占的比重越来越大，发展轨道交通是新时代社会发展的必然趋势。大力发展轨道交通有利于将中国各个区域的发展联系起来，可解决欠发展地区交通不便、发展无路的问题，同时利用发展较好的地区带动欠发展地区的经济社会发展，有利于各种生产要素的空间转移，提高整个社会的福利，对解决发展不平衡和不充分问题具有积极的作用。同时，大力发展轨道交通，建成轨道畅通的都市圈，对中国形成畅通的对外开放市场也有积极的推动作用。

对于成都和重庆本身而言，成渝地区人口密集、资源丰富，具有巨大的发展潜力，其位于“一带一路”和长江经济带交会处，是西部陆海新通道的起点，具有连接西南西北，沟通东亚与东南亚、南亚的独特优势。而成都作为中国西南地区的超大城市、成渝地区核心城市之一，不仅是中国西南地

区与西北、华中及东部地区相互联系的交通枢纽和集散中心，而且是中国与西南邻近国家沟通的纽带。同时，成都还要发挥作为四川省省会城市的中心作用，对其周边的市级和县级地区起到足够的辐射作用，带动周边中小地区的发展。因此，发展成渝地区双城经济圈下轨道畅通的成都都市圈，就是使成都“四通八达”，缩小各项要素的流通周转成本，减少各个城市地区之间人的通勤与旅行时间和货物的运输时间，增加成都的对外辐射作用和带动作用，使其更好地发挥中国西南地区交通枢纽和集散中心的作用。

（二）轨道交通的分类及特点

轨道交通通常指的是运营车辆需要在特定的轨道上行驶的一类交通工具或运输系统。最典型的轨道交通就是由传统火车和标准铁路所组成的铁路系统。随着火车和铁路技术的多元化发展，轨道交通呈现出越来越多的类型，不仅有遍布于长距离陆地运输中的干线铁路和城际铁路，也有广泛运用于中短距离城市公共交通中的城市轨道交通和市郊铁路。

根据服务范围的不同，轨道交通一般分成国家干线铁路、城际铁路、市域（郊）铁路、城市轨道交通四大类。国家干线铁路，简称国干铁路，又称国家铁路（行政等级），是指在全国区域内拥有关键的经济、政治、文化和国防效益的铁路。国干铁路有两个基本要素：一是国家性质，二是干线性质。国家性质的意思是由中央政府主管部门审批和管理，干线性质的意思是跨越多个大型区域并连接重要省会城市。城际铁路是指连接相邻城市或城市群的客运专线铁路。市域（郊）铁路，又称为通勤铁路，其中属于城市轨道交通制式的线路又称为市域快线或市域快轨，市域（郊）铁路是连接都市圈中心城市城区和周边城镇组团，为通勤客流提供快速度、大运量、公交化运输服务的轨道交通系统。城市轨道交通为采用轨道结构进行承重和导向的车辆运输系统，依据城市交通总体规划的要求，设置全封闭或部分封闭的专用轨道线路，以列车或单车形式，运送相当规模客流量的公共交通方式。城市轨道交通是城市公共交通的骨干，具有节能、省地、运量大、全天候、无污染（或少污染）又安全等特点，属绿色环保交通体系，特别适应于大中城市。

轨道交通在整个交通系统中占有十分重要的地位，是整个交通系统中的重要组成部分。特别是近年来随着高速铁路的逐渐发展，轨道交通在货物运输和人员出行等方面所占的比重越来越大，因此大力发展轨道交通是实现交通网络高质量发展的必经之路。

与其他交通方式相比，轨道交通具有以下四个优点：一是高效、快速，轨道交通通常采用封闭式车厢和独立的轨道，因此可以在不受道路交通拥堵和路况等因素影响的情况下快速高效地运行；二是环保、节能，轨道交通通常采用电力驱动，因此在运行过程中可以减少环境污染和能源浪费；三是安全、稳定，轨道交通具有固定的轨道和车辆，运行过程中不易出现交通事故和故障，因此相对比较安全和稳定；四是容量大，轨道交通通常采用列车式运行，可以一次性运送大量的乘客和货物，可以缓解城市交通拥堵问题。因此，在城市交通系统中，轨道交通通常被视为重要的公共交通工具之一。特别是在大城市和高密度城市地区，轨道交通通常是人们出行的主要选择之一，是城市交通运输系统中的重要组成部分。国家干线铁路、城际铁路、市域（郊）铁路、城市轨道交通等轨道交通都是现代交通运输体系中不可或缺的重要部分，可以加强城市之间和地区之间的联系和合作，促进不同区域间的经济发展和交流。

（三）轨道上的成都都市圈内涵

成都都市圈要建设多层次轨道交通体系，构建由高铁、城际铁路、市域铁路、城市轨道交通等组成的多层次轨道交通体系，实现不同距离、不同需求的高效运输。高铁连接成都与国内其他主要城市，缩短对外交通时间；城际铁路加强成都与周边城市如德阳、眉山、资阳等地的联系；市域铁路服务于成都都市圈内部的通勤和商务出行；城市轨道交通则满足城市内部的日常出行需求。

轨道上的成都都市圈要打造无缝换乘的交通枢纽，使不同类型的轨道交通之间以及与其他交通方式之间实现便捷换乘。推进一体化运营管理，统一票务系统、运营时间和服务标准，提高出行效率和便利性。

经济圈轨道畅通是指在经济圈内，通过建设高速铁路等现代化铁路交通系统，实现各个城市间的快速、便捷、高效的联系和交流，以促进经济发展和区域一体化。通过建设高速铁路等现代化铁路交通系统，可以促进城市之间的联系和合作，加强区域一体化和协同发展，提高交通运输的效率和质量，推动经济发展和社会进步。

轨道畅通发展是构建成渝地区双城经济圈高品质交通网络的重要一环，轨道畅通的本质是要实现交通畅通，大幅缩短各区域间的通达时间，使要素的流动周转可以打破空间的限制，实现要素资源互通共享，解决经济发展过程中的基础性问题，从而对区域经济的协同发展起到长期持续的推动作用，保证成渝地区双城经济圈内各地区的发展能够协同共进。

二、 轨道上的成都都市圈机理解析

轨道上的成都都市圈需要统筹考虑成德眉资及周边城市的交通需求和发展规划，实现轨道交通网络的合理布局和互联互通。政府部门通过制定统一的交通规划，协调各方利益，确保轨道交通建设与城市发展相适应。同时，轨道交通建设需要与城市的土地利用规划、产业发展规划、环境保护规划等相协调。通过推动多规合一，实现城市空间的合理利用和可持续发展。

（一）轨道上的成都都市圈的主要影响因素

发展畅通的轨道交通是实现区域一体化发展的必要前提，轨道交通的发展不只是交通部门的事情，而是与社会各个生产管理部门都有着直接或间接的联系。从前期的调研、考察、规划到中期的招商引资、投入建设，再到后期的运营管理及使用，轨道交通发展的各个环节都需要涉及大量的人员和部门。可见，轨道上的成都都市圈是一个复杂的系统工程，需要各种因素的协调配合才能更好地实现。影响轨道畅通发展的因素有很多，但是政策因素、经济因素、社会因素、技术因素、环境因素无疑是最主要的因素。

1. 政策因素

政策因素对轨道上的成都都市圈具有十分重要的指导意义，是轨道交通畅通发展的指向标。一是发展规划政策。轨道交通畅通发展首先要依据国家的区域发展战略、目标及相应的发展政策来部署相应的轨道交通发展方案并制定相应的发展规划，然后再依据轨道交通发展规划来具体落实各个部门的相关工作，逐步推动整个发展项目的稳定进程，只有这样才能保证轨道交通畅通发展的方向与国家区域一体化的发展目标相符合，才能通过轨道交通畅通发展来推动中国区域经济的发展。二是投资和税收政策。政府的投资政策决定了轨道交通畅通发展项目的资金筹集方式和资金来源，政府的资金投入和补贴可以提高轨道交通项目的建设和运营成本效益，降低市场风险，加速轨道交通建设的进度；同时，政府通过制定税收政策，对轨道交通企业实行优惠税收政策和鼓励政策，可以降低企业负担，增加企业收益，提高轨道交通的投资吸引力和市场竞争力。三是相关的市场管理和铁路运营政策。如竞争政策、市场监管和监察政策等，要切实保障消费者的合法权益和公共利益，建立完善的轨道交通运营管理体系，有利于轨道交通在使用和运营过程中的规范化管理。四是相应的法律法规保障政策。法律法规是轨道交通畅通发展的基础保障，政府制定和实施相关的法律法规，可以规范轨道交通的行业标准、安全标准和服务质量标准等，促进轨道交通行业健康发展。同时，政府完善相关的法律法规，可以应对自然灾害等突发事件，以确保轨道交通的安全和稳定运营。

2. 经济因素

经济因素对轨道上的成都都市圈影响是多方面的。首先，在轨道交通建设的前期，经济因素主要影响着轨道交通项目的启动和投资。政府和轨道交通企业需要进行前期的市场调研和投资评估，以确定轨道交通项目的可行性和投资回报。此时，市场需求、财政支持、投资回报和竞争环境等因素会对轨道交通项目的前期规划和决策产生影响。其次，在轨道交通建设的中期，经济因素主要影响着轨道交通项目的建设进度和运营效益。政府和轨道交通企业需要考虑轨道交通项目的建设进度和投资成本，同时也需要关注轨道交通项目的运营效益和市场竞争力。此时，资源利用效率、市场需求和竞争环境等因素会对轨道交通项目的建设和运营产生影响。最后，在轨道交通建设的后期，经济因素主要影响着轨道交通项目的长期运营和发展。政府和轨道交通企业需要关注轨道交通的市场需求和运营效益，轨道交通项目在运营管理上的资金投入直接决定了后期的运营管理质量，保证轨道交通建设后期的稳定资金投入是保障轨道交通使用效率和质量的重要因素。同时也需要考虑轨道交通的技术创新和业务拓展，发挥轨道交通的优势带动其他业务的发展，尽可能地扩大轨道交通的辐射能力和溢出效应。

3. 社会因素

社会因素对轨道上的成都都市圈也有很大的影响，主要包括以下几个方面：一是人口和城市化。人口和城市化是社会因素中对轨道交通畅通发展影响最大的因素之一。人口的增加和城市化的加速会带来更高的出行需求和交通压力，这使得轨道交通的建设和运营成为缓解交通拥堵和提高城市交通效率的重要选择。二是区域发展的不平衡及人民的发展诉求。我国区域的不平衡不充分发展使得区域协调一体化发展的规划战略尤其重要。对于区域协调发展，人民有诉求、国家有责任，在这样迫切的社会需求之下，制定区域协调发展战略是必然的，而发展畅通的轨道交通是其中必不可少的一步。三是旅游和文化。旅游和文化也会对轨道交通畅通发展产生影响。随着旅游和文化交流的增加，轨道交通成为连接不同地区和文化的重要交通方式。因此，政府和轨道交通企业需要考虑旅游和文化需求，促进轨道交通的旅游和文化发展，提高轨道交通的知名度和影响力。

4. 技术因素

技术对轨道上的成都都市圈影响极大。它对于各个行业和领域的发展都起到了至关重要的作用。特别是在轨道交通领域，技术的发展直接影响着轨道交通的安全、效率和舒适度等方面。首先，技术的不断发展带来了更加先进的轨道交通设备和设施。例如，高速列车、地铁自动化控制系统、列车信号控制系统等都是在技术进步的基础上不断得以完善和提升的。这些新技术和设备能够提高轨道交通的运行效率，降低事故风险，提高客运体验，满足不断增长的交通需求。其次，技术的发展使得轨道交通与其他交通方式更加互联互通，提高了整个交通系统的效率。例如，轨道交通系统的智能化管理、运输信息化等，使得轨道交通能够更好地与其他交通方式（例如公交、出租车、共享单车等）协同，形成更加完善的综合交通网络。这不仅提高了交通系统的效率，也为居民提供了更加便捷、舒适的出行体验。最后，技术的发展还能够促进轨道交通的可持续发展。例如，新型材料的应用、能源利用的改善、清洁能源技术的发展等，都可以提高轨道交通的能效，减少对环境的影响，降低运营成本，提高轨道交通的可持续性。因此，技术在轨道交通畅通发展中的作用不可低估，它能够促进轨道交通的安全、效率、可持续性等方面的发展。随着技术的不断进步，特别是新质生产力的加快培养与发展，成都都市圈的轨道交通水平也在不断提升。

5. 环境因素

环境对轨道上的成都都市圈也起着非常重要的作用。环境因素将从以下几个方面影响轨道交通的畅通发展。一是人们的环保意识。随着人们环保意识的提高，轨道交通作为一种绿色、低碳、环保的交通方式越来越受到重视。环境友好型的轨道交通系统可以减少空气和噪声污染，降低能源消耗，有利于保护生态环境。二是土地资源利用。轨道交通建设需要占用大量土地资源，因此环境因素也必须考虑土地的可持续利用。在城市发展规划中，需要充分考虑轨道交通建设与城市土地的有效利用，以避免浪费土地资源。三是自然灾害风险。轨道交通建设通常需要穿越山区、地质复杂区域和河流，这些区域存在地质灾害和自然灾害的风险，如山体滑坡、泥石流等。因此，在轨道交通规划和建设过程中，需要充分考虑自然灾害的风险和防范措施，以保证交通运营的安全性和可靠性。四是空间环境影响。轨道交通线路、车站、立交桥等建设会对周围的居民、商业、教育、医疗等设施产生一定的影响，包括噪声、空气污染等。因此，需要在轨道交通建设规划和设计中充分考虑周围环境的影响，尽量减少对周围环境的不利影响。

（二）轨道畅通促进成都都市圈一体化发展

成都都市圈轨道畅通的本质是要实现成德眉资交通畅通。只有实现了交通畅通，才具备实现区域一体化发展的基本前提条件。本小节通过分析梳理轨道交通影响经济发展的传导机制，得出以下几条轨道交通促进经济圈一体化发展的途径，分别是提高区域内交通效率、促进城市空间重构、促进资源优化配置、带动投资和就业、增加区域间交流和互动。

1. 提高成德眉资交通效率

轨道交通提高成德眉资交通效率主要体现在对人们出行时间和对公共交通使用满意度的改善上面。首先，轨道交通可以大幅缩短人们的出行时间，保障人们出行的时效性和准时性。轨道交通在形式和技术上面都在不断突破创新，新型高速铁路的发展体现了中国速度，同时轨道交通能够承载大量的乘客，有效减少道路交通拥堵，减少通勤人员在交通拥堵中的时间浪费，提高通勤效率。其次，轨道交通为人们提供了多种出行选择。区域内轨道交通的新建和更新无疑会增加人们出行的路径和方式，联通中心城市和周边城市的高速铁路的大规模覆盖为人们在城市间通勤提供了更好的解决方案。同时轨道交通还能和其他交通方式相结合，可以提供更多出行选择，便于出行者根据自身需求选择最为便捷、快速的交通方式。另外，轨道交通还能大大提高人们的出行舒适度，目前的高速铁路轨道交通具有干净舒适的乘车环境，相对于其他交通方式来说，乘坐体验更加舒适，可以减少通勤人员的疲劳感，提高通勤效率。最后，轨道交通实现了多个区域的互联互通，将不同区域通过轨道线路联通，提高不同区域之间的交通效率，同时也能够促进不同区域之间的交流和合作。

2. 促进成德眉资空间重构

交通是促进成德眉资各个部分相互连结的“血脉”，轨道交通在城市空间结构布局上发挥的作用尤为明显。据分析，轨道交通会从以下几个方面促进城市空间的重构。一是加强城市交通网络的连通性。轨道交通可以提高城市交通网络的连通性，缩短城市间和城市内部的距离，促进城市间的交流和互动，从而推动区域经济一体化发展。二是促进城市的功能区划分，促进各产业协同发展。轨道交通线路的规划和建设可以促进城市的优化布局，根据轨道交通线路的分布情况，促进城市的功能区划分，如商业区、居住区、工业区等，使城市内的功能分布更加合理。三是促进城市密度调整。轨道交通可以促进城市密度调整，如通过发展轨道交通，将城市的核心区域向周边地区扩散，使城市的密度更加合理。四是提高城市土地利用效率。轨道交通的建设和发展可以带动周边地区的开发，优化城市用地结构，提高土地利用效率，从而推动城市空间结构的合理布局，提高城市整体的竞争力和吸引力。五是推动城市空间结构的优化升级。随着轨道交通的建设和发展，城市空间结构将逐步向轨道交通线路和站点集聚，形成新的城市空间结构模式，从而推动城市空间结构的优化升级。

3. 促进成德眉资资源优化配置

轨道交通可以促进资源优化配置，从而进一步促进经济圈的一体化发展。具体而言，通过轨道交通的建设和发展，可以促进资源的流动和配置。轨道交通促进资源优化配置主要体现在以下方面。一是促进劳动力市场的整合。轨道交通建设能够提高城市之间的人流和物流的流动效率，促进劳动力市场的整合。通过轨道交通的联通，劳动力可以更便捷地跨越城市之间的距离，获得更多的就业机会，同时也为企业提供了更多的用工选择。二是优化区域资源配置。轨道交通的发展可以促进城市间的交流与合作，打破区域之间的壁垒，使资源得到更优化的配置。轨道交通可以将不同城市的经济要素进行有效地整合，实现资源优化配置，提高经济效益。三是促进产业升级。轨道交通可以促进不同城市之间的产业合作，打通产业链的“最后一公里”，推动产业升级和优化。通过轨道交通的建设，可以更加方便地将不同地区的产业要素有机地整合起来，促进资源的互补和优化。四是促进城市间的贸易。轨道交通能够促进城市之间的贸易和经济合作。通过轨道交通的联通，不同城市之间的交流和合作得以加强，促进了城市间的经济互动。此外，轨道交通也能够提高城市的物流效率，为企业带来更加便利的贸易环境。

4. 带动成德眉资投资和就业

轨道交通建设还能够通过带动投资和就业来促进经济一体化发展。首先，建设轨道交通需要大量的资金投入，这些资金不仅来自政府，也来自私人企业。建设过程中，需要购买土地、采购材料、招聘员工等，这些都能够刺激经济的发展。此外，轨道交通建设还能够带动相关产业的发展，如轨道交通车辆制造、信号控制系统等，从而形成一个完整的产业链，为经济发展带来更多的机会。其次，轨道交通建设不仅需要资金，也需要大量的劳动力。在轨道交通建设过程中，需要招聘设计师、建筑工人、机械工程师等多种人才。这些人才的招聘和培训，不仅有助于解决就业问题，也有助于提高人才素质和促进社会经济的进步。最后，轨道交通建设完成后，会带来更多的经济活动和商业机会。例如，沿着轨道交通线路建立商业中心、商业街区等，可以吸引更多的商家和消费者。同时，轨道交通建设也会使得一些偏远地区得到联通，从而提高当地居民的生活品质和社会经济水平，进而带来更多的商业活动和就业机会。

5. 增加成德眉资区域间交流和互动

轨道交通的建设和运营能够增加区域间交流和互动，从而促进经济一体化，体现在以下几个方面。一是促进人员流动。轨道交通连接了不同地区，使人们可以更快地到达目的地，从而促进了人员流动。这有利于人员在不同地区之间的交流和互动，为经济一体化提供了便利。二是促进商贸往来。轨道交通沿线的商业区域和交通枢纽可以成为商贸往来的集聚点。人们可以更容易地到达商业区域和交通枢纽，从而增加商贸往来的频率和规模，为经济一体化提供了支持。三是促进文化交流。轨道交通连接了不同的文化区域，使人们可以更容易地到达其他文化区域，从而促进了文化交流和互动。这有利于文化的多元化和交融，为经济一体化提供了有力支持。四是促进旅游业发展。轨道交通连接了不同的旅游景点和目的地，使人们可以更容易地到达这些地方。这有利于促进旅游业的发展，增加区域间的旅游流动，为经济一体化提供了重要支持。

三、 轨道上的成都都市圈现状分析

只有梳理并分析成都都市圈的轨道畅通发展现状，才能清楚轨道上的成都都市圈的家底。只有全面深入了解成都都市圈在轨道畅通发展上现状与问题，才能根据问题导向，有针对性地谋划对策和举措。

（一）轨道上的成都都市圈规划现状

成都正在努力打造一个覆盖都市圈的轨道交通网络，以促进成德眉资及相关区域间交流和都市圈的一体化发展。

1. 构建都市圈立体交通体系

统筹布局以成都为中心枢纽的多层次轨道交通网络，推动干线铁路、城际铁路、市域（郊）铁路和城市轨道交通“四网融合”，构建轨道交通“一小时通勤圈”。此外，还加快推进成达万高速铁路、成渝中线高速铁路等干线铁路项目建设，研究规划成都外环等连接成都与周边城市的城际铁路和都市圈市域（郊）铁路，全面畅通铁路客货运输大通道，建立高效联通铁路网。

此外，成都都市圈轨道畅通发展的现状还包括着力发展城市轨道交通，截至 2024 年年底，成都已开通了 15 条城市轨道交通线路，另有多条线路正在建设或规划之中，预计到 2030 年，成都地铁将形成完善的线网布局，总长度将超过 1 000 千米。同时，成都还加快了轨道交通与高速公路的联动发展，推进了“轨道+高速”产业园区建设，打造交通出行一体化服务体系，进一步推动了成都都市圈区域一体化发展（见表 3-1）。

表 3-1　成都都市圈交通路网重点项目①

项目类别	重点项目
干线铁路	推进成达万高速铁路、成渝中线高速铁路、西宁至成都铁路、成自宜高速铁路、川藏铁路引入成都枢纽天府至朝阳湖段、成渝铁路成都至隆昌段扩能改造等项目
城际和市域（郊）铁路	加快建设成都至资阳市域（郊）铁路，规划建设成都至德阳、成都至眉山等成都都市圈市域（郊）铁路，推动成德眉资同城化

2. 推进“四网融合”的多层次轨道交通发展

成都都市圈轨道交通建设加大了干线铁路、城际铁路、市域（郊）铁路、城市轨道交通四大轨道交通类型的联结与互通（见表 3-2），发挥不同类型轨道交通的优势和特点，使不同类型轨道交通在功能与作用上相互补充，构建能够满足多种交通运输要求、结构层次清晰、功能划分明确、规划布局合理的“四网融合”的多层次轨道交通。

第一，打造内外联通的干线铁路网。以加强区域内外联通为重点，坚持高速铁路与普通铁路共举、客运铁路与货运铁路并重、铁路新建与改建结合，要注重铁路建设的经济性和战略性，科学规划建设干线铁路网络，充分发挥干线铁路的骨干作用，有效联通成都与周边城市，通过干线铁路打通成都及其周边城市的交通动脉，使成都都市圈成为西部陆海新通道的支撑枢纽，在中欧班列、泛欧泛亚国际班列开行上领先全国，逐渐形成国际内陆开放高地中的高峰。

第二，完善出行便捷的城际铁路网。成都都市圈的轨道交通发展要与重庆都市圈的轨道交通发展相互结合，以成渝主轴为城际铁路网的骨架，成都、重庆两个中心城市为城际轨道交通辐射的主体，在干线铁路的骨架基础上合理规划城际铁路的建设，实现“双核”直连直通、城市群节点互联互通。

第三，构建便捷通勤的市域（郊）铁路网。以实现便携通勤为建设市

① 四川省人民政府. 四川省人民政府关于印发《成都都市圈发展规划》的通知[EB/OL].(2021-11-29)[2024-11-01].https://www.sc.gov.cn/10462/zfwjts/2021/11/29/40678782564141e68f4d/d27180befb69.shtml.

域（郊）铁路的主要目标，成德眉资通过优化轨道交通组织运输结构、维护补强现有的轨道交通路线、改建扩建部分不合规范的轨道交通路线、改造及增建车站站台等方式来公交化开行市域（郊）轨道交通列车，努力打造1小时通勤的成都都市圈。

第四，完善成都都市圈城市轨道交通网。结合成德眉资区域定位和发展规划，科学合理地制定和实施城市综合交通体系规划是实现城市轨道交通发展的前提条件，完善成都都市圈内城市轨道交通的建设有利于缓解城市交通拥堵的状况，是城市内部交通畅通的重要保障。同时，还要做好城市轨道交通与干线铁路、城际铁路、市域（郊）铁路之间的相互衔接，实现各类型轨道交通之间的无障碍换乘，强化城市轨道交通在城市公共交通中的作用，提升城市的运行效率和质量。

表3-2　成都都市圈多层次轨道交通规划新建项目①

项目类别	项目名称	路线走向及主要建设内容	备注
干线铁路	成渝中线高速铁路	自成都站引出，经四川资阳、重庆大足接入重庆北站	规划内
	重庆至西安高速铁路	西线：自重庆西站引出，经达州引入安康西站。东线：经重庆开州，接入万州北站	规划内
	天府站至朝阳湖铁路	自朝阳湖站引出，经蒲江、邛崃、新津、彭山、双流，接入天府站	规划内，客货共线
	广安至涪陵铁路	自四川广安至重庆涪陵	规划内，客货共线
	成渝铁路成都至隆昌段扩能改造工程	—	规划内
	达州至万州铁路扩能改造工程	—	规划内
	珙县至叙永铁路	自宜珙铁路引出，经四川宜宾珙县、长宁、江安、兴文至泸州叙永，接入隆黄铁路	新增，客货共线
	南充至广安铁路	自成都至达州至万州高铁南充北站引出，经四川南充、广安接入渝西高铁广安东站	新增

① 国家发展改革委. 成渝地区双城经济圈多层次轨道交通规划[EB/OL].(2021-12-10)[2024-11-01].https://www.gov.cn/zhengce/zhengceku/2021-12/3/content_5664118.htm.

表3-2(续)

项目类别	项目名称	路线走向及主要建设内容	备注
城际铁路（部分兼具联络线功能）	绵阳经遂宁至内江铁路	自四川绵阳经遂宁至内江	规划内
	成都外环铁路简州至空港段、资阳西至眉山北段、寿安至彭州段及彭州至德阳北段	1. 简州至空港段：自简州站接入空港站后，利用成自高铁接入资阳西，新建线路28千米、投资60亿元。2. 资阳西至眉山北段：自资阳西站引出，经仁寿至眉山，新建线路81千米、投资174亿元。3. 寿安至彭州段：包括新建寿安至西来段，利用成蒲铁路接入大邑站，新建大邑站至道明站、元通站至青城山站，利用成灌铁路接入安德站，新建安德站至新民站，利用成彭铁路至彭州站，新建线路43千米、投资110亿元。4. 彭州至德阳北段：自彭州至什邡西至德阳北，新建线路58千米、投资122亿元。5. 新建与成达万高铁、成贵高铁、成昆铁路、西成高铁等联络线46千米、投资67亿元	新增
	重庆至遂宁铁路	自重庆西站引出，经重庆沙坪坝、璧山、铜梁、潼南至四川遂宁，接入绵阳至遂宁至内江铁路	新增
市域（郊）铁路	宝成铁路改造	—	新增
	青白江至金堂线	自宝成铁路青白江站引出至金堂	新增
	成都至德阳线	自成都地铁1号线韦家碾站引出，经成都金牛区、新都区、彭州市濛阳镇、广汉市三星堆、德阳天府旌城、德阳中心城区至德阳北站	新增
	成都至眉山线	自成都地铁19号线红莲村南站引出，经成都科学城片区、天府文创城、眉山市视高片区、乐高乐园、黑龙滩天府生态片区、岷东新区西片区至眉山市东坡区	新增
	龙泉至天府机场线	自成都地铁13号线龙安站引出，经龙泉、简州新城、空港新城至天府机场	新增

表3-2(续)

项目类别	项目名称	路线走向及主要建设内容	备注
铁路专用线	秦巴物流园区铁路专用线	自襄渝铁路河市站引出，连接秦巴物流园区	新增
	达州第二工业园区铁路专用线	自达万铁路麻柳站引出，连接达州第二工业园区	新增
	绵阳安州区物流产业园铁路专用线	自成兰铁路安州站引出，连接安州区睢水镇物流产业园	新增
	成都天府机场空港南站铁路专用线	自成渝铁路庙子沟站引出，至成都天府机场空港南站	新增
	成都经开区南区铁路专用线及货站	规划建设龙泉西接驳站、龙泉南装卸站（含相关配套设施）及铁路连接线	新增

3. 完善成都都市圈客货运枢纽体系

轨道交通枢纽是成都都市圈城市轨道交通系统中的重要组成部分，具有重要的作用和意义。它不仅是连接不同交通方式的重要节点，也是城市发展的重要支撑点。轨道交通枢纽的重要性主要体现在以下几个方面：首先，轨道交通枢纽可以提高城市交通的效率和便利度。通过将不同的交通方式衔接起来，可以实现无缝转换和互联互通，让人们更加方便快捷地到达目的地，同时也可以减少交通拥堵。其次，轨道交通枢纽对于促进城市的经济发展具有重要的作用。它可以为城市的商业、文化、教育等产业提供便利的交通条件，使得城市产业更加繁荣发展。再次，轨道交通枢纽也可以促进城市与外界的贸易往来、经济合作和人员流动，提高城市的竞争力。最后，轨道交通枢纽还可以提高城市的可持续性。通过提高交通效率和便利度，可以减少能源的消耗和污染的排放，同时也可以缓解城市交通拥堵状况，改善城市的交通环境。成都都市圈多层次轨道交通重点客运枢纽衔接（见表3-3）如下：

（1）Ⅰ型客运枢纽。Ⅰ型客运枢纽依托重庆、成都两大国际性枢纽城市的铁路主客站，推动干线铁路、城际铁路、市域（郊）铁路、城市轨道交通至少“三网”或8条以上骨干轨道交通线路高效衔接。

（2）Ⅱ型客运枢纽。Ⅱ型客运枢纽重点依托重庆、成都两大国际性枢纽城市的铁路主、辅客站、枢纽机场站和重要节点车站，紧密衔接干线铁路、城际铁路、市域（郊）铁路、城市轨道交通中的“三网”或 4 条骨干轨道交通线路。

（3）Ⅲ型客运枢纽。Ⅲ型客运枢纽依托地级市铁路客站和中心城市铁路中间客站为重点，主要衔接干线铁路、城际铁路、市域（郊）铁路、城市轨道交通中的“两网”。

成都都市圈多层次轨道交通主要铁路物流基地布局（见表 3-4）如下：

（1）一级铁路物流基地。一级铁路物流基地位于重庆、成都等全国性铁路枢纽城市，发挥区域内集装箱集散的主枢纽作用，货物聚集、班列组织、路网中转功能强，具备完善的物流服务、增值服务和配套服务功能。

（2）二级铁路物流基地。二级铁路物流基地位于重要铁路枢纽城市，发挥区域内集装箱集散的重要枢纽作用，具备较强货物聚集、班列组织或专业物流功能。

（3）三级铁路物流基地。三级铁路物流基地是一、二级之外的物流基地，发挥区域内集装箱集散的枢纽作用，主要承担一般城市货物集散及城市配送、专业物流功能。

表 3-3　成都都市圈多层次轨道交通重点客运枢纽衔接表①

枢纽类型	主要车站	干线铁路	城际铁路	市（域）郊铁路	城市轨道交通
Ⅰ型客运枢纽	成都站	既有西成高铁、宝成铁路、遂成铁路、成渝铁路；规划成渝中线高铁		既有成灌铁路；规划宝成铁路改造及新建青白江至金堂线	成都轨道交通 1、7、18 号线
	成都东站	既有西成高铁、成贵高铁、成渝高铁、遂成铁路；在建成都至自贡高铁			成都轨道交通 2、7、20 号线

① 国家发展改革委. 成渝地区双城经济圈多层次轨道交通规划［EB/OL］.（2021-12-10）［2024-11-01］.http://www.gov.cn/zhengce/zhengceku/2021-12/23/content_5664118.htm.

表3-3(续)

枢纽类型	主要车站	干线铁路	城际铁路	市（域）郊铁路	城市轨道交通
II 型客运枢纽	天府站	在建沿江高铁成都至达州至万州段、成都至自贡高铁；规划天府站至朝阳湖铁路			成都轨道交通 18、19、26 号线
	成都南站	既有成贵高铁、成渝高铁、成昆铁路			成都轨道交通 1、7、13 号线
	成都西站	既有成雅铁路、成都铁路枢纽环线			成都轨道交通 4、9 号线
	十陵南站	既有遂成铁路、成渝铁路、成昆铁路、宝成铁路			成都轨道交通 2、30 号线
	双流机场站	既有成贵高铁			成都轨道交通 10、19、30 号线
	天府机场站	在建成都至自贡高铁		规划龙泉至天府机场线	成都轨道交通 18 号线
	简州站	规划成渝中线高铁	规划成都外环铁路	规划龙泉至天府机场线	
III 型枢纽 III 型枢纽 III 型枢纽	成都空港站	在建成都至自贡高铁	规划成都外环铁路		
	德阳站	既有西成高铁、宝成铁路		规划成都至德阳线	
	资阳北站	既有成渝高铁		在建成都至资阳线	
	资阳西站	在建成都至自贡高铁、沿江高铁成都至达州至万州段	规划成都外环铁路		
	绵阳站	既有西成高铁、宝成铁路	规划绵阳至遂宁至内江铁路		

表3-3(续)

枢纽类型	主要车站	干线铁路	城际铁路	市（域）郊铁路	城市轨道交通
III 型枢纽 III 型枢纽 III 型枢纽	眉山北站		规划成都外环铁路	规划成都至眉山线	
	内江北站	既有成渝高铁	既有内江至至自贡至泸州铁路；规划绵阳至遂宁至内江铁路		
	自贡东站	在建成都至自贡高铁	既有内江至至自贡至泸州铁路；在建自贡至宜宾铁路		
	宜宾站	既有成贵高铁；在建渝昆高铁	在建自贡至宜宾铁路		
	泸州站	在建渝昆高铁	既有内江至自贡至泸州铁路		
	什邡西站	在建西宁至成都铁路	规划成都外环铁路		
	安岳站	规划成渝中线高铁	规划绵阳至遂宁至内江铁路		
	寿安站	天府站至朝阳湖铁路	规划成都外环铁路		

表 3-4　成都都市圈多层次轨道交通主要铁路物流基地布局①

枢纽类型	项目名称	所在城市	接轨站	建设情况
一级铁路物流基地	城厢	成都	城厢	建成

① 国家发展改革委. 成渝地区双城经济圈多层次轨道交通规划[EB/OL].(2021-12-10)[2024-11-01].https://www.gov.cn/zhengce/zhengceku/2021-12/23/content_5664118.htm.

表3-4(续)

枢纽类型	项目名称	所在城市	接轨站	建设情况
二级铁路物流基地	自贡南	自贡	自贡南	在建
	皂角铺	绵阳	皂角铺	在建
	成都空港	成都	空港	规划建设
	广元西	广元	广元西	规划建设
	高兴	广安	高兴	规划建设
	内江新区	内江	内江南	规划建设
三级铁路物流基地	龙泉驿	成都	龙泉西	规划建设
	金堂	成都	金堂	规划建设
	寿安	成都	寿安	规划建设

（二）轨道上的成都都市圈建设目标

依据《成渝地区双城经济圈多层次轨道交通规划》，截至2023年年底，成渝地区双城经济圈轨道交通总规模为超7 000千米，其中铁路网规模达到6 400千米，重庆、成都都市圈内为2小时通勤圈，重庆、成都“双核”间2小时通达，“双核”与成渝地区区域中心、主要节点城市3小时通达，与主要相邻城市群核心城市约3~5小时通达。

到2025年，发展目标为初步建成轨道上的成渝地区双城经济圈，进出川渝四向通道基本形成，形成功能清晰、布局合理的设施“一张网”，点线协调、衔接高效的枢纽“零换乘”，客货并重、联程联运的运输“一体化”。轨道交通总规模达到1万千米以上，其中铁路网规模达到9 000千米以上、覆盖全部20万以上人口城市，形成重庆、成都都市圈1小时通勤圈，实现重庆、成都“双核”间1小时通达，“双核”与成渝地区区域中心、主要节点城市1.5小时通达，与主要相邻城市群核心城市约3小时通达。大宗货物年运量150万吨以上的大型工矿企业、新建物流园区铁路专用线力争接入比例达到85%，长江干流主要港口实现铁路进港。轨道交通承担客运量、货运量占比大幅提升，有力支撑沿江货运通道、中欧班列、西部陆海新通道高质量发展。

到2035年，全面实现“2333”目标。建成“2大集群”，即通欧运海、立体互联的多向出川出渝通道集群，和联通全球、干支联动的成渝地区双城经济圈国际性综合交通枢纽集群；实现“3 个覆盖”，即四川区域 18 市高铁全覆盖、县县高速公路全覆盖、县县轨道交通基本覆盖；实现“3 个 1 小时”，即成渝“双核”1 小时多通道畅达、“双核”至区域主要城市 1 小时通达、都市圈 1 小时通勤；实现“3 个一体化”，即一体化的基础设施网络、运输服务网络、协同治理体系。

在规划布局上，四川将形成“一轴四向八廊”综合运输通道及“一主两辅多点”综合交通枢纽。“一轴”是成都、重庆之间容量大、能力强、速度快的综合运输通道主轴，“四向八廊”是以成都为核心、四向拓展的对外运输通道集群，重点构建 8 个综合交通走廊，具体包含 15 条运输通道。“一主”即成都国际性综合交通枢纽，“两辅”为泸州—宜宾、万州—达州—开州两个全国性综合交通枢纽，“多点”是重点培育南充—遂宁—广安、绵阳、德阳、乐山、内江—自贡、雅安区域综合交通枢纽。

《成渝地区双城经济圈多层次轨道交通规划》从规模、结构、覆盖比例及时效这四个主要指标对成渝地区双城经济圈多层次轨道交通的建设目标进行了量化规定，要求到 2025 年达到提高轨道交通的规模里程、提高轨道交通对客运和货运的承担比例、提高 20 万人口以上城市铁路的覆盖率及大型综合交通枢纽的衔接率到 100%、将原来的可达性时间缩短为原来的一半的目标。这一目标的实现将大大强化双圈互动和对外辐射、完善区域路网布局、提升内联外通水平。

四、 轨道上的成都都市圈问题与对策

在多项国家战略叠加和新质生产力加快培育和发展背景下，轨道上的成都都市圈已经初显端倪，但是仍然存在发展不平衡和不充分的问题，需要针对性地改进和优化。

（一）轨道上的成都都市圈存在的问题

成都都市圈轨道交通发展成绩突出，但是也存在着若干需要进一步改进和完善的问题和短板。

一是轨道交通的多网融合程度较低。目前，成都都市圈内轨道网络的票务系统不统一。除了成灌铁路，成都都市圈范围内国铁、城市轨道大多使用各自的票务系统，乘客出行需要分别购票，无法实现一卡通刷、一码畅行，这给经常跨区域出行的乘客带来不便，增加了出行的时间成本和操作复杂性。城市轨道交通和高铁的安检标准、流程存在差异，导致安检不互认。乘客在多网换乘时需重复进行安检，这不仅耽误了接驳时间，也影响了出行的顺畅度和体验感。不同轨道交通系统之间的信息未能有效互联互通，乘客难以获取全面、准确的出行信息，如换乘衔接、车次动态、晚点信息等，无法实现高效出行。

二是轨道交通的网络接驳功能较差。因规划缺乏统筹，部分轨道交通站点与其他交通方式的换乘站点之间距离较远，步行换乘时间长，缺乏便捷的换乘通道和引导标识。例如，一些高铁站与地铁站之间的换乘通道设计不合理，乘客需要花费大量时间寻找换乘路线。“轨道交通+城市公交+慢行系统”的融合发展体系还不完善，公共交通与城市轨道、高铁的接驳不够紧密。城市公交的线路规划、发车频率等与轨道交通的运营时间、站点分布未能有效匹配，导致乘客在换乘时等待时间过长；同时，共享单车等慢行交通的停放点设置不合理，极大地影响了乘客“最后一公里”的出行体验感。

三是轨道交通建设和运营政策及标准差异大。目前，成都都市圈内各个城市在轨道交通建设的政策支持、规划审批、土地供应等方面还存在差异，导致项目推进的速度和难度不同。例如，一些城市在土地征收、项目审批等环节可能面临较大的压力，影响了轨道交通项目的建设进度。对于轨道交通项目的建设和运营，省级和各地级市的补助标准不统一，这使得部分城市的轨道交通建设和运营面临资金压力，影响了项目的可持续发展。目前，成都都市圈内的市域铁路票价定价缺乏统一的制度指导，各地级市在制定票价时可能存在差异，这可能会影响乘客对市域铁路的选择和使用，也不利于轨道交通网络的整体运营和发展。

四是部分线路规划和建设有待优化。目前，成都都市圈的轨道交通线路主要集中在成都市区及周边部分地区，对于成德眉资一些偏远地区和新兴发展区域的覆盖不足。这导致这些地区的居民出行仍然依赖传统的交通方式，无法享受到轨道交通带来的便捷。一些规划中的轨道交通项目由于资金、技术、审批等因素，建设进度滞后，未能按时投入使用。例如，成德市域铁路S11线原计划2023年3月底正式开工建设，但实际开工时间有所延迟。

（二）轨道上的成都都市圈发展对策与举措

打造轨道上的成都都市圈，无疑是一项系统工程。成德眉资必须统筹规划，谋篇布局。特别是在“十五五”期间，要进一步加大投入和建设力度，久久为功。

一是加强轨道交通的规划统筹。要进一步完善成都都市圈轨道交通专项规划，明确发展目标、战略布局和建设时序。以实现区域交通一体化为导向，统筹考虑城市发展、产业布局、人口流动等因素，确保轨道交通规划与城市总体规划、土地利用规划等相协调。建立跨区域规划协调机制，加强成都与周边城市在轨道交通规划、建设、运营等方面的沟通与合作。成立由政府部门、专家学者、企业代表等组成的规划协调委员会，定期召开会议，解决规划实施过程中的问题。构建多层次轨道交通网络，包括高速铁路、城际铁路、城市轨道交通等。加快推进成都至周边城市的高速铁路建设，提高区域间的快速通达能力；优化城际铁路网络，加强城市间的联系；完善城市轨道交通系统，提高城市内部的交通效率。注重轨道交通与其他交通方式的无缝衔接，建设综合交通枢纽。在火车站、机场、汽车站等重要交通节点，规划建设轨道交通站点，实现无缝换乘。同时，加强轨道交通与公交、出租车、自行车等交通方式的接驳，提高交通出行的便捷性。

二是加快轨道交通项目的建设进度。在“十五五”期间，要加大轨道交通建设投入，多渠道筹集建设资金。积极争取国家和省级财政支持，鼓励社会资本参与轨道交通建设。建立健全轨道交通建设资金保障机制，确保项目建设顺利进行。加快轨道交通项目审批进度，简化审批流程。加强与国家和省级有关部门的沟通协调，争取在项目立项、规划审批、用地保障等方面给予支持。同时，优化项目审批流程，提高审批效率。加强轨道交通建设管理，确保工程质量和安全。建立健全质量管理体系和安全管理体系，加强对工程建设全过程的监督管理。严格执行工程建设标准和规范，确保轨道交通工程质量安全可靠。制定科学合理的建设工期计划，明确各阶段的工作任务和时间节点。加强对建设工期的动态管理，及时调整工期计划，确保项目按时完工。合理安排施工顺序，采用先进的施工技术和工艺，提高施工效率。同时，加强施工现场管理，减少施工对周边环境的影响。

三是提升轨道交通的运营服务水平。在“十五五”期间，成都都市圈要进一步提高轨道交通运营的准点率和可靠性。加强对列车运行的调度管理，优化列车运行图，确保列车按时发车、准点到达。同时，加强对设备设施的维护保养，提高设备的可靠性和稳定性。加强对车站和列车的环境卫生管理，提供舒适的乘车环境。优化票务系统，方便乘客购票乘车。加强对乘客的服务引导，提高服务水平。进一步推进轨道交通智能化建设，提高运营管理效率。建设轨道交通智能调度系统、智能票务系统、智能安检系统等，实现运营管理的信息化、智能化。推广应用移动支付等便捷支付方式，方便乘客购票乘车。同时，加强对轨道交通大数据的分析应用，为运营管理提供决策支持。

四是促进轨道交通产业的协同发展。成德眉资要进一步加大对轨道交通产业的扶持力度，培育壮大轨道交通产业集群。制定轨道交通产业发展规划，明确产业发展重点和方向。加强对轨道交通企业的政策支持，鼓励企业加大研发投入，提高技术创新能力。加强轨道交通装备制造、工程建设、运营服务等企业之间的合作，形成完整的产业链条。同时，积极引进重庆都市圈、沿海发达地区都市圈，以及国外知名轨道交通企业，提升产业发展水平。发挥轨道交通对城市发展的引领作用，促进产业与城市融合发展。在轨道交通站点周边规划建设商业、办公、居住等功能区，实现交通、产业、城市的有机融合。引导产业向轨道交通沿线集聚，形成产业发展带。同时，加强对轨道交通沿线土地的综合开发利用，提高土地利用效率。

第四章

产业协同的成都都市圈

成都都市圈以成都市为核心，包含德阳市、眉山市、资阳市几个主要城市，致力于推动区域经济一体化和高质量发展。近年来，成都都市圈在产业协同发展方面取得了显著成效，跨越行政区划限制，开创跨地域合作新模式，尝试推行政府引领、企业加入、优势互补及利益共赢的“飞地经济”协作方式，形成了多个产业合作园区和产业发展带。

一、 成都都市圈产业协同的科学内涵与时代背景

产业协同对于推动成都都市圈经济高质量发展具有重要意义和作用，宏观来看，实现产业协同发展有助于优化产业结构、提升产业竞争力、促进创新资源高效配置、加快形成新质生产力。微观而言，产业协同发展可以增强区域内企业对市场环境的控制能力和长期获利能力，为都市圈的经济持续健康发展提供有力支撑。成都都市圈位于成都平原经济区内圈，人口、土地、水和能源等要素的综合保障和匹配能力优越。这一优势使得“天府之国”多次在历史重要时刻发挥战略后方的关键作用。随着基础设施不断完善、特色优势产业快速发展、国际门户枢纽加快建设，成都都市圈的综合实力显著增强，客观上也要求都市圈的空间结构进一步优化完善，推动产业协同发展。

（一）成都都市圈产业协同发展的科学内涵

产业协同发展是指不同产业之间通过合作、协作和互补，实现资源共享、优势互补、协同创新，从而推动整体产业链的提升和发展。这一过程中，核心要素包括资源共享、优势互补和协同创新。产业协同发展呈现出共生性、有序性等特点，共生性体现在产业子系统相互依赖，生产要素可以在产业子系统间无阻碍相互流动。这种共生性促使产业间联系更加密切，推动相关产业向更高层级演变。有序性体现在产业协同发展是一个复杂自适应系统，通过有序的引导与协同运作，将系统内部的无序运动及行为整合为对整体区域有益的有序运动及行为。产业协同并非完全独立封闭的自治单元，除了内生要素的相互作用，还需要不断从外生环境中汲取能量并开展物质交流，以维持和强化其现有状态。产业协同主要包含四大核心协同方面：区域

内产业间的协同、区域间产业的协同、产业内部各子系统的协同，以及产业系统与外生因素的协同。这四个维度共同构成了产业协同系统的核心框架，由多元地域、产业及子行业子系统为产业协同持续注入活力，驱动其协同水平不断提升。同时，它们也为产业协同发展奠定了宏观基础，提供了有利的环境预期与明确的方向指引。

（二）成都都市圈产业协同发展的时代背景

产业协同是新时代产业高质量发展的重要趋势，它可以促进企业规模的扩大和实力的增强，加快区域经济的发展。通过产业协同的深入，能够优化成都都市圈产业布局，促进资源要素的自由流动和高效配置，避免城市间的恶性竞争和重复建设，实现成都都市圈区域经济的协调发展。在国家发展改革委颁布的《关于培育发展现代化都市圈的指导意见》（发改规划〔2019〕328 号）中，明确指出了“积极培育发展现代化都市圈”，并着重提出要建立互利共赢的产业生态体系。成都都市圈积极响应国家的战略部署，主动调整发展模式，专注于通过产业间的协同合作，加快产业转型升级步伐。近些年，成都都市圈在基础设施完善、产业供需匹配、人口承载能力增强以及政策协同管理等多个领域均取得了突出成绩，使得四地在协同创新方面取得了显著提升及多项重要成就，为产业协同的进一步深化发展打下了牢固的基础。然而产业协同发展的实现并非一蹴而就，需要政府、企业、科研机构等多方面的共同努力和协同配合，当前，成都都市圈在产业协同发展方面仍面临一些问题与挑战，如产业定位不明确、产业分工协作程度有待深化、市场化的跨区域协同招商机制尚未形成、地区间发展不均衡程度扩大等。为实现“打造具有国际竞争力和区域带动力的成都都市圈”的发展目标，推动成都都市圈产业协同发展既是一项核心举措，也是“推动发展能级加快提升”的重要路径。有鉴于此，我们将从区域经济学、产业经济学的经典理论出发，探讨都市圈发展和产业协同之间的内在互动关系，分析成都都市圈产业协同发展已取得的成效，归纳影响产业协调发展的潜在因素，实证研究成都都市圈产业协同发展的现状与特征，揭示存在的问题与不足，并基于提出相应的对策建议，在学术研究上有利于充实经济圈一体化背景下产业协同发展研究的既有框架，在政策实践中有助于拓展产业协同的应用场景、实现成都都市圈高质量发展。

二、成都都市圈产业协同发展的理论基础

产业协同发展的理论基础源自多学科与多种理论，其中协同理论是最为核心且直接相关的。该理论由德国物理学家哈肯（H. Haken）在1974年提出，涵盖协同效应、伺服原理及自组织原理三大核心要素。它探究了系统内部各子系统间如何通过合作形成宏观的时间、空间或功能结构，即自组织现象，并分析了性质迥异的子系统如何协同作用于整个系统。此外，二元经济结构、区域一体化及产业集群等理论也从各自视角为产业协同发展提供了重要见解，阐释了其必要性、实现的可能性及具体路径。

对于产业协同的相关研究，相较于国外在这一领域的率先开展，国内研究存在一定的时间滞后性，开始较晚，但近二十年来发展迅速。在CNKI中国知网上，以"产业协同"为关键词检索，国外相关研究可追溯至1930年，而国内则自1997年起始有相关文献出现。至2012年，国内相关文献数量首次超越国外，并呈现爆发式增长，2014年更是首次突破百篇大关。此后，国内的研究文献数量及增长速度均持续超越国外，2024年单一年度内以产业协同为主题的文献已超过千篇。国内研究虽起步较晚，但发展迅速，这一特点尤为突出。在研究热点方面，京津冀、长三角区域协同、协同创新、水平测度、耦合演进、生产性服务业与制造业的协同发展，以及战略性新兴产业等是产业协同发展中频繁探讨的关键词。

（一）产业协同发展的理论溯源

产业协同理论的直接理论来源是由学术界将20世纪70年代赫尔曼·哈肯提出的"协同"理论纳入区域经济理论中发展形成的①，作为正式的学术

① 赫尔曼·哈肯. 协同学：大自然构成的奥秘［M］. 凌复华，译. 上海：上海译文出版社，2005.

理论，其诞生时间相对较晚，但学界对于产业协同思想的思考和探索却过程源远流长，在其起源与发展历程中，协同理论、新经济地理学、产业分工及产业集聚等经典理论发挥了不可或缺的基石作用。本章节旨在全面梳理产业协同发展的理论起源，为成都都市圈的产业协同实践构建坚实的理论基础，并为产业政策的制定提供理论导向与思路启发。关于产业协同的界定，学界对其的定义虽表述不一，内涵却基本一致，可概括为：产业协同是不同产业间及产业内部各环节间的一种状态，这种状态以知识、技术为连接点，实现资源如信息、物质和能量的共享与互补，旨在达到资源的最佳配置和优势互补。通过分工、竞争及合作等互动方式，它进一步促成了宏观层面上的有序产业结构与布局。值得一提的是，20 世纪 70 年代起不断发展完善的协同学原理，在经济学学者的频繁青睐中，已逐渐融入经济学理论。其核心思想是子系统间的互动能促使整个系统从混乱向有序、从低级向高级发展，这与产业协同发展的内在逻辑相吻合。要素禀赋、产业分工与集聚则是产业经济学研究的核心议题。哈肯在其著作《协同学：大自然构成的奥秘》中阐述，协同学意为“协调与合作的科学”，是一门探究普遍规律下有序、自组织集体行为的学科，旨在揭示不同科学领域中系统自组织的自然法则（赫尔曼·哈肯，2005）。直至今日，协同学理论蓬勃发展，不仅在社会科学中被广泛使用，在自然科学中也被频繁运用于生物学、物理学、能源动力学、医学、地质学等领域，并广泛运用于自然科学和社会科学的众多领域。哈肯进一步提出，经济学中亦存在协同效应，即从系统视角审视经济过程，协同学关注的是集体行为，因为“经济总体状态难以仅凭自身从一种平衡跃迁至另一种，这通常需要集体行动来实现”。

当前学界对协同学理论的运用在经济学领域已经有了一定的成果，但是针对产业协同方面的应用探索才刚刚起步。已有的相关文献多聚焦于借助协同学原理研究企业间的竞争策略协同。1983 年，Michael E. Porter（1983）创新性地将协同理念融入经济学分析中，他深入剖析了产业组织和公司战略的发展脉络，并论证了产业演进中存在的互动关系。沿着这种研究思路，我国也出现了一批学者利用协同学理论解释产业协同现象，认为产业协同是几个产业或者产业群在社会、要素等外界环境的作用下，相互合作形成均衡有序的更高水平结构的过程（徐力行和高伟凯，2007）。

综合现有研究成果，我们认为，产业协同发展是指不同产业间通过合作、互补、资源优化配置等手段，形成相互关联、相互促进的发展格局，旨在实现各方利益最大化并提升整体经济效益。它强调多产业间的高效协同，以实现资源优化配置、提高产业整体效率与竞争力，涵盖产业内企业间协同、产业间协同、产业行为主体间协同及产业地理空间协同四个维度。产业协同发展是促进区域一体化发展的关键，也是推动成都都市圈建设的重要环节。

（二）产业协同发展的测度方法

关于评估产业协同水平的手段，当前主流的研究途径涵盖复合系统协同度模型、灰色关联分析、因子分析、熵值法、投入产出分析、产业结构相似性评估，以及哈肯模型等。现有研究中，三种方法较为常见：

第一类是复合系统协同度模型，该模型可能最早源自孟庆松和韩文秀2000年的研究①。复合系统协同度模型以协同学的序参量原理和役使原则作为理论基础，要求在选择变量时，应同时考虑其经济含义以及变量数量的适宜性，确保模型既实用又科学，因此得到广泛应用。顾菁和薛伟贤（2012）利用复合系统协调度这一模型分析了中国高技术产业创新的协同状况，认为我国创新体系的整体协调度不够，提出了建立产学研合作平台和多远融资金融体系的建议。王晓亚和翁国阳（2015）则通过该模型探讨了我国知识密集型产业的协同水平，发现人均GDP、教育水平对协同度有正向影响，而工业规模与协同度呈现“正U形”关系，产业结构与协同度则为“倒U形”关系。

第二类主流方法是灰色关联度分析法，其早期应用可见于邓聚龙（1984）的研究，主要用于衡量区域间产业结构的整体相似性。陈燕和林仲豪（2018）基于粤港澳大湾区的数据，分析了湾区行业区位熵及城市与行业间的灰色关联。黄桂媛和李琦（2023）结合灰色关联、熵值法及耦合协调度模型，探究了数字经济与冷链物流产业的耦合关系，发现两者关联紧密且协调度上升，但内部发展不均衡。张健和李沛（2016）对京津地区现代

① 孟庆松，韩文秀．复合系统协调度模型研究［J］．天津大学学报，2000（4）：444-446.

服务业的产业融合度与两地产业结构升级的关系进行了灰色关联分析，研究发现，产业融合趋势不断显现，并为企业带来了更好的发展空间，表明依靠现代服务业内部融合和外部融合能促进产业结构升级。

第三类包含其他较少应用的方法，如熵值法、投入产出分析、探索性空间数据分析及偏离份额分析等。偏离份额分析常用于区域间比较研究。刘冲和李皓宇（2023）利用投入产出数据评估了京津冀产业协同水平，指出北京非首都功能疏解成效显著，但部分制造业仍需调整。徐春光（2023）采用探索性空间数据分析，揭示了数字经济产业协同发展的空间特征，显示整体上升趋势但部分领域协同不足。郭存芝等（2016）通过偏离—份额分析，研究了江苏与长江经济带其他省份的产业协同，指出江苏需解决产能过剩问题，加强区域协同。

（三）产业协同发展的影响因素

从对于产业协同发展的影响因素来看，任英华等（2024）认为政府因素以及人口流动是影响产业协同的重要原因。罗富政和赖纹慧（2024）的研究发现，统一大市场的建设在城际产业协同发展进程中发挥着重要作用。宋彩霞和乔翠霞（2023）的研究结果表明，数字经济的深化发展对产业协同发展有显著的优化作用。刘英基（2015）提出，需要从技术创新、制度创新协同的角度出发，才能有效推动产业协同发展。王兴明（2013）则基于管理集成视角，认为只有做到四位一体的全局协同性，才能真正意义上实现产业协同发展。张羽等（2019）认为政府服务能力、产业结构等外在因素都是影响产业协同发展的重要因素。

（四）成都都市圈产业协同发展相关研究

目前对成都都市圈产业协同的研究文献数量稀少，从其中较具权威性的研究来看，石敏俊和孙艺文（2024）认为，中国都市圈可分为单中心离散结构、核心—边缘结构、边缘拓展结构和多中心网络结构 4 种类型，成都都市圈属于单中心离散结构都市圈，在生产性服务环节网络流存在明显提升空间，应先向核心—边缘结构都市圈演化。傅娟等（2020）基于手机信令数据、高德交通数据等从首位度、联系强度、互相投资、交通设施、人均兴趣点五大维度的研究发现，成都都市圈总体发展势头良好，但在交通一体化水平、产业协同发展机制等方面还存在短板。朱直君等（2020）指出成都都市圈存在产业协同创新度较低、关联程度不高、缺乏合理的产业空间布局和有效引导等问题，进一步指出成都都市圈应围绕“以产带城”的发展模式，共建开放型现代化产业生态圈。

（五）文献述评

通过回顾现有文献，可以看出产业协同发展在理论层面已经比较成熟，其理论基础涵盖了协同学原理、要素禀赋论、产业分工论及产业集聚论等多个重要理论。这些理论为理解产业协同发展的内在逻辑和机制提供了重要的思想指引。

在学者的研究中，测度方法、影响因素等方面的研究也已经比较系统。然而对于成都都市圈产业协同的研究较为稀缺，仅有的研究中指出了其在生产性服务环节网络流、交通一体化水平、产业协同发展机制等方面存在的问题，并提出了相应的对策建议。这些研究为成都都市圈产业协同发展提供了有益的参考和借鉴。综上所述，本书通过对产业协同发展的理论溯源、测度方法、影响因素以及针对成都都市圈的相关研究的综述，厘清了现有研究的可利用成果，为成都都市圈产业协同发展的深入分析提供了稳固的理论依据和方法支持。

三、成都都市圈产业协同发展的现状分析

成都都市圈作为四川推动成渝地区双城经济圈建设的重要引擎，不断推进产业协同，优化调整生态圈，聚焦发展重点产业链，已培育出多个实力雄厚的产业集群。截至 2024 年 9 月，成都都市圈已确立电子信息、数字经济等八大产业生态圈，并细分为集成电路、新型显示等 30 条核心产业链，以提升各城市间的协同效率，助推产业迈向高质量发展。

（一）都市圈发展与产业协同发展的互动机制

都市圈的发展与产业协同进步之间存在着深层次的相互联系，这种联系通过多种途径和层面展现出来。产业发展作为推动城市进步的关键因素，与都市圈的经济一体化进程紧密相连。经济一体化有力地推动了产业的协同发展，而这种协同又进一步促进了经济的均衡与协调。

一方面，都市圈的壮大对产业协同起到了积极的推动作用。都市圈作为一个高度集中的人口和经济活动中心，为产业的集聚提供了理想的平台。诸如京津冀、长三角及粤港澳大湾区等都市圈，已经崛起为我国新兴产业和科技创新的枢纽，展现出比其他地区更加显著的产业协同效应。都市圈的发展不仅有助于加强产业链的现代化，通过优化中心城市与周边地域的协作分工，还能构建更为完善的区域产业网络，从而提升整个都市圈在更大市场中的竞争力。

另一方面，产业的协同发展对都市圈的崛起也起到了不可或缺的推动作用。产业的协同不仅强化了都市圈的吸引力，引导资源有序流向中心城市周边，减轻了中心城市的拥挤压力，还进一步吸引了高端资源要素，促进了创新和产业升级。通过跨区域的产业协同集聚，都市圈能够孕育出更具竞争力的产业集群，这不仅提升了区域内各地区的经济水平，也显著增强了都市圈在全球的竞争力。

综上所述，都市圈为产业协同提供了必要的环境和支持，而产业协同则进一步充实和支撑了都市圈的发展。因此，在区域协同发展的战略中，应将产业协同视为核心驱动力。都市圈背景下的产业协同发展，实质上是城市化与产业发展的深度融合。经济一体化消除了城市间的行政阻隔，使得产业布局能够超越地域限制，而产业的协同发展则优化了资源配置，提升了整体竞争力。对于这两者之间的互动关系，可以从公共服务、政策环境、营商环境、资源配置以及区域创新等多个维度进行深入剖析。

一是公共服务。公共服务是都市圈吸引人才和企业的重要因素。一个地区公共服务的质量和水平，直接影响到该地区对人才和企业的吸引力。在都市圈发展过程中，不同城市之间往往存在着资源禀赋和发展水平的差异。公共服务的均等化和一体化发展，可以推动各城市之间的资源共享和优势互补，从而实现都市圈整体的协同发展。同时，产业协同发展也为公共服务提供了更好的物质基础和条件，带动相关公共服务行业的发展，如教育培训、医疗健康等，为都市圈居民提供更加多元化、高质量的公共服务，实现都市圈的可持续发展。

二是政策环境。政府制定都市圈整体规划，明确各区域功能与发展定位，确保规划间的衔接与协调。此举有助于资源优化配置，减少无序竞争和重复建设。通过税收共享、公共产品联合供应、产业政策扶持等手段，引导企业向都市圈特定区域集中，加强产业链企业间的合作。这些措施有助于产业结构优化和产业链现代化，推动产业协同发展。同时，实施都市圈政绩联合考核，将整体发展指标如基础设施、公共服务等纳入考核，促进各地区围绕整体目标形成合力。此机制有助于消除行政障碍，增强区域合作与协同发展动力，推进都市圈一体化。政策环境作为外部因素，进一步强化了都市圈发展与产业协同之间的正向反馈。都市圈为产业协同提供广阔空间与平台，而产业协同则推动都市圈经济增长与竞争力提升，二者在政策引导下呈现相互促进、共同发展的态势。

三是营商环境。都市圈的发展通过市场规模效应促进了市场扩张，为各类企业提供了更多的商业机会。这种规模效应能够吸引更多的企业入驻，从而丰富产业链，促进产业协同发展，同时，都市圈的发展会吸引大量的人才聚集，这些人才为产业的创新和发展提供了强大的支持，人才的集聚不仅优化了都市圈的营商环境，也为产业协同发展注入了新的活力。而产业协同发展使得产业链更加完善，各个环节之间的衔接更加紧密。这种完善不仅提高了生产效率，也降低了交易成本，从而优化了营商环境。例如，在产业链上下游企业之间的紧密合作可以降低库存成本和提高响应速度。产业协同发展往往需要政策的支持和引导。政府通过制定相关政策来促进产业的协同发展，而这些政策同时也改善了营商环境。因此，都市圈发展和产业协同发展通过优化营商环境来相互促进。都市圈的发展为产业协同发展提供了更大的市场和更多的资源，而产业协同发展则能够推动营商环境的进一步优化，从而形成良性循环。

四是资源配置。都市圈的发展加速了市场化进程，资源通过市场机制在都市圈内部实现了更高效的流动与配置，进而提升了产业协同发展的效率，加强了产业链上下游企业的紧密协作。作为人口和经济高度集中的区域，都市圈汇聚了大量资金、技术、人才等关键生产要素，有力地支撑了产业的协同发展。同时，产业的协同发展又推动了产业链的融合与拓展，实现了资源共享和优势互补，不仅提升了资源使用效率，还助力都市圈内产业的升级转型。这一过程还有利于引导资源流向更具竞争力的产业和地区，进一步优化资源配置，推动都市圈经济的均衡与高效发展。

五是区域创新。都市圈发展为区域创新提供基础，都市圈的发展推动了创新平台和科技基础设施的建设。这些平台如科技园区、孵化器、实验室等，为创新活动提供了必要的硬件支持，促进了科技成果的转化和应用。都市圈内的消费升级和多样化市场需求，为企业提供了创新的动力和方向，企业为满足市场需求，不断进行产品和技术创新，推动了产业的升级和变革。产业协同发展使得都市圈内的产业链更加完整和高效。上下游企业之间的紧密合作，促进了技术、信息和资源的共享，推动了创新在产业链上的协同和扩散。产业协同发展还促进了都市圈内创新网络的形成，这个网络包括企业、高校、科研机构、政府机构等多个主体，它们之间的合作与交流，加速了创新思想的碰撞和成果的产出。

（二）成都都市圈产业协同发展总体情况分析

目前，成都都市圈在产业协同方面已取得显著成果。例如，交通基础设施建设进展迅速，特别是轨道交通资阳线等跨市域项目的开通，为产业协同发展提供了坚实基础。同时，成都都市圈已培育出多个竞争力强的产业集群，如电子信息、装备制造等，为经济增长提供了强大动力。本节将概述成都都市圈产业协同的当前状况，并探讨现存的主要问题。在深入探讨成都都市圈产业协同发展的现状之前，我们有必要理解这一发展模式的背后逻辑及其与都市圈整体发展之间的紧密联系。都市圈作为城市化进程中的高级形态，其内部各城市间的产业协同不仅是推动区域经济增长的重要动力，也是提升都市圈整体竞争力、实现可持续发展的关键所在。接下来分别从“都市圈发展与产业协同发展的互动机制”以及“成都都市圈产业协同发展总体情况分析”两个层面，详细剖析成都都市圈在这一领域的发展现状，以期为未来更加科学、高效的产业发展策略的制订提供有力支撑。

1. 产业协作带建设

成都都市圈在产业协作带建设方面，注重顶层设计和整体规划。通过编制《成德眉资同城化发展暨成都都市圈建设三年行动计划（2023—2025年）》等方案规划，明确了产业协作的目标和路径。同时，根据各市的资源禀赋和产业基础，优化了产业布局，形成了各具特色、优势互补的产业发展格局。中心区域利用其产业集聚区的优势，通过促进各种要素的流动，带动环绕区域的产业发展，推动形成产业协作带。这种模式在国际都市圈的产业协同发展中屡见不鲜。实践证明，以产业要素集聚区为核心，打造涵盖研发、生产、服务等环节的全产业链，能够高效利用区域优势资源，进而推动整个产业带的蓬勃发展。自成都都市圈引入这一概念后，一直将产业协作带建设视为促进产业协同发展的重中之重。目前，这一策略已初显成效，突出表现在推动跨区域重大产业平台和产业生态圈的合作共建方面，同时，成德、成眉、成资三条产业带的建设也在双方的共同努力下稳步推进。在成德临港经济产业带方面，以成都国际铁路港大港区为核心，联合德阳进行共建，成都市及其周边区域的发展蓝图涵盖了13个城市集群与10个小型城镇集群的部署，并同步推进10个关键产业集群的协同发展。特别是在成都与眉山的高新技术产业合作区域，依托天府新区为引领，携手眉山共同开发，聚焦于电子信息及先进材料两大领域，旨在树立“产业融合生态”的典范。表4-1归纳了成都都市圈产业协作带的部分重点发展产业。

表4-1　成都都市圈产业协作带及重点发展产业①

三带	重点产业
成德临港经济产业带	航空航天、轨道交通、新能源汽车、智能制造、电子信息、先进材料、现代物流、现代商贸、绿色食品、医药健康
成眉高新技术产业带	高端装备制造、生命健康、新材料、都市现代农业、数字经济
成资临空经济产业带	航空航天、现代物流、医药健康、智能制造、文旅体育、临空服务、都市现代农业

① 四川省人民政府. 成都都市圈发展规划[EB/OL].(2022-03-10)[2024-11-01].https://www.ndrc.gov.cn/xwdt/ztzl/xxczhjs/ghzc/202203/t20220310_1319047.html.

2. 产业带产业融合发展

成都都市圈产业带在推动产业融合方面取得了明显成果。通过促进跨区域产业平台和生态圈的共建合作，成德、成眉、成资等产业带得到了迅速发展，初步形成了一个优势互补、协同并进的发展格局。具体来说，产业链之间的协同合作不断加强，各产业带之间建立了紧密的产业链联系；同时，创新合作日益频繁，产学研结合更加深入，为产业的持续发展注入了新动力。此外，资金流动也更为活跃，投资力度和市场化融资能力得到持续提升，为产业的融合发展提供了坚实的资金保障。

在具体实践上，成都都市圈定期举办工业精品发布会和企业供需对接活动，为优秀产品和企业提供了展示平台，促进了产业链上下游企业的合作与协同。四川成都天府新区与德阳经开区拟围绕高端装备制造、电子信息结对共建产业园区，成都高新区与德阳旌阳区拟围绕人工智能、电子信息结对共建产业园区彭州与什邡合作打造农副产品物流中心，青白江与广汉建立了材料和化工产业的产业集群，彭州与什邡合作建设了农副产品物流基地和交易中心，推动了种植、加工、交易的一体化及三产融合。成都青羊区与德阳广汉市基于传感器设计，推动共建了产业集群，成华区与德阳罗江区力图共同打造机器人人工智能产业园区。武侯区与东坡区合作共建医美产业合作园区，旨在建强医药、美容产业链。金堂县与中江县联手打造了高效特色农业园，共同培育特色农副产品。在成德眉资四市邻近区，产业融合产业协作的尝试日渐旺盛，成都都市圈已从规划阶段逐步过渡到协同发展的初期。通过地区间的产业协同合作，推动整个都市圈产业布局的合理化，达成了生产要素高效配置的局面，显著提高了都市圈整体的产业有序度。

3. 产业创新化发展协同建设

都市圈产业创新协同建设对提升产业链现代化、推动技术创新及产业升级意义重大。通过有序引导资源向中心城市周边流动，减少拥挤带来的问题，并吸引高端资源，从而增加创新领域的资源投入。这不仅增强了中心城市的创新能力和产业升级效果，还促进了与周边地区的高效合作，完善了区域产业网络，提升了本地产业链的灵活性和全球竞争力，为成都都市圈融入新发展格局提供了关键支撑。成都都市圈致力于产业创新化发展协同的深入发展，通过深化产业分工合作、优化产业布局结构、提升产业链与供应链的现代化程度，以构建高端、差异化、集群化的现代产业体系为目标。在科技创新领域，成都都市圈成果斐然，通过完善科创生态岛及成德、成眉、成资协同创新中心的功能，定期举办多样化的创新活动，有效促进了“产学研用金”的一体化对接，加速了先进科技成果在区域内的转化与产业化进程。近年来，成都都市圈强化了创新平台的建设，利用成都工业互联网公共服务平台等资源，构建了跨领域、跨区域的工业互联网服务网络。同时，实施了产业功能区物联网全面覆盖项目，加强了现代测绘基准体系的构建，推动了基于北斗的卫星导航定位服务系统的互联互通。此外，还加速了集成电路“芯火”双创基地、国家集成电路产教融合创新平台等的建设，共同推进集成电路产业基地的发展。该过程以释放创新内生动力、构建地区性创新网络和优化协同创新的为核心，推动成德眉资四市联手建立了科教基础设施、重点实验室、技术创新平台以及科技成果转化平台。在释放创新内生动力，集中力量推进综合科学中心和西部科学城（成都）的建设，整合西部地区产学研的尖端科技资源，持续不断增强创新补偿，优化创新要素布局，打造了科技基础设施群和科研基地。在构建地区性创新网络上，着重提升高校和研究机构的创新能力，并推动其与地区产业发展需求的深度结合，建立以领先企业为主导的创新联盟，共同推进成都都市圈的创业活跃度和提升投资形象。

4. 产业规划布局一体化

成都都市圈秉持同城化发展的核心理念，着力强化成都作为中心城市的引领与带动作用，并充分利用德阳、眉山、资阳的独特优势，致力于构建一个由极核引领、轴带串联、多点支撑的网络化都市圈空间布局。此布局策略旨在促进大中小城市及小城镇间的和谐共生，全面提升都市圈的产业竞争力和风险抵御能力。为推动成都都市圈内的产业合作与共同繁荣，四川省委、省政府及成德眉资四市市委出台了一系列政策与规划，明确了都市圈产业协同发展的方向、目标和路径，旨在从战略上推进产业协同的一体化布局。2018 年 11 月，四川省委、省政府颁布了《关于实施“一干多支”发展战略推动全省区域协同发展的指导意见》，该文件明确提出了促进环成都经济圈产业分工与合作的重要性，强调以成都为核心吸引高端生产要素，促进产业发展，同时疏散核心区域的部分功能与产业至周边地区，以实现环成都经济圈的协同发展。在产业协同领域，文件提议建立经济区内产业园区、开发区的合作联盟，共同推进投资促进活动。同月29日，四川省委、省政府又发布了《关于加快构建“5+1”现代产业体系推动工业高质量发展的意见》，该文件围绕“一干多支、五区协同”的区域发展新格局，规划了以电子信息、装备制造等五大万亿级支柱产业和数字经济为核心的“5+1”现代产业体系，并明确了成都应重点发展新一代电子信息技术、先进装备制造等产业集群，而环成都经济圈则应与成都形成产业协同配套，培育相关产业集群。随后，在2020年3月发布的《成德眉资同城化发展暨成都都市圈建设三年行动计划（2020—2022年）》中，为进一步加强产业协作建设，提出了构建“三区三带”专业化分工产业协作体系的目标。同年7月，四川省委办公厅、四川省人民政府办公厅出台了《关于推动成德眉资同城化发展的指导意见》，该意见强调通过共同打造产业空间载体、先进制造业集群、现代服务业基地和提升区域创新能力四大任务，推动成德眉资产业协作共兴，并在基础设施、生态环境、同城化体制机制改革等方面提供了具体的实施路径。2021年11月，四川省人民政府发布了《成都都市圈发展规划》，该规划在“两轴”“三带”和毗邻地区产业融合发展上做出了更细致的安排，对共建高质量制造业生态圈、服务业基地、特色农业等领域进行了协同布局，并强调了创新共同体的建设。这些规划的出台与深入实施，无疑为成都都市圈产业协同发展提供了清晰的顶层规划和路径指引。2024年9月27日，国务院正式批准了《成都市国土空间总体规划（2021—2035年）》，该规划重申了推动成德眉资同城化发展，共同建设现代高端产业集聚区和高质量创新共同体，以及成德眉资同城化综合试验区的目标。同时，该规划还明确了永久基本农田、生态保护及城镇开发的红线，进一步完善了国土空间保护与开发的整体布局。

（三）成都都市圈各地优势产业分析

都市圈高效发展的一项重要特征是，各城市及其内部产业结构得到优化提升，通过精细分工和紧密合作来推动产业协同发展，进而提升经济一体化水平。因此，全面把握成都都市圈产业发展的整体态势，离不开对其产业结构现状的深入剖析。深入理解成都都市圈产业结构的现状，对我们全面把握其产业发展的整体态势至关重要。成都都市圈内各城市依托各自独特的优势产业，共同构筑了协同互补的发展模式。这些优势产业既是推动当地经济增长的重要引擎，也为全国市场贡献了高质量的产品与服务。表 4-2 详细列出了成都都市圈现代产业体系的布局及涵盖的行业领域。接下来，我们将结合成都、德阳、眉山、资阳四地的优势产业，深入分析并总结该区域在产业结构方面的发展状况。

在评估城市群产业结构及分工情况时，通常采用两种方法：相似系数法与区位熵法。相似系数法能较为准确地反映两个区域产业结构的整体相似程度，但对于同一区域内，不同产业间的结构特征不具有解释力，而区位熵法则弥补了这一不足。本节采用区位熵方法，对成都都市圈内的四个城市进行了深入分析，重点关注其产业结构及分工特性。通过就业人数或产值等指标，可以计算出各区域的区位熵，进而确定以特定产业为主导的产业结构，便于对产业结构的整体状况进行比较分析。

表 4-2　成都都市圈现代产业体系布局及行业领域①

城市	产业	行业领域
成都市	电子信息	集成电路、新型显示、信息安全、软件与信息服务、智能终端、新一代网络技术、大数据、人工智能、虚拟现实
	装备制造	传统汽车、新能源与智能汽车、轨道交通、航空发动机、航空与燃机、航天装备、节能环保、智能装备、医疗设备及器械
	先进材料	高性能纤维及复合材料、特种金属功能材料、锂电池材料、太阳能电池材料、燃料电池材料、高分子材料、新型无机非金属材料、前沿性材料
	食品饮料	生物技术药、新型化学药、中药制造、川菜调味品、优质白酒、饮料制造、农产品精加工
德阳市	电子信息	电子元器件、智能终端、大数据
	装备制造	发电设备、输变电装备、油气化工与海洋工程装备、航空与燃机、智能装备、轨道交通
	能源化工	硫磷钛化工、天然气化工
	先进材料	化工材料、锂电池材料、新型建筑材料
	食品饮料	优质白酒、饮料制造、烟草制造、医药制剂

① 四川省人民政府. 成都都市圈发展规划[EB/OL].(2022-03-10)[2024-11-01].https://www.ndrc.gov.cn/xwdt/ztzl/xxczhjs/ghzc/202203/t20220310_1319047.html.

表4-2(续)

城市	产业	行业领域
眉山市	电子信息	新型显示、大数据
	装备制造	轨道交通、工业机器人、医疗设备与器械、机械零部件、节能环保
	能源化工	精细化工、日用化工
	先进材料	有色金属材料、化工材料、高性能纤维及复合材料
资阳市	电子信息	集成电路、云计算
	装备制造	轨道交通、传统汽车、智能装备
	先进材料	口腔装备材料
	食品饮料	饮料制造、农产品精深加工、中药制造

1. 测算方法及数据来源

本章节选取成德眉资四座城市作为分析对象，依据国民经济行业的分类准则，将三大产业细分为 19 个具体行业分支。具体而言，第一、第二、第三产业下分别划分了 1 个、4 个及 14 个行业小类，此分类依据及相关数据均来源于《四川统计年鉴 2020》。研究范围覆盖各市全域，包括下辖各县及县级市。

考虑到数据的可获得性和代表性，我们采用各产业的实际就业人数作为计算指标。根据测算出的产业区位熵，可以分析成德眉资四市城市内部细分行业的专业化程度，判断城市内部某一行业是否构成了专业化部门。当区位熵值 $LQ_{ij}>1$，表明该产业在该城市中形成了专业化部门；区位熵值越高，意味着专业化程度越高。相反，若区位熵小于 1，则该产业被视为城市内部的自给自足部门。具体的计算步骤如下：分别计算成德眉资 4 市和城市内部 19 个细分行业的区位熵 LQ_{ij}：

$$LQ_{ij}=\frac{l_{ij}}{l_i}/\frac{L_j}{L}$$

式中，i 表示城市，j（=1，2，…，19）表示细分行业，l 表示具体城市就业人员，L 指的是成都都市圈统计的就业人员。

2. 成都都市圈四市优势产业测算结果

依据上文公式和《四川统计年鉴 2021》中的相关数据，计算可得出成都都市圈四市 19 个行业的区位熵如下表 4-3 所示。

表 4-3　2020 年成都都市圈四市细分行业区位熵表①

行业	地区			
	成都市	德阳市	眉山市	资阳市
农、林、牧、渔业	0.490	1.421	1.875	2.170
采矿业	1.181	1.151	0.718	0.191
制造业	1.071	1.019	0.937	0.681
电力、热力、燃气及水生产和供应业	1.408	0.230	0.649	0.222
建筑业	1.176	0.715	0.639	0.831
批发和零售业	1.212	0.729	0.817	0.437
交通运输、仓储和邮政业	1.484	0.298	0.238	0.190
住宿和餐饮业	0.983	1.072	0.936	1.067
信息传输、软件和信息技术服务业	1.375	0.509	0.201	0.527
金融业	1.249	0.988	0.198	0.594
房地产业	1.323	0.575	0.414	0.489
租赁和商务服务业	1.333	0.925	0.089	0.355
科学研究和技术服务业	2.460	1.233	0.147	0.298
水利、环境和公共设施管理业	0.970	1.228	1.405	0.442
居民服务、修理和其他服务业	0.835	1.468	1.372	0.878
教育	1.205	0.890	0.557	0.557
卫生和社会工作	1.161	0.856	0.711	0.659
文化、体育和娱乐业	1.080	1.327	0.805	0.399
公共管理、社会保障和社会组织	1.114	1.027	0.895	0.493

① 四川省统计局，国家统计局四川调查调查总队. 四川统计年鉴 2021［M］. 北京：中国统计出版社，2021.

表 4-3 展示了 2020 年成都都市圈各城市各细分行业的具体情况，从表中可以看出，就第一产业而言，成都市区位熵为 0.490，说明成都市的第一产业不是成都都市圈的一个专业化部门，而是成都市内部的自给性部门，而德阳市、眉山市和资阳市的第一产业区位熵值均大于 1，表明成都都市圈的优势产业。从第二三产业的细分行业的区位熵来看，可以看出，成都市在工业和服务业方面综合来说优势地位最强、专业化程度最高、竞争力最雄厚，在 18 个细分产业领域中，仅有住宿与餐饮、水利环境及公共设施管理、居民服务修理及其他服务这三个领域未被识别为成都都市圈的优势产业，而其余 15 个产业则在都市圈内占据优势位置。针对德阳市，其在采矿、制造、住宿餐饮、科研技术服务、水利环境与公共设施管理、居民服务修理及其他服务、文化体育娱乐、公共管理社会保障及社会组织这八大产业的区位熵超过 1，这表明德阳市在这八大产业上相对于成都都市圈的其他地区，已经形成了专业化的部门并展现出一定的竞争优势。

眉山市仅在水利环境与公共设施管理以及居民服务修理及其他服务这两个细分产业中表现出较高的产业集聚度，而在其他细分产业上，尚未能形成具有显著专业化的部门。从资阳市的优势产业测算结果来看，在第二三产业中，资阳市只有在住宿和餐饮业方面形成了专业化部门，其他细分行业均未能产生相对于成都都市圈平均水平的集聚程度。总体而言，成都都市圈，优势产业发展方面呈现出极不均衡的态势，成都市基本在第二三产业的所有细分产业都占据了较强的领先定位，与其他三个城市拉开了较大差距。而在产业结构同质化方面，可以看出德阳市和眉山市的优势产业有部分重合，产业结构相似，未能很好地实现利用各自比较优势进行产业发展。

（四）成都都市圈产业子系统有序度测算

协同的有序性是评估子系统间合作的基础，它揭示了复合系统内各子系统序参量的发展规律及其相互间的一致性水平。在本节中，我们采用了复杂系统协同度分析的序参量模型框架，以此来构建针对都市圈产业子系统的综合评价指标体系。通过对成都都市圈内四个核心产业子系统的有序性进行量化计算与深入分析，我们旨在揭示其协同发展的现状与特点。

1. 指标体系的构建

参考前文对于协同学理论和产业相关理论的论述，并结合现有文献对产业协同影响因素的分析，本书构建了一套区域产业协同的评价指标体系。在指标选取过程中，我们严格遵循了系统性、可操作性、针对性的原则。紧密围绕成都都市圈产业发展的现实状况，我们从产业要素、产业基础、产业规模、产业结构、经济发展、对外开放以及创新能力这七大维度精心挑选了13个序参量，用以分别计算成都都市圈四地产业发展的有序度。由目标层、准则层和指标层三个层级构成了一个全面而细致的评价体系，具体请参见表4-4。

表4-4　成都都市圈产业发展有序度指标体系表

目标层	准则层	序参量层	单位	性质
产业发展有序度	产业要素（X_1）	GDP总量（X_{11}）	亿元	+
		就业人员数（X_{12}）	万人	+
	产业基础（X_2）	公路总里程数（X_{21}）	千米	+
		金融机构存款总额（X_{22}）	万元	+
	产业规模（X_3）	规模以上工业企业资产总计（X_{31}）	亿元	+
		一般公共预算支出（X_{32}）	万元	+
	产业结构（X_4）	第二产业占比（X_{41}）	%	+
		第三产业占比（X_{42}）	%	+
	经济发展（X_5）	人均GDP（X_{51}）	元	+
		城镇化率（X_{52}）	%	+
	对外开放（X_6）	进出口额占GDP比重（X_{61}）	%	+
	创新能力（X_7）	R&D经费内部支出（X_{71}）	万元	+
		R&D人员当量（X_{72}）	人/年	+

2. 序参量权重确定

（1）模型设定

鉴于本书所选指标为时间序列数据，并且这些数据将被应用于复杂系统的协同度模型中，我们决定采用熵值法来确定各序参量的权重。假设我们拥有 n 个测度单元和 m 个测度指标，这些指标的初始测度值构成了一个决策矩阵，记作 $x_y = \{x_{ij}\}$（其中，i 代表指标，取值范围为 1 到 m；j 代表测度单元，取值范围为 1 到 n）。由于各指标可能存在量纲和单位的差异，为了消除这种影响，我们采用极差标准化方法对原始数据进行处理，从而得到一个标准化的测度矩阵，记作 $R_y = \{r_{ij}\}$（同样，i 和 j 的取值范围分别为 1 到 m 和 1 到 n）。此外，为了便于后续的计算，我们确保 r_{ij} 的取值范围在 [0.01, 1]，具体的计算公式如下：

当 x_{ij} 为正向指标时，

$$r_{ij} = \frac{x_{ij} - \min\limits_{1 \leqslant j \leqslant n} x_{ij}}{\max\limits_{1 \leqslant j \leqslant n} x_{ij} - \min\limits_{1 \leqslant j \leqslant n} x_{ij}} \cdot 0.99 + 0.01$$

当 x_{ij} 为负向指标时，

$$r_{ij} = \frac{\max\limits_{1 \leqslant j \leqslant n} x_{ij} - x_{ij}}{\max\limits_{1 \leqslant j \leqslant n} x_{ij} - \min\limits_{1 \leqslant j \leqslant n} x_{ij}} \cdot 0.99 + 0.01$$

计算第 j 个测度单元在第 i 个测度指标上的指标值比值，具体公式如下：

$$y_{ij} = \frac{r_{ij}}{\sum_{j=1}^{n} r_{ij}} (0 \leqslant y_{ij} \leqslant 1)$$

计算第 i 个指标的信息熵值：

$$e_i = -k \sum_{j=1}^{n} y_{ij} \ln y_{ij} (0 \leqslant e_i \leqslant 1)$$

其中，$k = \frac{1}{\ln n}$。

不难理解，对于特定的测度指标 i 而言，r_{ij}（即各测度单元在第 j 个测度指标上的值）之间的差异越小，其对应的信息熵值 e_i 就越大。特别地，当所有的 r_{ij} 完全相等时，e_i 达到最大值，即 $e_{\max} = 1$，相反，如果 r_{ij} 之间的差异显著，那么对应的信息熵值 e_i 就会相对较小。测度指标 j 对于区分测度单元之间的差异没有任何贡献。相反，当 r_{ij} 之间的差异越大，信息熵值 e_i 就越小，这意味着测度指标 j 在区分测度单元之间的差异时扮演着更加重要的角色。为了进一步量化这种差异，继续定义了差异系数 $g_i = 1 - e_i$。差异系数 g_i 的值与该指标在综合评价指标体系中的重要性成正比。

计算各指标的权重 w_i：

$$w_i = \frac{g_i}{\sum_i^m g_i}$$

其中，$w_i \in [0, 1]$，$\sum_{i=1}^{m} w_i = 1$。

（2）数据选取

为保证数据的真实性、权威性和结果的可靠性，所有相关数据均来自官方部门公开公布的统计年鉴或部门统计，包括 2011—2021 年的《四川统计年鉴》《四川科技年鉴》、国民经济和社会发展统计公报、政府工作报告，以及四川省科技促进发展研究中心在其官网发布的相关数据。

（3）权重展示

经过上述计算过程，得出的各个序参量指标权重确定如表 4-5 所示，准则层权重如表 4-6 所示。序参量指标权重由高到低排列为一般公共预算支出、金融机构存款总额和 R&D 人员当量（X_{72}）这三项最重，城镇化率、人均 GDP 以及第二产业占比这三项指标权重最轻。从产业发展准则层来看，产业规模、创新能力和产业要素这三个指标最为重要、权重占比最大，是衡量产业发展有序度的重点。

表 4-5　成都都市圈产业发展序参量权重

排序	序参量	权重
1	一般公共预算支出（X_{32}）	0.138 327 506
2	金融机构存款总额（X_{22}）	0.111 609 405
3	R&D 人员当量（X_{72}）	0.104 704 908
4	R&D 经费内部支出（X_{71}）	0.102 813 458
5	GDP 总量（X_{11}）	0.098 809 798
6	就业人员数（X_{12}）	0.089 884 781
7	规模以上工业企业资产总计（X_{31}）	0.086 620 82
8	进出口额占 GDP 比重（X_{61}）	0.080 460 62
9	公路总里程数（X_{21}）	0.066 095 088
10	第三产业占比（X_{42}）	0.037 916 923

表4-5(续)

排序	序参量	权重
11	城镇化率（X_{52}）	0. 035 776 2
12	人均 GDP（X_{51}）	0. 033 128 295
13	第二产业占比（X_{41}）	0. 013 852 196

表 4-6 成都都市圈产业发展准则层权重

排序	准则层	权重
1	产业规模（X_3）	0. 224 948 326
2	创新能力（X_7）	0. 207 518 365
3	产业要素（X_1）	0. 188 694 58
4	产业基础（X_2）	0. 177 704 493
5	开放程度（X_6）	0. 080 460 62
6	经济水平（X_5）	0. 068 904 496
7	产业结构（X_4）	0. 051 769 12

3. 成都都市圈子系统有序度测算

成都都市圈的产业发展体系可以被视为一个由多个子系统构成的复合系统，记作 $S=\{S_1, S_2, S_3, S_4\}$，其中 S_1至 S_4分别代表该复合系统中的四个子系统，即成都都市圈内的四个城市：成都市、德阳市、眉山市和资阳市。对于复合系统中的任意子系统 S_j（其中 j 的取值范围为 1 到 4），都存在一组序参量 $e=(e_{j1}, e_{j2}, \cdots, e_{jn})$，这里 n 表示序参量的数量，且 n 不小于 2。每个序参量 e_{ij}（i 的取值范围为 1 到 n）都是用来描述子系统发展状况的具体指标，其值被限定在 B_{ij}和 A_{ij}之间。

为了避免在计算过程中出现 0 值，从而影响结果的准确性，本书在计算时对各序参量的最大值和最小值进行了调整：将最大值上浮 10%，最小值下浮 10%，以此作为该序参量的新上下限。

因此，子系统 S_j 的序参量 e_{ji} 的有序度 $u_j(e_{ji})$ 可表示为

$$e_{ji}\text{ 为正向指标时}, u_j(e_{ji}) = \frac{e_{ji} - \beta_{ji}}{\alpha_{ji} - \beta_{ji}}$$

$$e_{ji} \text{为负向指标时，} u_j(e_{ji}) = \frac{\alpha_{ji} - e_{ji}}{\alpha_{ji} - \beta_{ji}}$$

在通过上述公式获得各序变量的有序度后，接下来采用线性加权求和的方法来计算出成都都市圈四个城市的子系统有序度，具体计算过程如下所示：

$$u_j(e_{ji}) = \sum_{i=1}^{n} \omega_i u_j(e_{ji}),\ \omega \geqslant 0,\ \sum_{i=1}^{n} \omega_i = 1$$

其中，ω_i代表各序参量有序度 $u_j(e_{ji})$ 的权重，该值已通过熵值法在前文部分计算得出。经过测算得出的子系统有序度 $u_j(e_{ji})$ 即为子系统的发展水平。

通过上述测算步骤得出序参量有序度 $u_j(e_{ji})$，利用已测得的序参量权重 ω_i加权测算得到各子系统的有序度 $u_j(e_{ji})$，记成都市、德阳市、眉山市和资阳市的产业发展子系统有序度分别依次为：u_1（e_1）、u_2（e_2）、u_3（e_3）、u_4（e_4）经测算，成都都市圈各子系统产业发展有序度如表 4-7 所示，各子系统产业发展有序度变化趋势如图 4-1 所示。从结果可看出，成都市子系统的产业发展最有序，且上升幅度最大，从 2011 年的 0.211 上升至 2020 年的 0.907，作为成都都市圈的极核，其产业发展优势地位明显，产业发展有序度远远领先其他三个城市，且与其他城市的差距在进一步拉大。德阳市产业发展有序度从 0.073 上升到 0.148，产业发展有序水平为成都都市圈第二，从整体水平和上升幅度看，有序趋势整体远不及成都市，但高于另外的眉山市和资阳市，德阳市作为全四川重要的重工业基地，部分产业发展水平具有一定的竞争力。眉山市的子系统产业发展有序度为成都都市圈第三，从 2011 年的 0.023 提升到 2020 年的 0.112，提升的相对幅度较大，但整体水平处于成都都市圈下游水平。资阳市的子系统产业发展有序度为成都都市圈最低，2020 年有序度也仅有 0.086，属于产业低度发展水平，经济实力和产业水平较低，发展速度也较慢。

表 4-7　成都都市圈各子系统产业发展有序度测算结果

年份/子系统	成都市产业发展有序度 u_1（e_1）	德阳市产业发展有序度 u_2（e_2）	眉山市产业发展有序度 u_3（e_3）	资阳市产业发展有序度 u_4（e_4）
2011	0. 211	0. 073	0. 023	0. 051
2012	0. 258	0. 076	0. 027	0. 057
2013	0. 286	0. 080	0. 035	0. 062
2014	0. 301	0. 084	0. 037	0. 068
2015	0. 283	0. 087	0. 045	0. 072
2016	0. 351	0. 083	0. 057	0. 070
2017	0. 497	0. 117	0. 096	0. 076
2018	0. 616	0. 126	0. 119	0. 090
2019	0. 829	0. 116	0. 113	0. 084
2020	0. 907	0. 148	0. 112	0. 086

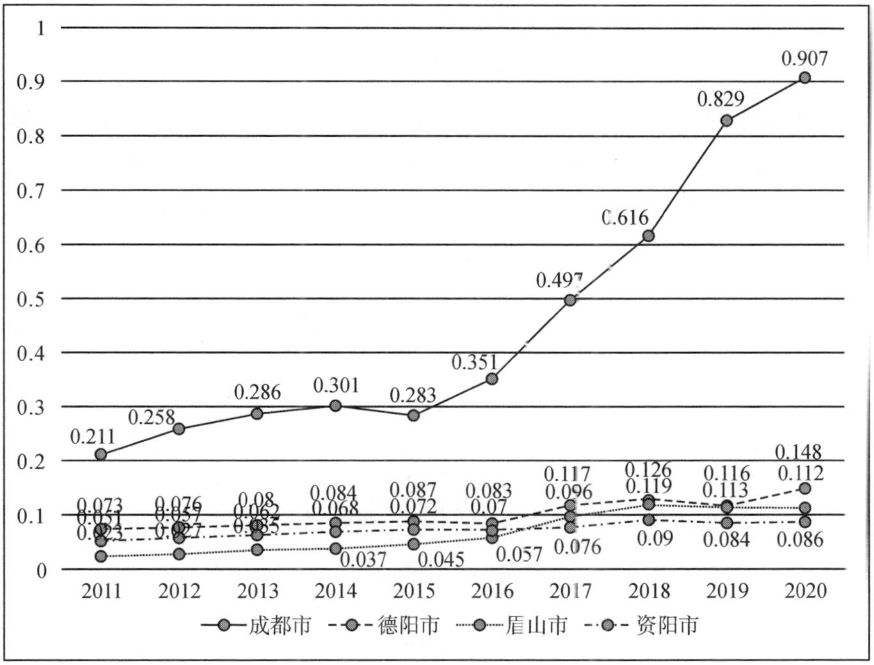

图 4-1　成都都市圈子系统产业发展有序度变化趋势

（五）成都都市圈产业发展系统协同有序度测算

1. 复合系统产业发展协同度模型

结合前文子系统产业发展有序度模型和相关文献，本部分复合系统产业发展有序度设置如下：假设在初始时刻 t_0，复合系统的子系统产业发展有序度为 u_j^0（e_j），在 t_1时，其产业发展有序度为 u_j^1（e_j），则在 t_0至 t_1时间内含有 n 个子系统的复合系统的产业发展协同度 ρ 表达式为：

基于前文所述的子系统产业发展有序度模型以及参考相关文献，本部分对复合系统产业发展有序度的设定如下：假定在初始时间点 t_0，复合系统中各子系统的产业发展有序度表示为 u_j^0（e_j）；而在时间点 t_1，该有序度则变为 u_j^1（e_j）。因此，在 t_0至 t_1这一时间段内，包含 n 个子系统的复合系统其产业发展协同度 ρ 可以通过以下表达式来计算：

$$\rho = \lambda \sqrt[n]{\left| \prod_{j=1}^{n} [u_j^1(e_j) - u_j^0(e_j)] \right|}$$

$$\lambda = \begin{cases} 1, & u_j^1(e_j) \geqslant u_j^0(e_j) \\ -1, & u_j^1(e_j) \leqslant u_j^0(e_j) \end{cases}$$

从上式可知，复合系统产业发展协同度 ρ 取值范围为［-1，1］，ρ 值越近似 1，复合系统产业协同程度越高，ρ 值越接近-1，复合系统产业协同程度越低，本书结合目前学界关于 ρ 值判断系统协同程度的标准，确定复合系统产业协同程度评价标准参看下表 4-8。

表 4-8　复合系统产业协同程度评价标准

协同度 ρ	复合系统协同状态
[-1，0]	完全不协同
(0，0.1]	低度协同
(0.1，0.2]	一般协同
(0.2，0.5]	中级协同
(0.5，0.8]	高级协同
(0.8，1]	完全协同

2. 成都都市圈产业系统协同度测算与分析

基于前文对成都都市圈四市子系统产业发展有序度的研究和复合系统产业协同度模型的构建，我们计算出了成都都市圈复合系统的产业协同度，记成都都市圈整体产业协同度为 ρ，成都市与德阳市产业协同度为 ρ_1，成都市与眉山市产业协同度为 ρ_2，成都市与资阳市产业协同度为 ρ_3。详细测算结果见表 4-9，2012—2020 年成都都市圈产业协同度变化趋势见图 4-2。可以看出，成都都市圈 2012 年至 2020 年整体大部分时间处于产业低度协同水平，直至 2020 年，成都都市圈整体产业系统度才超过了 0.1，达到了一般协同水平，整体来说，成都都市圈产业协同水平较低，且发展速度较慢。从具体两个城市之间的产业协同来看，成都市与德阳市产业协同集聚水平从 2012 年的 0.012 上升至 2020 年的 0.228，步入了中级协同的门槛。成都市与眉山市的产业协同度从 2012 年的 0.014 上升到 2020 年的 0.248，也从完全不协同提升到了中级协同的水平。成都市与资阳市的产业协同度从完全不协同上升至 2020 年的 0.157，达到了一般协同水平。

表 4-9　2012—2020 年成都都市圈产业协同度

年份/复合系统产业协同度	成都都市圈产业协同度 ρ	成都—德阳产业协同度 ρ_1	成都—眉山产业协同度 ρ_2	成都—资阳产业协同度 ρ_3
2012	0.008	0.012	0.014	0.017
2013	0.016	0.023	0.029	0.030
2014	0.022	0.032	0.036	0.040
2015	0.026	0.031	0.040	0.039
2016	0.031	0.037	0.069	0.052
2017	0.069	0.112	0.144	0.085
2018	0.095	0.146	0.197	0.127
2019	0.094	0.162	0.236	0.143
2020	0.113	0.228	0.248	0.157

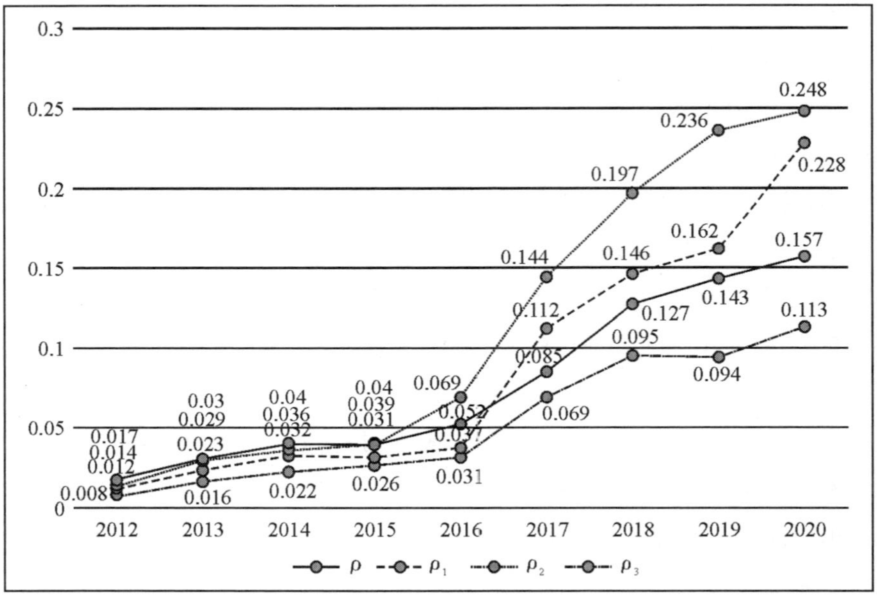

图 4-2　2012—2020 年成都都市圈复合系统产业协同度变化趋势图

四、 成都都市圈产业协同发展的现存问题

成都都市圈产业协同发展尚处于起步发展阶段，建设时间较短，尽管在经济发展、科技创新和产业升级方面取得了一定的成效，但仍存在一些制约因素，影响了产业协同发展的顺利进行。目前，这些问题主要集中在利益分享机制、组织架构体系、招商机制、系统规划、产业分工、区域协作体制机制等方面，具体包括市场化的跨区域协同招商机制尚未形成、产业定位不明确、产业分工协作程度有待深化、地区间发展不均衡程度扩大等。

（一）产业定位不明确

成都都市圈产业同构现象较为突出，尽管近年来的产业布局调整已在一定程度上促进了区域分工的合理化，目前圈内的各城市在产业发展上仍存在一定的相似性，工业领域的同质化尤为明显，在电子信息，装备制造等多个领域处于较高相似度竞争状态，导致资源配置效率降低，产品和要素的有效流动受到制约，进而引发重复建设、过度竞争和产能过剩等问题。而由产业同构程度较高现象带来的另一个重要问题就是，成德眉资四市的产业关联度也始终处在较低水平，产业链上下游衔接不畅，产业链条不够紧密，例如某电子信息企业所需的关键零部件，可能需要从川内较远的地区甚至是沿海地区采购，而不是直接从都市圈内的配套企业获取，这不仅增加了物流成本，也影响了生产效率。又如生产性服务业，如物流、金融、咨询等，是支撑都市圈制造业发展的重要力量，然而在规划布局过程中，形成了一些由较多生产性服务业企业聚集产生的产业园区和产业集群，这些扎堆的生产性服务业企业虽然可以实现知识技术的外溢和创新成果的推动，却无法在内部形成供需关系，与制造业企业之间存在着一定的脱节现象，使得制造业企业可能难以获得及时有效的金融、物流、宣传、售后服务支持，从而影响了其扩大生产和改进技术的能力。城市群内部的产业分工体系较为脆弱，各个城市在产业规划时更多考虑本地资源和已有产业，缺乏清晰的产业定位，这种弱化的分工体系导致城市群难以发挥在资源配置方面的统筹优化功能，无法形成错位分工格局。四川省“5+1”工业体系构建实施后，成都都市圈的产业定位及功能布局虽然逐渐清晰，然而尚处于规划初期，主要聚焦于四地的产业规划与布局设计。要将这些规划切实融入区域发展实践，仍需要各区域内各经济主体足够的时间去调整以适应政策需求。此外，现有的产业定位基于过去的同质化发展，主要依据二级或三级产业分类进行划分。但从产业链的视角来看，许多相邻区域仍然是竞争大于合作。因此，如何建立高效的上下游生产关系、突破产业链的关键难题，对于成都都市圈进一步明确其产业定位而言，仍是一项重大挑战。

（二）产业协作程度有待深化

成都都市圈在重点产业链的专业化分工上尚显浅显，协作模式较为单调，主要围绕产业转移这一类型展开。由于缺乏“研发+成果转化”等深层次、多样化的协作机制，都市圈产业链的整体竞争力显得不足。当前，成都都市圈的产业协调发展仍处于初级阶段，各区域间的协同驱动力较弱，产业转移与对接过程中还存在体制机制上的阻碍。此外，成都都市圈在产业深层次的协作上尚有欠缺，产业合作层次有待提升。成都市已构建起涵盖传统工业、新兴工业、高新技术产业及金融、文化等核心服务业的体系，而其他三个地区在产业结构和技术水平上尚难以与成都市形成紧密的联动。尽管在电子信息、先进材料等领域存在较高的重叠度和合作潜力，但这些合作多基于成都市的产业外迁和输出，研发、转化与生产之间的对接效率有待提高。交通基础设施方面，交通基础设施的建设是都市圈产业协作的重要支撑，虽然成德眉资四市的交通网络正在不断完善，但在一些区域，尤其是眉山、资阳的乡村和边远地区，交通依然不够便利，这限制了产业链的延伸和资源的高效配置。政策协同方面，区域内不同城市的政策法规存在差异，影响了企业的跨区域投资与发展。人才流动与培养方面，成都都市圈尚未建立起完全开放的人才流动机制，人才在区域内的合理配置与流动受阻，作为知识、经验和技术的载体，人才的流动阻力过大不仅会造成成德眉资四市经济发展的不均衡，也会产生产业协作的鸿沟。

（三）地区间发展不均衡程度扩大

成都市作为都市圈的核心，其经济发展水平显著高于德阳、眉山、资阳其他三个城市。例如，成都市的 GDP 占整个都市圈的比重长期保持在 75%以上，且这种优势仍在持续扩大，这表明成都都市圈内部的发展是极为不均衡的。从公共预算收支来看，四地的资本要素规模存在显著差异，成都市的一般公共预算收支远超德阳、眉山、资阳三地，具体而言，约为德阳的 11 倍、眉山的 13 倍、资阳的 30 倍。在固定资产投资上，成都市资金主要流向服务、金融及文化产业，而其他三地虽仍处于工业化初期，却也尝试将投资分散至相同的服务业领域，工业基础相对薄弱，这可能导致资本投入产出效率低下。在区域创新能力方面，成都市汇聚了众多科研学府、国家级实验室及研究机构，人才储备丰富，科研实力强劲，其余三市的高校与科研机构对本地人才供给的贡献有限，R&D 经费投入远低于成都市。尽管这三地已发展出较为成熟的人才吸引政策，但在成都市的强大吸引力下，人才流动仍呈现净流出状态。医疗保障方面，成都市的医院数量和三甲医院数量、床位数、技术设备和服务方面以及医护人员数量均遥遥领先于其他三市。都市圈作为一个整体，理应通过都市圈内各城市之间的协同合作来实现共同发展。

虽然极核是都市圈的核心，极核的持续扩大并吸收周边区域要素这种现象是符合一般经济规律的，但是在行政区域划分不变的前提下，成都市对于都市圈要素的高比值占有会加速其他地区的空心化，阻碍产业协同效应的发挥。非极核城市可能因自身发展条件不足而难以与极核城市进行有效的产业分工与合作，只能承接低附加值产业的转移，导致都市圈内部的产业链条断裂，无法形成紧密的产业协作网络。这种持续非均衡的发展也会对成都市施加"大城市病"隐患，随着城市不断扩张，大量的土地被用于新建住宅区、商业区和工业区，由于土地资源的有限性，会造成中心城市交通问题加剧、基础设施压力增大、生态环境问题凸显以及城市的生活成本提高等问题，不利于城市和都市圈的可持续发展。随着成都都市圈从构建初期迈向一体化发展初期，协同发展要求更为合理均衡的资源分配，成都作为极核的地位不可动摇，但是在资源要素投入方面的极度不均衡已不适应都市圈一体化发展的需求，不利于产业协同的深化。

（四）市场化的跨区域协同招商机制尚未形成

跨区域的市场化协同招商体系尚未完全建立，且协同招商手段单一，是成都都市圈在推进产业协同发展过程中遇到的一个关键问题。该体系的缺乏不仅削弱了招商成效，也阻碍了产业协同的进一步深化。现阶段，成都都市圈的招商活动主要由政府部门引领，而企业、市场等其他参与者的作用相对有限。在此背景下，招商决策往往偏重政府导向，而非市场需求导向，造成招商项目与市场需求不匹配，难以吸纳具有强竞争力的企业和项目。此外，招商方式仍集中于传统的招商说明会、专题合作论坛等，尽管这些方式能适度提升区域知名度，但在吸引高质量企业和项目方面成效平平，缺乏针对特定行业、特定企业的定制化招商策略，以及运用互联网、大数据等现代科技手段进行招商创新的不足日益显现。都市圈产业链招商尚未形成较大规模，影响了产业集群效应的显现，不利于构建强大的产业竞争力。各城市在招商活动中往往各自行动，缺乏充分的协同与合作，导致招商资源无法得到高效整合与共享，难以凝聚力量吸引优质企业和项目。实现跨区域协同招商，信息共享是基础，但目前都市圈内城市间的信息共享机制尚不完善，招商信息的传递和交流不够及时、准确，进而影响了招商的整体效果。

五、进一步推动成都都市圈产业协同发展的创新举措

当前，成都都市圈的产业协同发展水平尚待提升。综合前文对成都都市圈产业协同发展的现状及所存在问题的论述，本章对推动成都都市圈产业协同发展的路径设计将从以各区域特色优势产业优化协同载体、以技术共研与资源共享推动协同创新、以完善组织架构与沟通机制健全协同体制机制、以基础设施互联互通和公共服务均等化推动协同配套四个方面展开。

（一）以各区域特色优势产业优化协同载体

明确各区域的产业功能定位和布局是科学推动成都都市圈产业协同发展的重要前提和基本遵循。强化政策支持，通过制定和实施相关政策，加强对特色优势产业发展的扶持与引导，提供财政补贴、税收优惠等支持措施，降低企业发展的成本。成立由成都及周边城市共同参与的产业规划领导小组，对成都都市圈的产业布局进行统一规划。明确各城市的产业定位和发展重点，避免严重的产业同质化竞争。例如，成都可以重点发展现代服务业、高新技术产业和高端制造业；德阳可聚焦高端装备制造；眉山突出电子信息、新能源、新材料等产业；资阳则在汽车制造、口腔医药等领域发力。围绕成都都市圈重点产业，梳理产业链条，明确各城市在产业链中的位置和作用。加强产业链上下游企业之间的合作，形成完整的产业链体系。例如，在电子信息产业中，成都可以重点发展集成电路设计、软件研发等高端环节，德阳、眉山、资阳等城市则可以承接电子元器件制造、电子产品组装等环节。推动产业链跨城市延伸和整合，提高产业链的稳定性和竞争力。鼓励企业通过兼并重组、战略合作等方式，实现产业链的优化升级。积极探索建立成都都市圈产业园区合作共建机制，鼓励各城市之间的产业园区开展合作。通过共建园区、飞地园区等形式，实现资源共享、优势互补。加强园区基础设施建设和公共服务配套，提高园区的承载能力和服务水平。共同打造一批专业化、特色化、国际化的产业园区，吸引国内外优质企业入驻。围绕成都都市

圈优势产业，培育和发展一批具有国际竞争力的产业集群。加强产业集群内企业之间的协作配套，提高产业集群的整体实力。建立产业集群协同发展服务平台，为企业提供技术研发、市场开拓、品牌建设等服务。加强产业集群的品牌建设和推广，提高产业集群的知名度和影响力。

（二）以技术共研与资源共享推动协同创新

推动成都都市圈的产业的协同创新，首要任务是加强技术合作研发与资源的高效共享。具体而言，需重视天府大道科创走廊的发展，通过设立专项区域协同创新项目，激励成都都市圈内的领军企业联合高等院校及研究机构，针对电子信息、装备制造、生物医药、航空航天、新能源和新材料等核心技术领域，共同进行技术难题的攻克。同时，利用“科创通”平台作为基础，打造科技资源云共享平台，实现对创新资源信息及服务功能的整合与优化，促进各类创新平台与科研设备的共享使用，保证重大创新平台向区域内的科研机构、高等学府及企业全面开放。此外，还需构建科技创新券的相互认可与流通机制，尤其在检验检测、高性能计算、中试平台开放及技术经纪人培育等服务上，助力企业通过科技创新券减轻科技服务费用负担，并对那些跨区域提供服务的机构实施奖励政策。在促进协同创新成果转化方面，应倡导创新主体跨地域设立“科技创新飞地”，允许高等院校、研究机构及领军企业等在不同地区设立研发及成果转化机构，并享受当地政策优惠。同时，针对电子信息、高端装备制造、生物医药、航空航天及新材料等关键产业领域，应投资建设一系列中试平台，为成都都市圈内的科技企业及创新团队提供专业的概念验证、中试熟化及小规模试生产等服务，并根据相关政策给予相应的奖励与补助，以全力推动科技成果的快速转化与实际应用。

（三）以完善组织架构与沟通机制健全协同体制机制

成都都市圈在推动产业协同发展的过程中，完善组织架构与沟通机制是至关重要的环节。这不仅能够提高决策效率，还能促进成德眉资四市之间的协同合作，共同应对各种挑战和机遇。首要任务是构建多层次合作体系，即建立一个由“同城化发展领导小组总揽全局、省级部门提供指导、省同城化办公室负责协调、四市作为主体推进、专项合作组协同联动”的决策、协调、执行三层合作架构。此体系确保了决策到执行的流畅过渡，形成了纵向贯通、高效协同的工作网络。同时，应设立专门协调机构，例如省同城化办公室，作为协调层的核心，肩负起连接上下、整合各方资源的重要使命。此外，要重视专项合作组的效能，针对特定行业或项目，可组建如国土空间规划、科技创新等专项合作小组。推动构建信息共享平台，实现政策、项目、技术、市场信息的即时共享，助力各地区捕捉发展契机，规避重复建设与资源浪费。促进跨区域联合招商模式的探索，通过联办招商活动、合作论坛等，吸引国内外优质企业与项目入驻。在此过程中，各区域需依据自身特色与优势合理分工，实现资源共享与优势互补。最后，建立公正的利益分配机制，通过财税分配、独立统计核算等手段，保障各区域在合作中较为均衡地分享发展成果。

（四）以基础设施互联互通和公共服务均等化推动协同配套

第一是推动都市圈基础设施的互联互通。基础设施是都市圈协同发展的基石，直接关乎商品流通、资金流动和人才交流的效率。成都都市圈在推进交通基础设施一体化方面，需要加强交通、能源、信息等基础设施的规划与建设，确保各大基础设施能够无缝对接，形成高效的网络体系。这包括加快高速公路、铁路、航空、水运等多种交通方式的融合，以及能源管道、信息网络等基础设施的布局与优化。通过构建快速便捷的交通网络，打造成德眉资“一小时通勤圈”，缩短城市间的时空距离，提升产业协同的可能性。优化公共交通体系，实现不同交通方式之间的无缝换乘，提高出行效率和便捷性。

第二是促进都市圈公共服务的均等化。基本公共服务是保障民生、促进社会公平的重要途径。应从以下几个方面重点着手：首先是实现教育资源的跨市配置，打破行政区划界限，实现教育资源的优化配置和共享，通过建设现代产业学院和教育发展联盟，推动教育协同发展，提高教育质量；其次是优化医疗布局，加强医疗卫生资源的统筹规划，提高医疗服务的可及性和质量，推动公共卫生服务体系建设，加强疾病预防和控制能力；再次是促进公共文化、体育事业的共建共享，丰富居民的精神文化生活，加强文化遗产保护和传承，推动文化产业的协同发展；最后是强化社会保障服务的对接和协调，确保居民在都市圈内能够享受到均等化的社会保障服务。同时，加强社会治理和环境保护的协同合作，推动都市圈的可持续发展。

第五章

开放发展的成都都市圈

改革是发展的根本动力，开放是发展的必由之路。《成渝地区双城经济圈建设规划纲要》指出，推动成渝地区双城经济圈建设是构建以国内大循环为主体，国内国际双循环相互促进新发展格局的一项重大举措。“双循环”新发展格局是更深层次改革、更高层次开放，也是更高质量发展的必然选择。向先进发达地区看齐，行动上对接东部发达地区。

如果说，成渝地区双城经济圈是内陆改革开放新高地，那么，成都都市圈就是开放新高峰。根据党的二十届三中全会精神，按照《成渝地区双城经济圈建设规划纲要》设定的目标，到 2025 年，成都都市圈经济总量连上新台阶，协同开放水平显著提高，重大开放平台建设取得突破，开放型经济体系更加完善，投资贸易、产业发展、功能配套等水平全国领先，基本建成内陆改革开放高地的高峰，形成一个空间结构清晰、城市功能互补、交通往来顺畅、公共服务均衡、环境和谐宜居的现代化都市圈。到 2035 年，成都都市圈基本实现公共服务均衡共享，同城化体制机制改革创新走在全国前列，全面建成内陆改革开放高地中的高峰，进入现代化国际都市行列，基本建成现代产业体系趋于成熟融入全球的开放型经济体系，成为面向未来、面向世界、具有国际竞争力和区域带动力的开放高峰的现代化都市圈。

辩证思维看待新发展阶段的新机遇新挑战。习近平总书记曾强调：“要胸怀两个大局，一个是中华民族伟大复兴的战略全局，一个是世界百年未有之大变局。”这意味着我们既要统筹两个大局，也要深刻认识把握我国社会主要矛盾变化带来的新特征新要求，国际局势正在发生深刻复杂的变化，积极应变、创新善变、主动求变，将新矛盾新挑战化为机遇。建设成渝地区双城经济圈和成都都市圈，是符合当前中国经济发展阶段特点，为纵深推进我国区域协调发展战略，解决发展不平衡不充分的问题，打造新的增长极和动力源，助推高质量发展，在共建“一带一路”中发挥带动作用，也将在中国式现代化征程中谱写成都都市圈的新篇章。

一、构建、融入和服务双循环新发展格局

以国内大循环为主体、国内国际双循环相互促进的新发展格局理论是中国特色社会主义政治经济学的最新理论创新成果，这一理论的提出有其必然的历史逻辑、理论逻辑和实践逻辑。2020 年 8 月，习近平总书记在经济社会领域专家座谈会上的讲话中提出，关于加快形成以国内大循环为主体、国内国际双循环相互促进的新发展格局的理论（简称“双循环新发展格局理论”），并将其确定为中国特色社会主义政治经济学的最新理论创新成果，对该理论的深刻内涵做了系统阐述，这是对中国特色社会主义政治经济学的丰富和发展，深刻理解这一理论创新的科学内涵，对于科学认识世界发展大势和中国发展新阶段，准确把握新发展格局的特点和建构逻辑，具有十分重要的理论意义和实践意义。

（一）构建、融入和服务双循环新发展格局的历史逻辑

双循环新发展格局理论揭示了世界发展大势和中国发展新阶段的特点，阐明了构建新发展格局的历史逻辑。新发展格局是根据我国发展阶段、环境、条件变化提出来的，是重塑我国国际合作和竞争新优势的战略抉择。我国正经历一场新的科学技术与工业革命，因此，立足于自己的国家，争取国家的科技创新优势是十分必要的。新型冠状病毒感染疫情对世界范围内的产业链与供应链造成了巨大的影响，对其进行有效的维护已经成为一种必然。我国是第一个将新型冠状病毒感染疫情控制下来的国家，并在全国范围内全力推进复工复产。因此，我国的经济增长已由负转正，在此过程中，我国仍在积极地维护产业链和供应链的稳定与安全，促进了国内国际的双循环发展，给各国带来了新的发展机遇。近几年，由于外部环境与我国自身发展的要素禀赋发生了改变，“市场”与“资源”双重作用下的“国际大循环”动力有所下降，但“内需”的潜能却得到了充分的发挥，“国内大循环”的活力与日俱增，这一现象在客观上呈现出一种“此消彼长”的局面。因此，我们必须适应形势变化，转变发展思路，调整发展战略，以畅通国民经济循

环为主构建新发展格局。

（二）构建、融入和服务双循环新发展格局的理论逻辑

习近平总书记指出："新发展格局是根据我国发展阶段、环境、条件变化提出来的，是重塑我国国际合作和竞争新优势的战略抉择。"双循环新发展格局理论是新时代中国社会主要矛盾的内容与表现，必须以"引领""创新""超越"为主要特征，为"以我为主"的新发展模式的构建提供了理论依据。推动高水平对外开放，畅通国际大循环。新冠疫情、逆全球化等因素给经济全球化带来了一些消极的影响，但这并不意味着它就此结束，这是一个世界的发展趋势，中国要想发展，就得跟上这个时代的发展趋势，而新的发展格局正是中国在这一趋势下所做出的积极反应。作为构建新发展格局的重要国家，中国以自身开放来促进世界各国相互开放、共同开放，全面提高对外开放水平，形成全方位、多层次、多元化的开放合作格局。

（三）构建、融入和服务双循环新发展格局的实践逻辑

构建、融入和服务双循环新发展格局揭示了国内外经济循环的区别与联系，阐明了二者之间辩证统一关系，具有很强的实践性。在建立新发展格局的过程中，要突出的是要以国内大循环为主体，这并不意味着要把自己关在家里，而是要在充分挖掘出内需的潜能的同时，让国内市场与国际市场之间的联系变得更为紧密，从而更好地利用好国内外两个市场、两种资源，从而让我国的发展变得更加强大，更加具有可持续性。我们要继续推进多边开放，促进各国经济互动、协调发展，构建开放型世界经济；要继续贯彻"共商、共赢"的全球治理理念，主动参加并促进全球治理体制的变革，健全更加公正、理性的国际经济管理体制，使经济全球化朝着更开放、更包容、更普惠、更均衡、更共赢的方向发展。

构建、融入和服务双循环新发展格局是以国内大循环为主体、国内国际双循环相互促进的新发展格局形成的历史逻辑、理论逻辑、实践逻辑的有机统一体，是马克思主义政治经济学科学性和革命性相统一的具体体现，是马克思主义政治经济学的基本原理与构建新发展格局具体实践相结合的产物，是中国特色社会主义政治经济学的最新理论创新成果，我们要深刻理解和把

握双循环理论的科学内涵，充分发挥理论创新对发展实践的有力指导作用，为构建新发展格局做出应有贡献。

二、改革开放新高地中的高峰

成都都市圈是成渝地区双城经济圈改革开放新高地中的高峰，具有显著的开放性。成都都市圈之核的成都，截至 2024 年 10 月，有外国总领馆 20 家。成都都市圈无愧为改革开放新高地中高峰、构筑向西开放战略高地和参与国际竞争新基地的主要支撑圈，是开放新高地的都市圈。

（一）经济领域中的开放高峰

成都都市圈积极融入全球经济体系，融入和服务双循环新发展格局，与国内外众多地区开展贸易往来。成都作为成都都市圈核心城市，拥有双流国际机场和天府国际机场两大航空枢纽，以及繁忙的铁路和公路运输网络，为货物的进出口提供了便利条件。

成德眉资不少企业“走出去”“请进来”，积极拓展国内外市场，出口电子产品、机械装备、特色农产品等，同时也大量进口先进技术、设备和原材料。例如，成都的电子信息产业与全球产业链紧密相连，英特尔、戴尔等国际知名企业在成都设有生产基地，产品远销世界各地。在成都都市圈内，综合保税区等开放平台，为贸易便利化提供了有力支撑。企业可以享受关税优惠、通关便捷等政策，提高了贸易效率和竞争力。成都都市圈以开放的姿态吸引国内外投资。成德眉资政府积极出台优惠政策，优化营商环境，吸引了大量的外资企业和国内知名企业入驻。

成都都市圈内的产业园区、经济开发区等成为招商引资的重要载体。例如，成都天府新区、东部新区、高新技术产业开发区吸引了众多世界 500 强企业和高新技术企业，形成了电子信息、生物医药、新经济等主导产业。招商引资境外资本不仅带来了资金，还带来了先进的技术、管理经验和人才，促进了成都都市圈经济的高质量发展。

（二）文化领域中的开放高峰

成都都市圈拥有丰富的历史文化资源和独特的地域文化特色，应积极开展对外文化交流。成都的古蜀文化、三国文化、熊猫文化等在国际上具有较高的知名度，吸引了众多外国游客前来参观旅游。

近年来，成都都市圈举办了众多国际文化体育活动，如第31届世界大学生夏季运动会、成都国际非物质文化遗产节、成都国际诗歌周、国际科幻大会等，为国内外文化交流提供了平台。这些活动促进了不同文化之间的相互了解、相互借鉴和相互融合。

成都都市圈内的博物馆、美术馆、剧院等文化场所也经常举办国际展览、演出等活动，让市民在家门口就能欣赏到世界各国的优秀文化作品。成都都市圈积极开展国际教育合作，引进国外优质教育资源。许多高校与国外大学开展合作办学项目，培养具有国际视野的高素质人才。成都都市圈内的学校也积极开展国际交流活动，组织学生参加海外游学、交换生项目等，拓宽学生的国际视野。同时，也吸引了越来越多的外国留学生来成都学习深造。

（三）交通领域中的开放高峰

成都双流国际机场和天府国际机场是中国重要的航空枢纽之一，开通了众多国际国内航线。从成都出发，到泛欧泛亚的主要城市，空中的时间距离，比北京、上海、广州要少1.5~2.5小时。目前，成都已与世界上多个国家和地区实现了直航，方便了人员往来和货物运输，是名副其实的空中丝绸之路的重要节点。机场的不断扩建和航线的增加，进一步提升了成都都市圈的对外开放程度。未来，成都都市圈还将打造成为国际航空客货运战略大通道，加强同共建“一带一路”国家和地区的航空联系。

作为成都都市圈之核的成都，是西部重要的铁路枢纽，拥有发达的铁路网络。中欧班列（成都）和西部陆海新通道成都节点，连接了中国与欧洲多个国家和地区，为货物贸易提供了高效、便捷的运输通道。随着成贵高铁、西成高铁、新成昆铁路等线路的开通，成德眉资将构建一个以成都为中心枢纽，多层次、全方位的轨道交通网络体系。通过精心构建16条放射状铁路对外通道，切实增强区域对外联系，创新规划2条环形铁路及连接成都至德阳、眉山、资阳的3条市域（郊）铁路，推动实现轨道交通的“一小时通勤圈”目标。成都与国内其他地区的联系更加紧密。同时，成都也在积极规划建设连接东南亚国家的铁路通道，进一步拓展对外开放的空间。

成都都市圈的公路交通网络十分发达，特别是成都都市圈环线高速公路，俗称“成都三绕”，又称“成都七环”，原名“成都经济圈环线高速公路”，是中国四川省境内的高速公路环线，为国家高速公路网的组成部分，同时也是四川省高速公路网组成部分。与周边省市及国内其他地区实现了快速连接。高速公路、国道、省道等交通干线纵横交错，为人员和货物的流动提供了便利。成都都市圈内的城市也在不断加强交通基础设施建设，提高公路运输的效率和服务水平。同时，积极推进与周边国家的公路互联互通，促进区域经济合作。

（四）生态领域的开放高峰

成都都市圈注重生态环境保护，积极开展国际生态合作，与周边地区共同推进生态修复、污染防治等工作，共同维护生态安全。成德眉资正联手积极探索生态价值转化的路径，发展生态旅游、生态农业等产业，实现经济发展与生态保护的良性互动。

成都都市圈以建设践行新发展理念的公园城市示范区为引领，坚持绿色发展理念，积极推动产业转型升级，发展节能环保、新能源等绿色产业。同时，加强城市生态建设，提高城市的生态品质和宜居性。成德眉资各类企业也在积极践行绿色发展理念，采用节能环保技术和设备，减少对环境的影响。政府也出台了一系列政策措施，鼓励企业绿色发展，推动经济社会可持续发展，以绿色低碳为底色，不断提升对外开放水平，努力将成都都市圈打造成为具有国际影响力的绿色现代化都市圈。

三、成都都市圈开放发展中的问题与对策

高质量发展和深化改革开放，不仅是永恒的，而且是无条件的。这意味着，无论在何种情况下，发展、改革开放都会持续进行，没有任何事物能够阻止其进程。这种无条件性体现在成都都市圈高质量发展的绝对性和变化的不可逆性上。因此，检视成都都市圈开放发展中存在的问题，才能进一步促进其开放发展的深化，才能在中国式现代化的进程中展示成都都市圈的万千气象。

（一）成都都市圈开放发展中存在的问题

深化改革开放，是内陆地区都市圈面临的机遇，但也存在挑战和短板。按照党的二十届三中全会“进一步全面深化改革”的要求，成都都市圈在开放发展中还存在以下不足和短板。

一是产业协同开放度不足导致经济总量有差距。与国内发达都市圈如上海大都市圈、深圳都市圈相比，成都都市圈的经济总量规模相对较小。尽管在中西部地区有一定的优势，但距离国内顶尖都市圈的经济发展水平仍有较大的提升空间，这在一定程度上限制了其在区域经济开放合作中的影响力和话语权。成都都市圈内部各城市产业布局仍较为割裂，产业规划的开放度缺乏有效衔接。例如，电子信息、装备制造等主导产业在各城市间的协作配套不强，尚未形成“成链成群”抱团发展的格局。各城市优势与主导产业发展定位不够明确，横向错位不明显、纵向分工协作不配套，影响了产业资源的高效整合和协同发展，也不利于对外形成强大的产业竞争力。成德眉资部分产业的本地配套率较低，比如成都市电子信息产业配套率不足 20%，汽车产业本地配套率约为 30%，相较于上海、深圳等城市，产业链供应链的完整性与韧性有待进一步提升。这不仅增加了企业的生产运营成本，也在一定程度上影响了产业的稳定性和可持续发展，对吸引外部投资和开展产业开放合作产生了一定的阻碍。

二是交通基础设施仍有较大差距。尽管成都都市圈的交通网络不断完

善，但与发达都市圈相比，其交通通达深度仍显不足。轨道交通方面，成都都市圈与东京、伦敦、纽约等国际都市圈的市郊铁路长度相比，差距较为明显。成都都市圈内部的轨道交通网络尚未完全覆盖所有区域，部分偏远地区的交通便利性有待提高。不同交通方式之间的衔接还不够顺畅，例如铁路、公路、航空等运输方式之间的换乘效率不高，信息共享和协同运作能力有待加强。这增加了人员和货物的运输时间和成本，影响了都市圈的开放效率和对外联系的便捷性。成德眉资之间，虽然已经打通了部分城际间的“断头路”，但仍有一些道路连接存在不畅的情况，市级快速通道尚处于起步阶段，这影响了城市间的交通流量和物流运输效率，制约了都市圈的一体化发展和对外开放。

三是科技创新开放合作不足。成都都市圈内虽拥有丰富的科研机构、高校和创新平台等资源，但这些资源在都市圈内部的共享程度不高。各城市之间在科技创新合作方面缺乏有效的机制和平台，导致创新资源的利用效率不高，难以形成协同创新的合力。科技成果从研发到转化为实际生产力的过程中存在一些瓶颈，缺乏完善的科技成果转化服务体系和政策支持，使得一些优秀的科技成果难以在本地得到有效转化和应用，影响了都市圈的创新驱动发展和对外开放的技术支撑。

四是对外开放平台能级不高。与沿海发达地区的都市圈相比，成都都市圈的国际合作平台数量相对较少，缺乏具有较强影响力的国际产业园区、国际合作示范区等平台。这限制了成都都市圈与国际市场的对接和合作，影响了其在全球产业链中的地位和竞争力。同时，开放平台功能不完善。现有的一些对外开放平台在功能上还不够完善，例如海关特殊监管区域、综合保税区等平台的服务水平和管理效率有待提高，在贸易便利化、投资自由化等方面还存在一些不足，难以满足企业日益增长的对外开放需求。

五是区域协同开放机制不活。尽管在推进成德眉资同城化发展方面取得了一定的成效，但行政藩篱尚未完全破除。在涉及跨区域产业合作、项目审批、资源分配等方面，仍然存在一些体制机制障碍，各城市之间的利益分配方式难以达成一致意见，导致产业协作融入不深、联系不紧，影响了都市圈的整体开放水平和协同发展。缺乏统一高效的区域协同管理机制，各城市在规划编制、政策制定、项目实施等方面的协同性不够，存在各自为政的情况。这导致一些跨区域的重大项目推进缓慢，资源配置不合理，影响了成都都市圈的开放发展效率和质量。

（二）进一步促进成都都市圈开放发展的对策与举措

在构建、融入和服务双循环新发展格局的大环境下，成都都市圈开放发展无疑是一项系统工程，需要按照党的二十届三中全会精神，进一步全面深化改革，促进开放，从多维度、各方面协同发力。

一是加强基础设施建设提升互联互通水平。要进一步拓展成都双流国际机场和天府国际机场的国际航线网络，提高航班密度和通达性，加强与全球主要城市的直航连接。完善铁路网络，推进成达万高铁、成渝中线高铁等重大项目建设，提升成都与周边城市及国内重要经济区的铁路运输效率。优化公路交通体系，加强高速公路、快速通道的建设和改造，提高区域内公路的通行能力和服务水平。成都都市圈要大力发展多式联运，加强航空、铁路、公路等不同运输方式之间的衔接，提高物流运输效率。加强信息基础设施建设，推进 5G 网络建设，实现成都都市圈 5G 网络全覆盖，为数字经济发展提供高速、稳定的网络支持。加快建设工业互联网、物联网等新型基础设施，以推动传统产业数字化转型。提升数据中心建设水平，增强数据存储、处理和分析能力，为大数据、人工智能等新兴产业发展提供支撑。

二是建设现代化产业体系提升产业开放水平。推动优势产业国际化发展电子信息产业：加强与全球电子信息产业龙头企业的合作，引进先进技术和高端人才，提升成都都市圈电子信息产业的核心竞争力。积极拓展国际市场，推动电子产品出口，提高成都都市圈在全球电子信息产业中的地位。加快高端装备制造产业发展，提高装备制造的智能化、绿色化水平。鼓励企业开展国际合作，引进先进技术和管理经验，提升装备制造产品的质量和附加值。积极参与“一带一路”建设，推动装备制造产品出口到共建国家和地区。加强生物医药研发创新，提高生物医药产业的技术水平和创新能力。积极引进国际知名生物医药企业，加强与国内外科研机构的合作，推动生物医药产业国际化发展。加快建设西部金融中心，吸引国内外金融机构入驻成都都市圈。加强金融创新，推出更多适合实体经济发展的金融产品和服务。积极开展跨境金融业务，提升成都都市圈金融服务的国际化水平。加强物流园区建设，提高物流配送效率和服务水平。发展跨境物流，加强与国内外物流企业的合作，打通国际物流通道。推进物流信息化建设，提高物流管理的智能化水平。挖掘成都都市圈丰富的文化资源，发展文化创意产业。加强与国内外文化创意企业的合作，推出具有国际影响力的文化创意产品。积极开展文化交流活动，提升成都都市圈的文化软实力。

三是加强区域合作提升都市圈开放水平。加强与重庆都市圈、京津冀、长三角、粤港澳大湾区等国内重要城市群和都市圈的合作，积极承接产业转移，引进先进技术和管理经验。加强与长江经济带沿线城市的合作，共同推进长江经济带生态环境保护和高质量发展。加强与西部其他地区的合作，共同打造西部内陆开放高地。加强同共建“一带一路”国家和地区的合作，积极参与国际产能合作，推动成都都市圈优势产业“走出去”。加强与欧美、日韩等发达国家和地区的合作，引进先进技术、高端人才和管理经验，提升成都都市圈的产业发展水平。积极参与国际组织和多边合作机制，提升成都都市圈的国际影响力和话语权。

四是培养和引进国际化人才提升人才开放水平。加强人才培养，加大教育投入，提高教育质量，培养更多具有国际视野和创新能力的高素质人才。加强职业教育，培养适应产业发展需求的技能型人才。鼓励企业与高校、科研机构合作，开展产学研合作培养人才。制定优惠政策，吸引国内外高端人才和创新创业团队来成都都市圈发展。加强人才服务保障，为国际化人才提供良好的工作和生活环境。建立国际化人才交流平台，促进人才的国际交流与合作。

五是深化“放管服”改革提升国际营商环境水平。进一步简政放权，减少行政审批事项，提高行政审批效率。加强事中事后监管，建立健全以信用为基础的新型监管机制。优化政务服务，推进政务服务标准化、规范化、便利化。加强政务服务信息化建设，实现政务服务“一网通办”“全程网办”。完善知识产权保护法律法规，加大知识产权执法力度，严厉打击侵犯知识产权的行为。加强知识产权服务体系建设，为企业提供知识产权申请、维权等一站式服务。鼓励企业创新，提高企业的知识产权创造、运用和保护能力。落实减税降费政策，减轻企业负担。加强对水、电、气等生产要素价格的监管，降低企业生产经营成本。优化土地供应政策，保障重大项目建设用地需求。加强对闲置土地的清理和处置，提高土地利用效率。

第六章

数字经济的成都都市圈

党的十八大以来，以习近平同志为核心的党中央高度重视数字经济发展，要求我国各城市充分发挥海量数据和丰富的应用场景优势，不断做大做优做强我国数字经济。尤其是在百年变局加速演进以及世界局势复杂动荡的局面下，我国传统业务受到了严重影响，发展数字经济是把握新一轮科技革命和产业变革新机遇的战略选择，是我国弯道超车的重要抓手。“十四五”以来，随着云计算、移动互联网、大数据、人工智能等技术的飞速发展，我国已经步入了数字化转型的新时代，其所涉及的技术将深刻地改变人们的生产、生活，数字经济将是数字中国建设的一个重要内容，也是世界经济和社会发展的一个主要动力。在大力发展新质生产力的当下，数字经济和实体经济不断相互融合，坚持推动传统产业改造升级，推动我国经济高质量发展。因此，数字经济是带动成都都市圈经济发展和“数转智改”的关键路径。

一、 数字经济的内涵与特征

数字经济的发展历程彰显了技术革新、信息流通与经济活动之间不断加深且高效整合的演进过程。20 世纪 40 年代微电子技术突破推动了数字技术对经济的初步影响；20 世纪 60 年代，马克卢普提出了“信息经济”概念。20 世纪 80、90 年代互联网技术日趋成熟，数字技术与网络技术相融合，1996 年美国学者唐·泰普斯科特正式提出数字经济概念。数字经济的发展总体表现为“信息经济→互联网经济→数字经济”三大发展阶段。

数字经济是 20 世纪 90 年代伴随着网络技术的发展而兴起的一种新型的经济形式。数字经济经历了由互联网经济和信息经济演化过程，其中主要依靠互联网信息技术推动经济发展，信息产业发展为经济增长提供了人才、技术等。从加拿大经济学家唐·塔普斯科特于 1995 年就出版了一本关于互联网对经济影响的著作《数字经济》，认为信息技术通过数字革命，使数字经济成为基于人类智力互联网的新经济形势，到曼纽尔·卡斯特的《信息时代三部曲：经济、社会与文化》、尼古拉斯·尼葛洛庞帝的《数字化生存》等著作的先后问世，数字经济理念在全世界流行开来。此后，“数字经济”概念在全社会开始广泛使用。

与此同时，各国也开始把发展数字经济作为推动经济增长的重要工具。数字经济是世界经济发展的新动力和新动力，它已成为当今世界最为突出的新经济增长极，是当今世界各国的焦点和发展方向。全球各国在数字经济领域的竞争也日渐激烈。我国也不例外，2014 年 2 月 27 日，我国组建了一个以数字经济为中心的国家网络安全和信息化领导小组，且 2016 年 9 月在 G20 杭州峰会上，习近平总书记特别提到了数字经济。此后，我国便开始在一些正式的文件和重要场合提到数字经济。党的十九届五中全会提出，要“发展数字经济，推进数字产业化和产业数字化，推动数字经济和实体经济深度融合，打造具有国际竞争力的数字产业集群”。充分说明了我们要大力发展数字经济。因此，近年来我国对自身发展数字经济所取得的基础性成就进行了全面的总结和分析，客观地认识自身的独特优势，大力发展 5G 网络、数据中心、工业互联网等新兴基础设施，其本质就是以新兴科技产业为依托，构建数字经济基础设施，从而提高我国的国际竞争力。成都都市圈也积极推进数字经济建设，以数字化技术为工业建设提供了强大的支撑，为建设高品质的现代化工业提供了有力的支持。加速 5G 网络的建设，为数字经济的发展提供必要的基础设施支持。在此基础上，着力推进“5G+工业互联网”的创新实践，旨在打造全国领先的工业互联网示范区，并为各类企业提供数字化车间及智能制造的典范。与此同时，农业领域的智能化发展亦不容忽视，鼓励农户参与数字种植、养殖等示范项目，并大力推进数字农业的试点探索。另外，构建生产服务的线上应用新场景，进一步催生新的数字消费热点，为构建世界消费中心提供强有力的支撑。最终，通过这些综合举措，积极参与数字经济的国际合作，以期实现更为广泛的经济与社会效益。

（一）数字经济的内涵

数字经济是通过广泛利用数据和技术，优化各个行业的运作方式，提高资源的利用效率，推动经济的可持续发展的经济形态。数字经济是一个宽泛的概念，它包括了利用数据来提高资源利用率的一切活动，在技术方面涉及大数据、云计算、物联网、区块链、人工智能、5G 通信和网络安全等关键技术，这些技术共同推动了数据的高效收集、存储、分析和应用；在具体应用层面，数字经济覆盖新零售、智能制造、金融科技、智慧医疗、智慧城市、数字农业、数字娱乐和教育科技等多个领域，通过数字化技术提升效率和创新服务模式。数字经济作为一种新兴的经济形态，紧随农业经济与工业经济之后兴起，其核心特征在于依托现代信息网络作为主要传输平台，将数据资源视为关键要素，并以信息技术的综合应用及全要素的数字转型作为核心驱动力，进而催生出推动经济发展的新型范式。数字经济正在飞速发展，其辐射范围很广，给人们生产、生活带来了巨大变化，是全球要素资源的重构、全球经济结构的重塑、全球竞争格局形成的主要动力。

对于数字经济的内涵，G20 杭州峰会上发表的《二十国集团数字经济发展与合作倡议》中给出的一个很有权威性的界定："数字经济是指以使用数字化的知识和信息作为关键生产要素、以现代信息网络作为重要载体、以信息通信技术的有效使用作为效率提升和经济结构优化的重要推动力的一系列经济活动。"通过对数字经济的定义，我们能够看到，数字经济是一种促进经济发展的手段，如果简单地将数字经济从实体经济中剥离出来，有悖于数字经济的内涵，必须将数字经济与实体经济相互融合，进而推动经济发展。中国信息通信研究院曾经发布的《中国数字经济发展报告（2022）》，对数字经济做了一个基本界定，它将数字经济划分为四个方面：一是数字产业化，即涵盖了电子信息制造业、电信服务业、软件与信息技术服务业及互联网行业等构成的信息通信产业体系。二是产业数字化，聚焦于传统产业通过应用数字技术所实现的转型升级，这包括但不仅限于工业互联网、智能制造、车联网及平台经济等新兴产业形态，旨在提升产出与效率。三是数字化治理，强调以"数字技术+治理"为特色的综合治理模式，涵盖了多元化治理手段、技术与管理的深度融合以及数字化公共服务等多个方面。四是数据价值化，涉及从数据采集、标准化、确权、标注、定价、交易、流转到保护等一系列环节，旨在全面挖掘与利用数据的潜在价值。

（二）数字经济的特征

数字经济是将网络技术与实体经济有机地结合起来，将数字技术和数字资源深度融入传统贸易的洽谈、生产、交易等环节，使得商品在交易的各个流程都得到数字化、智能化发展的。其主要是以数字产业化和产业数字化两个部分来引领科技创新与产业发展，形成特有的加快推进实体经济与互联网技术融合，从而促进实体经济高质量发展。

在过去的实体经济发展过程中，进行交易需要线下接触，这使得交易双方需要很长时间的线下磋商，其成本也相对较高。但数字经济的发展则使得贸易可以在线上进行，线上即可让买卖双方完成订货与销售。由此，烦琐的线下沟通都可以通过互联网进行简单的操作，从而有效减少了交易成本，促进了经济发展，形成了数字经济的独特魅力。

第一是数字经济的便利性。数字经济是一种新型经济模式，它利用现代信息技术，打破了传统的国家、地区界限，将整个世界通过网络连接为紧密的一体，突破时间约束，让我们可以实时传输信息，加快经济增长。

第二是数字经济的可持续性。数字经济通过互联网实时传播信息，有效减少了传统工业生产对资源、能源的过度消耗，减轻了环境污染与生态破坏，从而推动了经济的绿色与可持续发展。

第三是数字经济的高渗透性。随着信息技术与网络技术的飞速发展，信息服务迅速向第一产业与第二产业渗透，不仅模糊了三大产业间的界限，还促进了三大产业间的深度融合与相互渗透。

第四是数字经济展现出边际效益递增的特性。数字经济减少了交易成本，使得边际成本下降，并且能够累积经济增长。

第五是数字经济的直接性。随着互联网的深入发展，经济结构趋向于扁平化，生产者与消费者在网络平台上可直接交流，降低了传统贸易中需要线下磋商带来的必要的成本费用，从而显著降低了交易成本，提高了经济效益。

二、成都都市圈数字经济的发展现状

国家和地方政府高度重视数字经济发展，出台了一系列政策措施，为成都都市圈数字经济发展提供了良好的政策环境。四川省制定了数字经济发展规划，明确提出要打造以成都为核心的数字经济发展高地。成都市也出台了多项政策，支持数字经济企业发展、推动数字技术创新等。成都都市圈是中国西部地区重要的经济中心，其经济总量大、产业基础好。成都作为四川省省会，成都都市圈之核，拥有发达的电子信息、软件服务、金融等产业，为数字经济发展提供了坚实的产业支撑。成都都市圈的德阳、眉山、资阳等也在制造业、农业等领域具有一定的优势，为数字经济与传统产业融合发展、战略性新兴产业的集群成势、未来产业新赛道的培育发展，提供了广阔的空间。

（一）成都都市圈数字经济发展相关政策

近年来，互联网、大数据、云计算、人工智能及区块链等前沿技术呈现出加速创新的态势，它们正日益深入地渗透到经济社会发展的各个领域与全过程之中。数字经济以前所未有的速度蓬勃发展，其辐射范围广泛，影响深远，正逐步成为全球要素资源重组、经济结构重塑以及竞争格局改变的重要驱动力。习近平总书记在中共中央政治局第三十四次集体学习时强调："要站在统筹中华民族伟大复兴战略全局和世界百年未有之大变局的高度，统筹国内国际两个大局、发展安全两件大事，充分发挥海量数据和丰富应用场景优势，促进数字技术与实体经济深度融合，赋能传统产业转型升级，催生新产业新业态新模式，不断做强做优做大我国数字经济。"当今世界，特别是在百年未有之大变局加速演进的复杂国际形势下，全球经济下滑，数字经济却伴随信息革命浪潮加速发展、逆势而上，引领全球经济复苏。在当今时代，数字技术与数字经济占据了全球科技与工业革命的主导地位，成为新一轮全球竞争的焦点。推动数字经济的健康发展，对于构建新型发展格局、促进现代化数字经济体系的建立健全，以及开创国家竞争新态势具有重大意义。因此，我国对数字经济的发展给予了高度重视。为贯彻落实国家战略，各个省市积极推进数字经济建设，先后出台有力政策措施。

四川省人民政府在 2021 年出台了《四川省"十四五"数字政府建设规划》，规划在 2021—2025 年积极统筹推进四川省政务服务数字化转型，大力提升政府治理体系与治理能力现代化水平。致力于到 2025 年，四川省特别是成都都市圈的数字政府建设整体水平迈入全国先进行列。成都都市圈努力以便民利企为导向，突出需求牵引、数据驱动，完善电子政务网络体系，推进政府数字化转型，开启了数据驱动政务服务和政务运营新模式。

成都市发展和改革委员会在 2022 年 4 月 14 日发布了《成都市"十四

五”数字经济发展规划》，该规划旨在通过强化数字技术、数据资源与数字基础设施这三大数字经济新要素的供给能力，为成都市数字经济的发展注入强劲动力。规划着重于优化并强化各区县的特色优势，带动成都市经济发展，推动数字经济在全区域差异化协调发展，带动全城全面数字化转型，到2035年在成都建成具有国际竞争力的数字经济新高地。

眉山市人民政府在2022年发布的《眉山市“十四五”数字经济发展规划》指出要以融入成渝双城经济圈、成都都市圈等战略为方向，以建设成都都市圈高质量发展新兴数字城市为目标，以经济社会领域的数字化改革为驱动，以“数字产业化、产业数字化、数字化治理”三条主线加强数字基建、科技创新、数字人才的支持作用，立足区位条件、资源禀赋以及产业基础来做大做强眉山市数字经济。

德阳市的《智慧德阳规划（2020—2025年）》《德阳市数字经济发展规划（2020—2025年）》《德阳市数字经济发展专项行动方案》《德阳市促进数字经济创新发展十条措施》等政策相继出台，德阳以建设数字化车间、智能工厂和工业互联网为突破口，把数字经济作为构建现代化产业体系的重要组成部分，通过“大小两端”的龙头企业和中小企业的合作，把“德阳制造”向“德阳智造”转型，进而加快打造数字经济发展新高地。

资阳市人民政府于2021年印发的《资阳市“十四五”数字经济发展规划》是为了抓住发展战略契机，加快数字产业、新基建、智慧城市建设等方面的突破，“变道超车”，促进传统产业的转型，加快数字经济的发展，促进数字产业化和产业数字化。

（二）成都都市圈数字经济发展现状分析

在中国式现代化的新征程中，成都都市圈数字经济发展呈现出多方面的良好态势，成为成渝地区双城经济圈数字经济发展的排头兵。

一是政策支持前所未有。成德眉资四市政府积极推动数字经济发展，出台了一系列政策文件和规划，如《2024年成都市数字经济发展工作要点》等，为数字经济的发展提供了明确的方向和有力的政策保障。这些政策围绕数字基础设施、数据基础制度、数字产业化、产业数字化转型等多个方面进行布局，全面推动数字经济发展。

二是数字基础设施不断优化。特别是通信网络基础设施不断提档升级，成都都市圈 5G 网络覆盖范围持续扩大。作为都市圈之核的成都，正在争取布局建设国家新型互联网交换中心，五环路范围内已实现室外 5G 网络连续覆盖，并且还在不断探索发展数字低空基础设施，为数字经济的各类应用场景提供了高速、稳定的网络支持。作为成都都市圈之核，成都高质量地推动天府数据中心集群建设，2024 年力争全市已建大型或超大型数据中心达到 14 个，全市算力规模达到 5 500P，持续构建“超算+智算+通算+边缘计算”的多样化、普适化、泛在化算力供给体系，为成都都市圈数字经济的发展提供了强大的算力支撑。

三是数字产业化异军突起。成都都市圈在人工智能、大数据、区块链等新兴数字产业领域取得了显著进展。例如，作为都市圈之核的成都，将人工智能作为重点产业链之一，开展“人工智能+”行动，高标准建设国家新一代人工智能创新发展试验区和国家人工智能创新应用先导区，2024 年人工智能产业规模有望突破 1 000 亿元。2024 年，成都都市圈的集成电路、新型显示、智能终端、高端软件等传统优势数字产业不断升级。集成电路产业不断“聚链成群”，推动设计固链、制造补链、封测强链；新型显示产业量质齐升，推动全球首条玻璃基 Micro LED 显示屏生产线实现量产；智能终端产业向高端化发展，据测算，2024 年智能终端产业营收目标将突破 4 300 亿元。

四是产业数字化转型正在成势。近年来，成都都市圈制造业积极进行数字化改造，加快形成制造业智改数转网联“1+ N”顶层规划，统筹布局垂直领域专用模型，培育国家级跨行业跨领域工业互联网平台，推动建设数字化转型促进中心。力争全年完成 100 家以上企业数字化改造，打造智能工厂、数字化车间 100 家以上。成都都市圈的服务业数字化转型升级加快，推动生产性服务业向价值链高端延伸，生活性服务业构建数字生活新服务体系。加快推动平台经济规范健康持续发展，高质量建设国家文化出口基地、国家数字服务出口基地，推动软件服务、云计算、数字文创等领域的服务外包。成都都市圈积极推进人工智能、北斗导航等新一代信息技术在农业领域的应用，拓展数智粮油、智慧动监等应用场景，深入实施“数商兴农”，大力发展农业农村电子商务。

五是数据要素市场逐步形成。成德眉资积极推动数据基础制度建设，发挥数据要素乘数效应。作为都市圈的首位城市，成都积极推动出台了数据条例，修订完善公共数据授权运营赋能管理办法，研究出台成都市数据资产登记管理办法。试点开展数据资产确权登记、数据资产评估等工作，推进国有企业数据资产入表，推进省市共建四川数字资产交易中心，开展成渝两地数据要素交流合作。

六是数字经济生态环境不断优化。成都都市圈积极打造数字经济产业园区，吸引了大量数字经济企业入驻，形成了良好的产业集聚效应。例如，成都高新区等区域成为数字经济企业的重要聚集地，促进了企业之间的交流合作和协同创新。聚焦集成电路、新型显示、人工智能等领域，成德眉资着力打造数字经济共享基础创新平台和数字经济领域实验室，为数字技术创新提供了重要的平台支撑。同时，积极争取国家级人工智能创新平台、国家医学中心等在蓉布局落地。成都都市圈拥有众多高校和科研机构，为数字经济发展提供了丰富的人才资源。同时，政府和企业积极开展人才培养和引进工作，吸引了大量数字经济领域的专业人才前来就业和创业。

目前，成都都市圈数字经济发展水平层次化明显，其中成都市以 87.13 分位居四川省第一，眉山市以总指数 33.89 分位列全省第三，德阳市以 32.33 位居第五，资阳则低于 30 分，未能跻身前十。

成都数字经济发展领跑全省。根据赛迪顾问发布的《2021 年中国数字经济城市发展白皮书》百强榜显示，成都数字经济排名第 6，仅次于北京、上海、深圳、广州、杭州 5 个城市，达到新一线城市标准，数字经济发展驶入了快车道，其追赶势头强劲。成都市统计局的数据显示，2021 年，成都市数字经济核心产业增加值高达 2 580.6 亿元，占全市 GDP 比重为 13%，在四川省数字经济核心产业增加值中的占比更是达到了 64.3%。具体来看，数字产品制造业实现了 927.4 亿元的增加值，同比增长 4.6%，占数字经济核心产业增加值的 35.9%；数字技术应用产业增加值达到 1 425.3 亿元，同比增长高达 30.2%，占比 55.2%；数字产品服务业增加值同比增长 14.8%，达到 31.9 亿元（占比虽为 1.3%，但增长显著）；数字要素驱动产业亦实现了 196.1 亿元的增加值，同比增长 16.7%，占比 7.6%，都有较大幅度增长。成都市新经济委数据显示，2021 年成都市大数据产业规模达 605.6 亿元，比2020年增长了46.9%。人工智能产业规模达413.9亿元，较2020年产业规模实现了一年翻一倍。成都能够全面提供千兆光网接入，是全国第一个“双千兆”商用城市；建成的5G基站超4万个。成都正致力于打造开发共享、合作共赢的产业交流平台，帮助成都企业能够高效地实现数字化转型，使数字技术创新与城市发展需要相结合，从而将其与国家的创新战略联系起来。

眉山市抓住数字经济发展机遇，努力补齐短板。眉山市建成通用零部件制造工业互联网标识解析二级节点，是2021年四川省5G发展指数位列四川第三的城市。从2021年四川21市州数字经济发展活跃度中的数字用户渗透率来看，眉山市以31.13分位居四川第一，其在电商、生活服务行业的数据渗透度较高。在2021年工信部公布的全国首批“千兆城市”名单中，眉山是四川上榜4个城市的其中一个，且眉山还获评全国特色型信息消费示范城市，是四川2021年唯一一个上榜信息消费示范城市的。近年来，眉山通过打造产业集群、培育优势产品、壮大信息技术服务业，不断壮大全市信息产业规模，建设了“芯屏端数据智材”协同发展基地，打造了四川存储元器件、存储网络核心区等，实现了全市电子信息规上企业达56户，实现产值229.7亿元，5G软件企业户数在全省排名第三。2019年的京东智能城市（东坡）数字经济产业园落地眉山，为农业发展提供大数据分析、人工智能辅助和现代化农业发展等服务，助推乡村经济高质量发展，其建立了眉山市农业大数据中心、京东（东坡）数字农业示范中心、眉山电商生态产业聚集中心。

德阳数字经济在2021年的总规模达1 166.62亿元，跻身全国“数字经济百强城市”。“2021年四川21市州数字经济发展活跃度指数榜单”中看，德阳在线教育、在线办公、生活服务等领域的渗透程度较差仅排名第12。近年来，德阳市大力推动数字产业化、产业数字化、数据价值化、治理数字化，把数字经济作为五大主导产业之一，积极认真落实国家及省市数字经济战略，已完成200多家企业数字化转型，建成数字化车间75个。德阳积极建设天府数谷、“西部传感谷”“德阳数字科创城”等多个数字经济发展项目，其中云上天府云计算中心项目一期总投资约40亿元，将建设平均功率为5千瓦的高标准机柜6 120个，规划服务器约10万个，致力于形成数据、场景、产业与安全相结合的新型绿色数据中心；投资120亿元的天府数谷数字产业园已经逐步形成云计算、人工智能、大数据等数字产业化的聚集发展。位于四川省德阳市的数据要素产业园是全国首个以“数据要素”为核心产业的园区，这标志着四川向全国数据要素市场迈出了坚实的步伐。近年来，德阳把数字经济作为五大主导产业之一，以建设全国数据枢纽节点为抓手，以天府数谷为依托，以云上天府为平台，大力推动数字产业化、产业数字化、数据价值化，治理数字化，其数字经济发展成果显著。

资阳产业整体数字化程度低，农业农村数字经济尚未形成规模，工业数字化程度不高。资阳是成渝经济走廊重要物资集散地，是成都都市圈重要节点城市，其具备大力发展产业数字化条件。但资阳的数字经济发展却并不理想，在2021年四川省21市州数字经济发展活跃度指数榜单中，资阳并未排上前10名，所以政府应该抓住成渝地区双城经济圈建设与成都都市圈发展两个契机，努力构建适应数字经济产业发展的政策环境，大力发展“数字化政府”“智慧社区”，促进全市数字经济发展。

三、成都都市圈数字经济的现存问题

尽管成都都市圈数字经济发展呈方兴未艾之势，但是仍存在若干发展中的问题及短板。只有正视这些问题，才能以问题导向，为成都都市圈数字经济“十五五”乃至更长期的高质量发展出谋划策。

（一）数字经济存在发展中的不平衡

成都作为都市圈的核心城市，数字经济发展水平较高，拥有丰富的数字经济资源、企业和人才，在数字产业化和产业数字化方面都取得了显著进展。相比之下，德阳、眉山、资阳等周边城市的数字经济基础相对薄弱，数字产业规模较小，产业数字化转型的速度和程度也相对较低，与成都存在较大的差距。这种不平衡可能导致都市圈内部的协同效应难以充分发挥，影响整体数字经济的发展。

在成都都市圈范围内，城市和农村地区在数字经济发展方面的差距也较为明显。农村地区的数字基础设施建设相对滞后，网络覆盖范围和带宽有限，数字化应用的普及程度较低，农民对数字技术的认知和使用能力也较弱，这限制了农村地区数字经济的发展，也不利于城乡一体化发展。

（二）数字技术创新能力不强

虽然成都都市圈在数字经济领域有一定的创新成果，但在基础研究方面仍相对薄弱。成都都市圈缺乏对数字经济关键技术的深入研究和突破，如高端芯片、操作系统、数据库等核心技术仍然依赖于外部进口，这在一定程度上制约了数字经济的自主发展和创新能力的提升。

除了少数大型企业外，成都都市圈的大部分数字经济企业的创新投入不足，创新能力较弱。企业之间的合作创新不够紧密，缺乏有效的创新平台和机制，难以形成创新合力。同时，对知识产权的保护和利用不够充分，也影响了企业的创新积极性。

（三）数字经济所需各类人才短缺

随着数字经济的快速发展，成都都市圈对数字人才的需求不断增加，但成都都市圈的数字人才总量相对不足，尤其是高端数字人才和复合型人才短缺。这不仅影响了数字企业的发展，也制约了数字经济的创新和升级。

由于成都都市圈与东部发达地区在经济发展水平、薪酬待遇、发展机会等方面存在一定的差距，部分数字人才流向东部地区，人才流失问题较为严重。此外，本地高校和培训机构培养的数字人才与市场需求的匹配度不够高，也影响了数字人才的供给。

（四）各种数据资源的利用存在瓶颈

受体制机制不畅的影响，政府部门、企业和社会组织之间的数据开放共享程度较低，“数据孤岛”现象较为严重。这导致数据资源的价值难以充分发挥，也影响了数字经济的创新和发展。例如，在政务数据方面，各部门之间的数据共享和业务协同还不够顺畅，企业在获取政务数据方面存在一定的困难。

随着数据的快速增长和广泛应用，数据安全和隐私保护问题日益突出。

成都都市圈在数据安全管理、隐私保护技术和法律法规等方面还存在一些不足，这可能导致数据泄露、滥用等问题，影响数字经济的健康和高质量发展。

（五）数字经济的产业生态不优

成都都市圈数字经济产业链各环节之间的协同不够紧密，上下游企业之间的合作不够深入。例如，在电子信息产业中，芯片设计、制造、封装测试等环节的协同发展还不够完善，缺乏有效的产业协同创新机制，这影响了产业的整体竞争力。

虽然成都都市圈有一些数字经济企业，但缺乏具有国际影响力的龙头企业。龙头企业的缺乏使得产业的集聚效应和辐射带动作用不够明显，难以形成完整的产业生态体系，也不利于数字经济的快速发展。

（六）数字经济政策支持体系有待完善

成都、德阳、眉山、资阳四市在数字经济政策制定和实施方面的协同性不够，存在政策差异和政策衔接不畅等问题。这导致企业在跨城市发展时面临政策障碍，影响了都市圈数字经济的一体化发展。

部分数字经济政策的落实效果不够理想，存在政策执行不到位、政策支持力度不足等问题。例如，一些对数字企业的扶持政策在申请、审批和兑现过程中存在烦琐的手续和较长的周期，影响了企业的获得感和政策的实施效果。

四、进一步推动成都都市圈数字经济高质量发展的创新举措

数字经济是成都都市圈高质量发展的重要增长点，是深化经济区与行政区适度分离的重要条件，是培育和发展新质生产力的重要生态，是促进成都都市圈“数转智改”的“杀手锏”，是成都“十五五”规划的“重头戏”。

（一）加强数字基础设施建设

加大对 5G、6G 等新一代通信网络的建设力度，实现都市圈范围内的高速、稳定网络覆盖，为数字经济的发展提供基础网络支撑。特别是在偏远地区、产业园区等重点区域，确保网络信号的强度和稳定性，支持企业的数字化运营和远程办公。

合理规划和布局数据中心，提高数据存储和处理能力。鼓励建设绿色、高效的数据中心，采用先进的制冷、供电等技术降低能耗。同时，加强数据中心之间的互联互通，实现数据的高效传输和共享。

推动工业互联网平台的建设和应用，促进制造业企业的数字化转型。支持企业将生产设备、生产线等接入工业互联网，实现设备的远程监控、故障预警和智能运维，提高生产效率和质量。

（二）推动数字产业化的高质量发展

成都都市圈要抢抓加快发展新质生产力和国家发展战略腹地产业备份建设基地机遇，进一步加大对集成电路、新型显示、智能终端等电子信息产业的支持力度，吸引国内外知名企业在成都都市圈投资建厂，完善产业链条，提高产业附加值。加强对关键技术的研发和创新，提升产业的核心竞争力。

培育和发展软件开发、信息系统集成、云计算、大数据、人工智能等软件和信息技术服务企业。支持企业开展技术创新和商业模式创新，拓展市场份额，提高服务水平。

依托成都都市圈丰富的文化资源，发展数字游戏、数字影视、数字音乐、数字出版等数字内容产业。鼓励企业创作具有本土特色的数字文化产品，推动文化与科技的融合发展。

聚焦建圈强链，规划和建设一批数字经济产业园区，集聚数字经济企业和创新资源，形成产业集群效应。加强园区的基础设施建设和公共服务配套，为企业提供良好的发展环境。例如，天府新津数智湾通过打造专业服务体系，吸引了众多数字经济企业入驻。

成都都市圈要进一步加大对数字经济领域的研发投入，支持高校、科研机构和企业开展数字技术的研究和开发。建立数字经济创新平台和孵化器，培育和孵化数字经济创新企业和项目。加强知识产权保护，鼓励企业创新创造。

（三）进一步加快产业数字化转型

推动制造业企业采用数字化技术，对生产流程、设备管理、供应链管理等进行改造和优化。推广智能制造模式，建设智能工厂和数字化车间，提高生产效率和产品质量。加强工业互联网在制造业中的应用，促进企业间的协同制造和资源共享。

利用数字技术提升农业生产、经营、管理和服务水平。推广农业物联网、农产品电商、农业大数据等应用，实现农产品的精准生产、销售和追溯。加强农村信息基础设施建设，提高农村地区的网络覆盖和信息化水平。

推动服务业企业利用数字技术创新服务模式和业态，提高服务效率和质量。例如，发展智慧物流、数字金融、电子商务、数字文旅等新兴服务业态，满足消费者多样化、个性化的需求。

（四）大力促进数据资源开发利用

建立健全数据资源管理机制，规范数据的采集、存储、传输和使用。加强数据安全管理，保障数据的安全和隐私。推动政府数据开放共享，提高政府数据的利用价值。

探索建立数据要素交易平台，促进数据要素的流通和交易。制定数据要素交易规则和标准，规范数据交易行为。培育数据要素市场主体，鼓励企业和个人参与数据交易。

加强不同行业、不同领域的数据融合应用，挖掘数据的潜在价值。例如，将交通、医疗、教育等领域的数据进行融合分析，为城市管理和公共服务提供决策支持。

（五）加强数字经济的区域合作与协同发展

加强成都与德阳、眉山、资阳等城市在数字经济领域的合作，共同推进数字基础设施建设、产业协同发展、数据资源共享等。建立健全区域合作机制，加强政策协调和项目对接，实现优势互补、互利共赢。

积极与重庆、西安、贵阳、昆明等周边城市开展数字经济合作，共同打造数字经济产业带和创新走廊。加强区域间的人才交流、技术合作和市场对接，提升成都都市圈数字经济的影响力和竞争力。

（六）加强数字经济的国际合作

增强与G20国家集团、国际数字经济合作机构及产业协会的沟通与协作，并加大力度推进双边及多边数字经济重大项目的实施。搭建一个开放、共享、共赢的行业交流平台，促进人才、技术和资本等生产要素的高质量以及高效率的融合，使不同的市场主体和生产资源能够在数字经济中得到有效的整合。

充分利用“一带一路”建设的平台优势，发展知识产权、商事协调、法律顾问等专业的中介机构，鼓励在大学里开设与数字经济有关的专业课程，加强对跨境物流等专业的培训和加强对全球数字竞争的顾问服务，提升国际数字经济咨询服务人才队伍建设。加速促进数字与实体经济的双向融合与开放，为全球企业创造共享中国数字化创新进步的机会，为全球数字经济的高质量发展增添新的动力。

（七）进一步优化数字经济发展环境

构建并优化数字经济发展的政策框架，强化对数字经济企业的支持力度。在税收减免、金融支持、土地使用等方面提供优惠措施，以推动数字经济项目的建设与持续发展。

加大对数字经济人才的培养力度，支持高校和职业院校开设数字经济相关的专业和课程。加大对数字经济领域顶尖人才的招募力度，设计并实施一系列优惠政策与激励机制，旨在吸引国内外杰出人才汇聚成都都市圈，推动其发展。

贯彻落实党的二十届三中全会精神，落实四川省委十二届五次、六次全会精神，进一步深化“放管服”改革，优化政务服务流程，提高政务服务效率，为成都都市圈数字经济高质量发展提供便捷、高效的政务服务，营造良好的营商环境。

第七章

文化自信的成都都市圈

2022 年 6 月 8 日，习近平总书记在四川考察时指出："中华民族有着五千多年的文明史，我们要敬仰中华优秀传统文化，坚定文化自信。"文化自信，是人民在充分了解文化底蕴之后，对地区、民族、国家所产生的强烈认同感与自豪感。随着经济社会的不断发展，文化已逐渐成为推动社会发展与进步的重要力量，人民群众的文化需要也成为人民日益增长的美好生活需要的重要组成部分。习近平总书记曾强调："一个民族的复兴需要强大的物质力量，也需要强大的精神力量。没有先进文化的积极引领，没有人民精神世界的极大丰富，没有民族精神力量的不断增强，一个国家、一个民族不可能屹立于世界民族之林。"只有对自身文化生命力有着坚定信念，才能从发展实践中把握文化发展前景，从而坚定中国特色社会主义道路自信、理论自信、制度自信、文化自信。因此，建设成都都市圈应以文化自信作为精神内核，充分发掘成都市及附近城市的文化底蕴，展现源远流长的蜀地文明，释放古今交融的无穷魅力，从而增强人民的归属感、自豪感与自信心，激发城市活力，让文化气息浸透于城市的发展与建设中，为成都都市圈的经济建设赋能，建设成有文化、有底蕴、有深度的成都都市圈。

一、 成都都市圈独特的文化魅力

2023 年 7 月 28 日，习近平主席在成都第 31 届世界大学生夏季运动会开幕式欢迎宴会上的致辞中指出："成都是历史文化名城，自古就是中外交流的枢纽，是西南丝绸之路上的明珠。如今，成都是中国最具活力和幸福感的城市之一。拥有 2 300 多年建城史的成都因海纳百川、兼容并蓄而始终保持经济发展、文化繁荣。欢迎大家到成都街头走走看看，体验并分享中国式现代化的万千气象。"成都都市圈所包括的成德眉资四市，历史文化悠久，特色鲜明，富有魅力。

（一）成都是天府文化的重要承载地

成都也始终走在时代前列，迸发出新时代新潮文化的生机与活力。2018 年，成都提出要打造世界文创名城、世界旅游名城、世界赛事名城和国际美食之都、国际音乐之都、国际会展之都，塑造“三城三都”品牌，将自身建设为世界文化名城。早在2019年，成都市委出台《中共成都市委关于弘扬中华文明发展天府文化加快建设世界文化名城的决定》，制定《成都市建设世界文创名城三年行动计划（2018—2020年）》，明确了迈向世界文化名城的目标愿景和行动方略，提出以提升天府文化的国际影响力、辐射力、集聚力为牵引，推动文化创意产业成为重要支柱产业，建设具有全国引领力、全球竞争力的世界文创名城。

既展现着成都独特而又浓郁的文化沉淀，又彰显着成都新时代新文化产业发展的蓬勃生命力，古今文化一脉相承，交织相融，成为成都现代化建设取之不竭的精神动力。文化同样可以作为高质量发展的重要动力源，将精神财富转化为物质财富，建设文化自信的都市圈是成渝地区双城经济圈战略引领下成都都市圈建设的重要一环，对于实现物质文明和精神文明相协调的现代化具有至关重要的作用。成都都市圈建设应厘清成都文化的丰富内涵，充分展示成都文化的新时代风貌，坚定文化自信，在保护好、传承好现存历史文化的基础上努力实现成都文化的现代化创新性发展，建设彰显中华文明魅力与天府文化特色的世界文化名城。

成都文化广泛地受到学者的关注。目前，有众多学者从多个角度对成都文化做了详细的研究。关于成都文化的历史脉络方面，石硕（2018）、邴正（2022）从民族文化交流角度探讨了天府文化的兼容特点与民族文化融合发展的可能性。冉宏林（2020）、孟祥娟（2022）从典型的文化标志入手，进一步分析了诸如三星堆、杜甫草堂等文化遗迹的历史渊源与未来发展，为探寻成都文化的历史脉络打下了坚实的理论基础。钟骥和朱敏（2018）针对青城山道教文化资源的现状和存在的问题，对如何更有效地开发利用好道教资源提出了看法和建议，更有学者从道教音乐、道观园林等方面对成都的道教文化展开研究。关于成都文化保护方面，李朋瑶和徐峰（2018）基于现代和传统节庆构成的节庆序列与受自然山水影响的物质空间分析，提出了成都古镇文化空间的保护框架。蒋茜（2022）考察了四川皮影戏的生存困境，基于活态传承视域探讨了包括皮影戏在内的传统艺术的当代保护和传承路径。周垠和蒋治国（2019）采用GIS空间分析技术，分析成都市街道的命名规则、文化特征与空间格局，对街道通名和街道专名提出了相应的保护策略。可见，成都文化的起源、发展以及保护、传承是众多学者重点关注的话题，这为成都文化追根溯源与完善提供了宝贵的理论根基。

文化遗产既要在继承中发展，又要在发展中继承，与时俱进、开拓创新是文化发展的活力源泉。在成都文化的新时代发展方面，也有不少学者提出了具有时代性和创新性的意见与建议。钱堃（2021）分析了成都地域文化和新时代旅游价值，从诗意精神、人文气质、人文哲学等方面明确了成都未来发展和旅游资源开发的主体目标。眭海霞和陈俊江（2016）从文化消费的角度出发，提出了新常态下扩大城乡居民文化消费和促进经济增长的对策建议。程华薇等（2021）分析了成都城市文化品牌形象发展的现实必要性，并给出了融媒体背景下成都城市文化品牌传播策略，助力提升成都城市文化品牌竞争力。李瑶和马丽（2021）研究指出，将地方历史文化融入公园城市建设中是延续地方历史文脉、守护地方历史记忆的重要路径，通过“文化+”公园展示独特气质的魅力城市、品牌城市。林溪和廖若兰（2021）将熊猫文化与成都地域文化相结合，探索了 IP 形象塑造与推广方式，为塑造具有地域性、专属性的成都熊猫文旅 IP 提供了新思路。龚静和岳培宇（2021）从资源、产品、服务及形象维度构建了世界文化名城评价指标体系，结果显示成都具有较高的公众认知度与赞同度，处于世界文化名城建设的中高级水平。这表明，成都具备了坚实的世界文化名城建设基础，需利用优势条件，抓住时代机遇，使文化综合实力迈上新台阶。

（二）德阳具有独特且丰富的文化魅力

德阳是古蜀文明发祥地，德阳广汉的三星堆遗址是古蜀文明的重要代表，出土了青铜大立人、青铜面具、青铜神树等一大批国宝级文物，这些文物造型奇特、工艺精湛，展现了古蜀人高超的艺术创造力和神秘的宗教信仰。三星堆的发现将古蜀国的历史推前到了 5 000 年前，改写了中华文明起源的历史，具有极其重要的历史、科学和艺术价值，也让德阳成为世界瞩目的文化焦点。

德阳是三国文化的重要承载地，拥有白马关、庞统祠、张任祠墓等三国名胜古迹。白马关是蜀道五关之一，刘备入川后，军师庞统在此中箭身亡，后葬于此地，有祠墓历代承祀。这些古迹见证了三国时期的风云变幻和英雄豪杰的壮志豪情，吸引着众多游客前来探寻历史的踪迹。

德阳的孝泉镇是中国古代“二十四孝”之一“姜诗孝亲”的故里，这里的“安安送福”民俗巡游文化活动、“上九会”等民俗活动都与孝文化紧密相关。“上九会”特别设置了民俗闹春、关帝戏春等板块，奉上舞龙舞狮、川剧变脸等精彩节目，市民游客在感受热闹氛围的同时，也能深刻体会到孝文化的内涵。德阳的地名由来也与德孝文化有关，唐初于废县绵竹和阳泉辖地之间新置县，为彰忠孝之德，加德留阳泉之“阳”，故名德阳，可见德孝文化在当地的深厚底蕴。

中国四大年画之一的绵竹年画是德阳的民间艺术瑰宝，其色彩鲜艳、构图饱满，具有浓郁的乡土气息和地方特色。绵竹年画题材丰富，包括人物、花鸟、山水等，内容多为吉祥喜庆、驱邪纳福，反映了人们对美好生活的向往和追求。源于广东潮州团扇，清光绪年间经改进后形成了独特风格，成为德阳一绝。德阳潮扇的制作以慈竹丝、丝线、鲜纸为原材料，扇面有多种形状，上面配以山水画、诗词等，既实用又美观，文化品位极高。

德阳各地有丰富多彩的民俗活动，如中江的登高祈福民俗活动，将“状元夺魁”和“文脉昌盛”相融合，吸引学生广泛参与；广汉连山的“九大碗”是传统民俗活动，宴席上美味佳肴热气腾腾，村民游客一起品尝美食，感受浓浓年味；孝泉镇的“上九会”热闹非凡，舞龙舞狮、川剧变脸等节目精彩纷呈。

德阳的宗教文化历史悠久，境内有不少宗教寺庙和遗迹，如万佛寺等。这些宗教场所不仅是信徒们的精神寄托之地，也是建筑艺术和宗教文化的重要载体，体现了德阳地区多元的文化信仰。

德阳是中国重大技术装备制造业基地，有着“重装之都”的美誉。工业文化是德阳文化的重要组成部分，这里诞生了众多大型装备制造企业，全国核电产品、水电机组、火电机组、汽轮机、大型轧钢设备、大型电站铸锻件、大型船用铸锻件等大型装备大部分都是在德阳生产。工业文化展现了德阳人民的勤劳智慧和勇于创新的精神。

（三）眉山具有特色鲜明的文化魅力

眉山是大文豪苏东坡的故乡，拥有丰富的东坡文化资源。东坡文化内涵深厚，包括民本思想、法治观念、忧患意识、生态观等，具有永不褪色的历史价值和时代意义。眉山通过举办东坡文化节、推出东坡文化主题展览和演出等活动，传承和弘扬东坡文化。

眉山历史悠久，古称眉州，早在 1 000 多年前就是州、郡治所。眉山是著名的“进士之乡”，两宋期间，共有 886 人考取进士。眉山有三苏祠等省级文物保护单位 2 处，市、县级文物保护单位 36 处。

眉山拥有丰富的非物质文化遗产代表性项目，如青神竹编、仁寿抬工号子、丹棱唢呐、洪雅复兴耍锣鼓、彭山竹琴、东坡泡菜等。这些项目具有浓郁的地方特色和文化内涵，是眉山文化的重要组成部分。

眉山美食丰富多样，有东坡肘子、东坡肉、东坡鱼、龙眼酥、眉山脐橙和国优三苏酒等。这些美食不仅味道鲜美，而且具有浓郁的文化底蕴，是眉山文化的重要体现。

眉山旅游资源丰富，有三苏祠、瓦屋山、黑龙滩、七里坪、中岩寺、老峨山、国际竹艺城、中国泡菜城、烟雨柳江等著名景区点 120 余处。眉山通过打造文旅重大项目、优化文旅发展布局等措施，推动了旅游文化的传承发展和创新。

（四）资阳具有历史悠久和特色鲜明的文化

35000 年前的“资阳人”揭开了四川人类文明发展的历史篇章。“资阳人”头骨化石是旧石器晚期的人类化石，是南方人类的代表，为研究人类起源和演化提供了重要的实物资料，这一发现让资阳成为当之无愧的“蜀人原乡”。

资阳哺育了东周孔子之师苌弘、西汉辞赋家王褒、东汉经学家董钧等历史名人。苌弘对孔子删诗书、订礼乐有较大的帮助，王褒的辞赋具有较高的艺术价值，董钧在经学研究方面也有重要贡献。这些历史名人的思想、作品和成就，为资阳的历史文化增添了浓厚的底蕴。

东峰剪纸是四川省非物质文化遗产，主要以刻刀为主，剪刀为辅，既有南派剪纸严谨、细腻、精美的特点，也有北派剪纸粗犷豪放之风格。其题材广泛，包括人物、动物、花卉、风景等，具有很高的艺术价值。川剧“资阳河”是川剧中的一个重要流派，具有独特的唱腔和表演风格。川剧演员们通过精湛的表演，将一个个故事生动地展现在观众面前，展现了资阳人民的艺术创造力和审美情趣。高台狮舞被称为“中国人的极限运动”，具有很强的观赏性和竞技性。表演者在高高的台上进行舞狮表演，动作惊险刺激，需要高超的技艺和勇气，体现了资阳人民的勇敢和智慧。

资阳依托“蜀人原乡”历史底蕴，开发了“苌弘”“长寿”“安岳柠檬”和“帅乡烧烤”四大系列菜品，培育出了独特的“资味”美食文化。这些菜品不仅味道鲜美，而且蕴含着丰富的文化内涵。出版的《资阳二十四节气菜》书籍，将节气传统文化与食材结合，推出了“如意春盘”“天池藕粉冻”等48道特色节气菜品，用美食语言弘扬了中华文化。“安岳米卷”“乐至烤肉”“中和小龙虾”等，这些特色小吃在当地深受人们喜爱，也吸引了众多游客前来品尝。

资阳是陈毅元帅的故乡，陈毅故里景区是全国首批红色旅游经典景区。景区内有陈毅故居、陈毅纪念馆等景点，展示了陈毅元帅的生平事迹和革命精神，是进行爱国主义教育和革命传统教育的重要场所。

始凿于521年的安岳石刻，历经1 500年积淀，已成为中国石窟艺术史上的一座不朽丰碑。安岳石刻题材丰富，包括佛教造像、道教造像、儒家造像等，雕刻技艺精湛，具有很高的艺术价值和历史价值。

二、 成都都市圈文化建设新进展

在成渝地区双城经济圈建设和成都都市圈加快建设的背景下，文化建设取得了新进展。成都都市圈的文化自信不断增强。

（一）都市圈重点文旅项目纵深推进

2024年，眉山江口沉银博物馆、安岳石窟数字展示中心（一期）、德阳隐海·调元文化产业3个项目建成投用。2024年还在重点推进陈毅故里景区整体提质、中华优秀传统文化科技创新示范园、德阳市博物馆、三星堆国家考古遗址公园、安岳县“安柠石光”巴蜀文化体验区（一期）等项目。例如，三星堆文旅发展区基础设施建设项目正如火如荼进行，包括新建游客集散服务中心、停车场等。

（二）文旅融合不断深化

成都都市圈组织青城山—都江堰、成都大熊猫研究基地等景区与三星堆、三苏祠共同打造“成都都市圈精品旅游环线”，还推出了 20 条主题旅游线路、超 100 个经典文旅场景，为游客提供了丰富的旅游选择。

文化活动与赛事联动。成都都市圈举办各类文化活动和赛事促进文旅融合，如“成渝德眉资”文旅交流联动暨少儿才艺大赛吸引了 100 万余人关注，成都市广播电视台大型音乐文化节目《三苏祠谭咏麟“定风波”诗乐共画》，携同中国香港歌手谭咏麟走进眉山“三苏祠”，与苏轼跨越时空对话，并演唱了歌曲《定风波》，节目直播收看超 1 100 万人次。

（三）区域协同合作进一步加强

成都、德阳、眉山、资阳四市签订文化广电旅游合作备忘录，制定成德眉资同城化文旅产业融合发展专项合作组《工作规则》及《实施细则》，成立了 6 个文旅合作联盟、签署了 8 个合作协议，以联盟式运行模式推进四市文旅行业合作共赢。

成德眉资通过合作搭建“公共文化服务超市”、互联数字文化服务平台、合办群众性文化活动等方式，提高了成都都市圈文化服务的影响力。

（四）交通助力文旅呈现新发展

2024 年 9 月 29 日，成都都市圈轨道交通资阳线正式开通，开启成资“轨道同城”新时代。这不仅方便了居民出行，也为资阳的文旅产业带来了新机遇，如天府花溪、晏家坝乡村公园等旅游景区将得到更好的发展。

成都都市圈以“两环三射”为主骨架，推动干线铁路、城际铁路、市域（郊）铁路、城市轨道交通“四网融合”，打造轨道交通“1 小时通勤圈”，为文化产业的发展提供了更好的交通基础。

（五）“科幻之都” 形成新格局

成都都市圈之核的成都作为“科幻之都”形成了新格局。早在 1979

年，《科幻世界》杂志在成都创刊。这本杂志是当今世界发行量最大的科幻杂志，在过去的四十多年间，即使在全国科幻市场低迷、各地科普科幻刊物关停的情况下，《科幻世界》也从未断更。它培育了数不清的科幻作者，连接了大量的科幻读者，许多著名科幻作家如刘慈欣、王晋康、韩松、何夕等的创作之路都与这本杂志紧密相连，像刘慈欣的《三体》第一部就曾在《科幻世界》上连载，该杂志为中国科幻文学的发展奠定了坚实基础。

1980年，中国历史上第一部科幻故事片《珊瑚岛上的死光》上映，该片改编自毕业于四川大学的童恩正创作的同名小说。同时成都还诞生了诸多优秀的科幻作品，这些作品在国内外都产生了广泛的影响，进一步提升了成都在科幻领域的知名度。

中国科幻界最具权威的三大奖项——银河奖、华语科幻星云奖及未来科幻大师奖都诞生于成都。这些奖项吸引了众多科幻创作者的参与，也为成都积累了丰富的科幻资源和人才。成都有十所高校都成立了学生科幻协会，四川大学、电子科技大学等还成立了科幻相关研究院（所），开展相关理论方面的研究。这不仅为科幻文化的传承和发展培养了后备力量，也为科幻创作提供了理论支持。

早在1991年，世界科幻协会年会就曾在成都举办，这是中国第一次举办国际科幻交流活动。2017年起，中国（成都）国际科幻大会永久落户成都，每两年举办一届。此外，各种科幻主题的展览、讲座、签售会等活动在成都频繁举办，为科幻爱好者提供了交流和学习的平台。

成都在科幻影视制作方面具有较强的实力，拿下逾40亿元票房成绩的《流浪地球》，其后期特效制作就是“成都造”；《哪吒之魔童降世》《哪吒之魔童闹海》《宇宙探索编辑部》等影片的主创团队也来自成都。成都拥有丰富的文化资源和旅游资源，为科幻文创和文旅产业的发展提供了广阔的空间。例如，成都打造了世界科幻公园、科幻主题列车、科幻大道等一系列科幻场景，吸引了大量游客。新质生产力的加快发展，为科幻产业的未来发展提供了新的方向。成都一直以来都是一个充满创新精神的城市，这种创新精神、新质生产力与科幻文化所倡导的对未来的探索和想象不谋而合，为科幻文化的发展提供了强大动力。因此，我们认为，成都不仅是“三城三都”，而且是“三城四都”，多了一个“科幻之都”。

三、成都都市圈文化建设的现存问题

成都都市圈文化氛围浓郁、特色鲜明，建设成效显著。但是，成都都市圈文化建设还存在发展中的不平衡和不充分现象，文化建设还存在发展中的短板和不足。

（一）文化资源整合与协同欠佳

成都都市圈内各城市虽文化底蕴深厚且有一定联系，但彼此间的文化资源整合度不高，缺乏统一的规划与协调机制。例如在古蜀文化的传承与推广上，成都的金沙遗址、广汉的三星堆遗址等虽都极具价值，但在资源联动、联合推广方面还不够深入，没有充分发挥出文化集群效应，导致文化资源的整体影响力未能达到最大化。

成都都市圈文化产业的协同发展不足，各城市的文化企业之间合作较少，未能形成产业链的有效衔接。虽然成都的文化创意产业相对发达，但其与德阳、眉山、资阳等城市的相关产业互动不足，难以实现产业资源的优化配置和互补发展，影响了整个都市圈文化产业的综合竞争力。

（二）文化品牌塑造与传播较弱

成都都市圈缺乏统一品牌形象，尚未形成具有强大影响力和辨识度的统一文化品牌。各城市都有自己的特色文化品牌，但在都市圈层面缺乏整合与提炼，难以让外界对成都都市圈的文化形成清晰、统一的认知。这使得在对外文化交流和旅游推广中，难以形成强大的品牌吸引力，不利于吸引更多的资源和关注。

在文化的国际化传播方面，成都都市圈与国内外其他知名都市圈相比还有较大差距。文化产品和服务的国际化程度较低，缺乏具有国际影响力的文化活动和项目，对外宣传推广的渠道和方式也较为有限，导致成都都市圈的文化在国际上的知名度和影响力有待提升。

（三）文化创新能力亟待提高

成都都市圈文化创新需要大量的专业人才，但成都都市圈在文化创意人才的培养和引进方面还存在不足，缺乏吸引和留住优秀创意人才的良好环境和政策，导致人才流失现象较为严重，这在一定程度上制约了文化创新的发展。

成都都市圈创新投入不足。文化创新需要资金、技术等多方面的投入，但成都都市圈在文化创新领域的投入相对较少，企业和社会资本对文化创新的支持力度也不够，使得一些文化创新项目难以顺利开展，影响了文化产业的升级和发展。

（四）公共文化服务供给不平衡

城市和农村地区的公共文化服务设施和资源配置存在较大差距。城市的图书馆、博物馆、文化馆等公共文化设施较为完善，文化活动也丰富多彩，但农村地区的公共文化设施相对匮乏，文化活动较少，难以满足农村居民的文化需求。

成都都市圈内不同城市之间的公共文化服务水平也存在差异。成都作为核心城市，公共文化服务体系较为健全，而德阳、眉山、资阳等城市的公共文化服务在设施建设、服务质量等方面相对滞后，影响了整个都市圈公共文化服务的均等化发展。

（五）历史文化传承与保护面临挑战

成德眉资在城市建设和发展过程中，部分地区对历史文化遗产的保护意识不够强，存在着过度开发、破坏历史文化风貌的现象。一些具有重要历史价值的古建筑、古街区等没有得到妥善的保护和修缮，导致历史文化遗产的损毁和消失。

成都都市圈历史文化的传承方式较为传统和单一，缺乏创新和活力。大多以博物馆展览、文化遗址参观等形式为主，缺乏与现代生活的紧密结合，难以让年轻一代产生共鸣和兴趣，不利于历史文化的传承和延续。

四、进一步加强成都都市圈文化建设的创新举措

成都都市圈要以习近平文化思想为引领，加快文化一体化建设步伐，协同构建文旅数字化新矩阵，促进成德眉资文化建设一体化发展。

（一）进一步加强都市圈文化遗产保护传承

加大对成都都市圈内考古遗址的发掘力度，如对三星堆、金沙遗址等周边区域的深入探索。这有助于进一步揭示古蜀文明的全貌，为文化传承提供更丰富的实物依据。建立跨区域的考古研究合作机制，整合都市圈内的考古人才和科研资源，共同开展考古课题研究，提升对本地历史文化内涵的深度解读能力。

着力构建成都都市圈统一的文化遗产保护名录，涵盖物质文化遗产（古建筑、古墓葬、历史街区等）和非物质文化遗产（传统手工艺、民俗文化、民间音乐舞蹈等）。对名录中的项目实施分级分类保护措施。成都都市圈要进一步加强对濒危文化遗产的抢救性保护，例如对一些年久失修的古建筑进行修缮，对面临失传的传统手工艺开展传承人培养计划，提供资金和技术支持。

成都都市圈要充分利用现代数字技术，如3D建模、虚拟现实（VR）和增强现实（AR）等手段，对文化遗产进行数字化展示和传播。例如创建线上的古蜀文化博物馆，让民众可以身临其境地感受古蜀文明的魅力。成都都市圈要进一步鼓励将文化遗产元素融入现代创意产品开发，如设计带有三星堆青铜面具元素的文创产品，将蜀绣等传统手工艺与现代时尚服饰相结合，提高文化遗产的市场传播度。

（二）进一步加大都市圈公共文化服务建设力度

统筹规划成都都市圈的公共文化设施布局，根据各区域人口分布、发展需求等因素，合理建设图书馆、文化馆、博物馆、美术馆等文化设施。例如在人口密集但文化设施相对薄弱的区域新建一批社区图书馆。

成都都市圈要着力推动公共文化设施的标准化建设，提高设施的服务质量和功能。确保公共文化设施的无障碍设施完善，内部空间布局合理，设备齐全，能够满足不同群体的文化需求。

建立健全成都都市圈公共文化服务协同机制，实现公共文化服务资源的共享。例如都市圈内的居民可以凭借借书证在不同城市的图书馆借阅图书，文化馆的艺术培训课程可以面向整个都市圈招生。成都都市圈要进一步开展公共文化服务的区域联动活动，如联合举办文化展览、文艺演出等。通过资源整合，降低成本，提高公共文化服务的效益和影响力。

构建和完善成都都市圈统一的公共文化数字服务平台，整合各地区的文化数字资源，包括数字图书、数字展览、在线讲座等。民众可以通过该平台一站式获取都市圈内的公共文化数字资源。成都都市圈要进一步加强公共文化服务机构的数字化服务能力建设，如为图书馆配备电子阅读设备、为文化馆提供线上艺术培训课程直播的技术支持等。

（三）进一步促进都市圈文化产业的高质量发展

制定成都都市圈“十五五”文化产业一体化发展规划，明确和完善各区域的文化产业定位和发展重点。例如成都市区可以重点发展影视制作、创意设计等高端文化产业，周边城市可以根据自身特色发展民俗文化旅游、特色手工艺产业等。成都都市圈要完善一系列优惠政策扶持文化产业发展，如税收减免、财政补贴、土地优惠等政策。设立文化产业发展专项资金，用于支持文化企业的创新项目、人才引进等。

着力培育和发展成都都市圈的文化产业集群，如在成都高新区打造影视文化产业集群，吸引影视制作公司、后期制作公司、演员经纪公司等相关企业集聚。通过产业集群的集聚效应，降低企业成本，提高产业竞争力。成都都市圈要进一步鼓励文化产业的创新发展，支持文化企业开展技术创新、商业模式创新等。例如推动传统媒体与新兴媒体融合发展，鼓励文化企业利用大数据、人工智能等技术开发新型文化产品和服务。

加强成都都市圈文化市场的培育，规范文化市场秩序，打击侵权盗版等违法行为。建立健全文化市场监管机制，保障文化企业和消费者的合法权益。成都都市圈要进一步促进文化消费，开展文化消费季等活动，通过发放文化消费券、举办文化消费促销活动等方式，刺激民众的文化消费需求。同时，培育文化消费新业态，如线上文化娱乐消费、文化体验消费等。

（四）进一步加强都市圈的文化交流与合作

建立健全成都都市圈内部的文化交流机制，定期开展城市间的文化交流活动。例如举办成都都市圈文化节，邀请各城市的文化艺术团体参演，展示各地的特色文化成果。进一步加强成都都市圈内部的文化人才交流，开展文化人才挂职锻炼、互访学习等活动，促进文化理念和创作经验的交流与融合。

以成都为龙头，协同德阳、眉山、资阳积极开展成都都市圈的对外文化交流合作。利用成都“双机场”的国际航线、中欧班列和国际班列，外国总领馆内陆第一，以及国家主场外交活动承办地等比较优势，讲好成都都市圈故事，将成都都市圈的文化推向世界。例如组织文化艺术团体到国外进行演出、展览等文化交流活动。

加强与重庆都市圈、粤港澳以及其他国内外其他都市圈的文化交流与合作，学习借鉴先进的文化建设经验。以“三城四都”（世界文创名城、世界旅游名城、世界赛事名城，以及国际美食之都、国际音乐之都、国际会展之都、国际科幻之都）的文化自信魅力，积极开展文化产业交流和合作，吸引外资投入成都都市圈，为成都都市圈文化产业发展赋能。

第八章

绿色生态的成都都市圈

实现绿色经济和数字经济协同融合发展，成都都市圈需要从体制机制和人才引育上探索路径。要做整体性的、系统性的、体制机制的创新。成都可以培育培养一批能够积极、有效推动绿色经济和数字经济协同融合发展的人力资本和人才（杨开忠 等，2023）。

一、 成都都市圈绿色生态建设的成效突出

成渝地区双城经济圈将打造具有“生活、生产、生态”特色新型城市群，成为凸显集约化用地的新范例和重点保护生态功能区的新样板（杨继瑞和罗志高，2022）。都市圈作为衔接都市区和城市群的中间空间形态，以国家或区域中心城市为组织内核、以 1 小时通勤圈为基本范围的紧凑型、紧密型的空间形态，都市圈内部各单元具有相对独立均衡的城市功能，彼此之间形成特色鲜明、错位发展、疏密有序、多产业链共生共聚的分工关系。

（一）成都都市圈绿色生活氛围浓郁

成都都市圈拥有较为完善的地铁、轻轨、快速公交（BRT）等公共交通体系。随着成都的地铁线路不断延伸，覆盖范围越来越广，极大地方便了市民的日常出行，减少了私人汽车的使用频率，从而降低了交通碳排放。共享单车和共享汽车也广泛分布于都市圈的各个角落。人们可以方便地使用这些共享交通工具短距离出行或者解决“最后一公里”的问题，既环保又便捷。

成德眉资四市政府出台了一系列鼓励政策，如购车补贴、免费停车等，来推动新能源汽车在成都都市圈的普及。越来越多的消费者开始选择购买电动汽车或混合动力汽车，充电桩等基础设施也在不断完善，为新能源汽车的使用提供了保障。

在建筑设计和建设过程中，成都都市圈积极推行绿色建筑标准。新建建筑大多采用节能灯具、节水器具、高效保温隔热材料等，提高建筑的能源利用效率。例如，一些住宅项目采用了太阳能热水系统，充分利用可再生能源满足居民的部分生活需求。绿色社区的建设也在推进，社区内增加了绿化面积，设置了垃圾分类回收设施，倡导居民进行垃圾分类，提高资源回收利用

率，营造了更加环保、舒适的居住环境。

随着人们健康和环保意识的提高，成都都市圈的有机食品市场逐渐壮大。消费者更倾向于购买本地生产的有机蔬菜水果、有机肉类等产品，这不仅促进了本地绿色农业的发展，也减少了因长途运输带来的能源消耗和环境污染。成都都市圈环保产品的消费也日益增加，如可降解塑料制品、环保型清洁剂等在市场上的份额不断扩大。消费者在购买商品时，更加关注产品的环保属性，这也促使企业生产更多的绿色产品。

（二）成都都市圈绿色生产可圈可点

成都都市圈的传统制造业如汽车制造、电子信息等正在进行绿色转型。例如汽车制造企业加大了对新能源汽车研发和生产的投入，提高汽车生产过程中的节能减排水平，采用更环保的涂装工艺，减少挥发性有机物（VOCs）的排放。

成都都市圈的传统化工产业正向精细化工、绿色化工方向发展，通过技术创新，降低生产过程中的能耗和污染物排放，提高资源的循环利用率。成都都市圈内的部分地区建立了太阳能光伏电站，利用成都地区丰富的太阳能资源进行发电。同时，在风能资源较好的周边地区，也有风电项目的布局和规划。在此过程中，吸引了众多环保企业的入驻，形成了一定的产业集聚效应。

成都都市圈推广了多种生态农业模式，如“稻鱼共生”模式、林下养殖模式等。在“稻鱼共生”模式中，水稻为鱼提供了栖息和食物来源，鱼可以吃掉稻田中的害虫和杂草，鱼的粪便又可以作为水稻的肥料，实现了物质和能量的良性循环，减少了农药和化肥的使用量。绿色农产品认证体系不断完善，越来越多的农产品获得了绿色食品、有机食品认证，提高了农产品的市场竞争力，也推动了绿色农业的发展。成都都市圈还对农作物秸秆、畜禽粪便等农业废弃物进行资源化利用。例如，将农作物秸秆进行饲料化、肥料化、能源化处理。畜禽粪便经过发酵处理后制成有机肥料，用于农业生产，既减少了废弃物对环境的污染，又提高了资源的利用效率。

（三）成都都市圈绿色生态底色鲜明

成都都市圈拥有众多湿地资源，如三岔湖湿地等。当地加强了对湿地的保护，通过建立湿地自然保护区、湿地公园等形式，保护湿地的生态系统完整性。同时，也进行了湿地生态修复工程，例如对受损的湿地植被进行恢复，改善湿地水质，提高湿地的生态服务功能①。成都都市圈周边的山区森林资源丰富②，如龙门山等地，通过加强森林资源的保护，严格控制森林采伐，打击非法砍伐行为，森林覆盖率得到了稳定保持。成都都市圈涉及多个城市，各城市之间在生态治理方面开展了跨区域合作。例如，在河流治理方面，共同治理岷江、沱江等流域。上下游城市之间通过信息共享、联合执法等方式，共同控制污染物排放，改善河流水质；在大气污染防治方面，各城市协同应对，建立了统一的空气质量监测和预警体系，共同制定减排措施，特别是在应对重污染天气时。

（四）成都都市圈积极探索生态价值实现机制

成都都市圈利用自然景观和生态资源开发旅游项目。例如青城山-都江堰风景名胜区，游客可以在这里感受古老的水利工程文化，同时领略山区的自然美景。生态旅游不仅能带来旅游收入，还能促进当地居民对生态保护的重视。发展乡村生态旅游，如郫都区的一些乡村，以田园风光、特色农产品为依托，开展农家乐、采摘体验等活动，让游客体验乡村生态之美，带动乡村经济发展。

成都都市圈充分利用森林资源通过可持续的林业经营，在满足市场需求的同时，也实现了森林生态资源的经济价值。成都都市圈利用优质水资源，开发天然矿泉水，通过对水资源的科学管理，保障城市供水的同时收取相应的水费，实现水资源的经济价值。都市圈内的有机农产品、特色农产品，如蒲江的猕猴桃、龙泉驿的水蜜桃等，在市场上以高品质获得消费者认可，实

---

① 湿地不仅为众多动植物提供了栖息地，还具有调节气候、净化水质、蓄洪防旱等重要功能，对维护成都都市圈的生态平衡起到了重要作用。

② 森林能够吸收二氧化碳、释放氧气、涵养水源、保持水土等，对改善成都都市圈的空气质量和生态环境有着不可替代的作用。

现了生态农业的价值。

成都都市圈建立了区域内的生态补偿机制，例如上游地区为了保护水源地，可能限制了一些产业发展，下游受益地区应对上游地区进行补偿。在成都都市圈，在岷江流域实施这种机制，保障了上游水源涵养区的生态保护积极性。

成都都市圈着力发展绿色金融，为生态项目提供资金支持。例如为环保企业提供低息贷款、为生态修复项目发行绿色债券等。成都都市圈可以鼓励金融机构设立专门的绿色金融部门，推动生态产业的发展，如对可再生能源项目、生态农业园区建设等进行金融扶持。

二、国内其他都市圈绿色生态建设的借鉴

新型城镇化的蓬勃发展是 21 世纪以来人类社会共同面对的重任。在实现经济现代化的同时，生态与生产生活空间的结构性矛盾冲突日益加剧，导致原本脆弱的生态环境加速恶化、生态系统服务功能持续降低，引发诸如生物多样性锐减、生境破碎化加剧、极端气候灾害频发等诸多问题的出现，严重威胁了经济全球化背景下国家安全与人类的可持续发展，生态安全水平提升和生态系统修复迫在眉睫。国内主要都市圈围绕绿色发展进行了积极探索，制定相应规划及实施举措推进现代都市圈绿色生态发展。其成功的实践和经验，为成都都市圈生态文明建设提供了对标对表的竞进借鉴。

（一）南京都市圈的绿色生态建设

南京都市圈是江苏省的中心城市群之一，也是长三角地区重要的区域性中心城市集群之一。近年来，南京都市圈开展了一系列的绿色生态建设措施，取得了一些阶段性成果。

南京都市圈优先推进了城市绿道建设，如在宁杭、宁芜两大高速公路沿线实施“廊道式绿化”，将公路两旁的空地变为绿地，提高空气质量和人民生活的环境品质。南京都市圈颇具互联网科技发展潜力，积极打造“双创生态”，如在南京市雨花台区建起了创新创业服务中心，成立“公共创新空

间”等项目，吸引优秀人才到南京创业和创新。南京都市圈充分利用自然资源，积极开展绿化工作，如在六合区、溧水区建设“森林城市”，修建巨大的公园、公共绿地和游憩区域等，努力构建一个生态环境优美的都市圈。南京都市圈采取了节能减排措施，绿色交通项目亦是重点推进领域之一，如实施“单车计划”“公共自行车”“租用电动汽车”等，以此降低碳排放量，缓解交通拥堵。

南京都市圈注重和推行城市可持续发展理念，坚持新型城镇化建设思路，推动城市革新取得了一定成果。通过以上措施，南京都市圈已经在绿色生态建设方面成绩斐然，为长三角城市群的可持续发展作出了重要贡献。

（二）福州都市圈的绿色生态建设

福州都市圈是闽南地区唯一的都市圈，在推动绿色生态建设方面，福州都市圈采取了一系列切实可行的措施，取得了丰硕成果，为亚洲乃至全球的城市可持续发展探索出一条福州都市圈路径。

福州都市圈严格控制城市建设规模，积极打造“田园城市”，在“城中村”等区域推广绿色居住建设，如新建 30 余个“微公园”，将城市的地下空间打造成生态设施。福州都市圈发展新型产业，实行资源节约型和环境友好型生产方式，并推进农业、畜牧业、林业绿色转型，推动生态农业等可持续发展模式。

在福州都市圈内大力推广公共交通体系建设，提高公交运输效率，推动电动车、共享单车等低碳出行方式，减少汽车尾气排放量。福州都市圈控制大气污染，对大气污染物进行了狠抓，防控霾、控制工业废气、处理污水等措施出台，以此减少煤炭、石油等化石燃料的消耗，减少能源消耗和碳排放。

在福州都市圈内开展大规模的水源地保护、村庄环境整治和大气重点污染区治理等生态修复项目，加大人工造林、森林火灾预防等措施力度，保护生物多样性。

总的来说，福州都市圈在绿色生态建设方面采取了全方位的措施，推进产业转型、控制污染、推进绿色出行以及生态修复等方面取得了一定成效，不断提高区域可持续发展的水平。

（三）长株潭都市圈的绿色生态建设

长株潭都市圈是长江中游地区的重要城市群之一，近年来在绿色生态建设方面也取得了不少成果。通过多元化的举措，促进了绿色环保生态与经济发展的有机结合，为全国的城市可持续发展提供了宝贵经验。

长株潭都市圈在交通方面开展了一系列的措施，如加强公共交通和智慧交通建设，建设停车场、公共自行车服务点等，鼓励低碳出行，减少车辆尾气排放。

长株潭都市圈在生态建设方面率先实行河道提质、湖泊生态修复等生态工程项目，加强重点森林防火和综合防灾减灾体系建设，提高生态绿化水平，减少环境污染。

长株潭都市圈在工业发展中注重节能减排，推广新型节能环保技术，对重点污染企业实行严格的排放标准控制，减少大气、水质、声环境的污染。

长株潭都市圈大力推广绿色建筑，鼓励减少建筑废弃物和建筑能耗，如岳阳积极打造刺绣博物馆、花明楼等典型绿色建筑，实现建筑艺术、环保和智能互融的目标。长株潭都市圈注重发挥科技创新的作用，采取先进的信息技术手段，如利用云计算、大数据等技术提升能源资源利用效率，推广新型环保设备和技术，实现经济发展和环保的双赢。

（四）西安都市圈的绿色生态建设

西安都市圈是中国西部的重要城市群之一，近年来在绿色生态建设方面也有了一系列实践，在科技创新和都市规划上加强了探索和建设，基于自身的实际情况，不断完善绿色生态建设的策略和实施方案，为全国的城市可持续发展树立了成功范例。

在能源利用方面，西安都市圈鼓励推广新型绿色能源技术和设备，如建立太阳能、风能发电站等新能源工程项目，同时推进城市垃圾分类回收、处理与再利用，减少能源的浪费。西安都市圈推广公共交通，鼓励市民出行采用地铁、公交、自行车等绿色交通方式，大大减少了机动车尾气的排放，同时，还加强了城市绿道建设，以更多的公园让市民亲近大自然。

西安都市圈以清洁环境为目标，推进水体、大气、土地等的污染治理，采用优质油墨、环保型印刷等技术措施，加强工业与生态保护之间的协同。在绿色生态环保工程上，西安都市圈取得了显著的成效。西安都市圈在生态领域规划上做出积极探索和实践，实行南水北调工程，健全区域生态系统保护与修复等机制，推进河湖采用健康维护与修复模式。

西安都市圈智慧地升级了人居环境，实行“城市大脑”，鼓励居民绿化种植和户外垃圾分类，增加市民环保意识，以建立更加高效的绿色生态体系和健康环境。

（五）重庆都市圈的绿色生态建设

重庆都市圈是中国西南地区的重要城市群，近年来在绿色生态建设方面取得了很多实践成果，以实际行动为都市圈可持续发展做出了积极贡献。

重庆都市圈推进智慧交通建设，引进智能交通灯、无人驾驶技术等，促进交通系统的智能化升级，减轻交通拥堵、降低车辆尾气污染。重庆都市圈注重提高生态环境质量，绿化城市、构建园林绿地等生态工程项目，积极推行可持续发展的概念和理念，加强环境保护力度。

重庆都市圈深化产业转型升级，推广绿色制造、清洁能源等技术，有效减少能源消耗和污染物排放，为节能减排贡献了力量。重庆都市圈加快推广绿色建筑，减少建筑废弃物和建筑能耗，同时鼓励使用新型环保材料，建设环保型办公、居住楼宇。

（六）武汉都市圈的绿色生态建设

武汉都市圈是中国中部地区重要的城市群之一，近年来在绿色生态建设方面也做了一系列实践，为中部地区甚至全国都市圈生态建设做出了应有的贡献。

武汉都市圈大力推广清洁能源，发展太阳能、风能、生物质等新型能源，用电、用水等方面也提高了利用效率，减少碳排放，保护环境。武汉都市圈还加强了城市基础设施绿色化建设，以建设生态园区和生态城市为主要内容，建成了一批生态科技园区和城市绿心，越来越多的公园、道路等实现了生态化建设。

武汉都市圈加快推进生态经济发展，引导企业转型升级，重视生态保护，同时积极发展生态旅游，加强农村的污水处理，提高生态经济质量和效益。

武汉都市圈积极推行垃圾分类，建设垃圾分类处理系统，改变传统垃圾处理方式，切实减少城市垃圾数量和污染量。武汉都市圈加强环境监测，规划城市绿化布局，建立生态保护与修复机制，提高市民环保意识，成为生态和谐城市建设样板。

三、 成都都市圈绿色生态建设的现存问题

成都都市圈绿色生态建设虽然取得了可喜成效，但是与全国其他都市圈相比，仍存在发展不平衡和建设不充分等方面的短板和不足。

（一）成都都市圈生态规划与协同机制不完善

成都都市圈内各个城市在制定发展规划时，往往更多地考虑自身的经济发展需求，对生态建设的重视程度不一。这导致生态规划缺乏整体性和连贯性，难以形成统一的生态保护格局。例如，在城市边缘地带，可能出现不同城市的规划冲突，影响生态廊道的建设和连通性。成德眉资各个城市的生态规划目标和重点也存在差异，缺乏明确的分工与协作机制。这使得一些重要的生态功能区得不到充分的保护和利用，资源浪费的同时也降低了生态建设的整体效益。

虽然成都都市圈在经济合作方面取得了一定进展，但在生态建设领域的协同机制还不够健全。不同城市之间在生态保护、污染治理、资源利用等方面的合作还比较有限，缺乏有效的沟通和协调平台。例如，在跨区域的河流治理中，上下游城市之间还存在责任不清、行动不一致的情况，导致治理效果不佳。在大气污染防治方面，也需要加强区域间的联防联控，共同应对大气环境问题。

（二）成都都市圈生态保护与修复方面发展不平衡

成都都市圈地处四川盆地，地形复杂，生态系统较为脆弱。随着城市化

进程的加快和人类活动的不断增加，一些生态系统面临着严重的威胁。例如，山区的森林植被遭到破坏，水土流失加剧；湿地面积减少，生态功能退化；河流生态流量不足，水质污染问题依然突出。

成都都市圈部分地区的生态修复工作进展缓慢，缺乏系统性和科学性。在生态修复过程中，偏重单一生态要素的修复，而忽视了生态系统的整体性和关联性。成都都市圈是生物多样性较为丰富的地区，但由于人类活动的干扰和生境破坏，许多物种的生存面临威胁。例如，一些珍稀濒危物种的栖息地受到侵占和破坏，种群数量不断减少。生物多样性保护的投入不足，保护措施不够完善。缺乏对生物多样性的长期监测和评估，难以制定科学有效的保护策略。同时，公众对生物多样性保护的意识也有待提高。

（三）成都都市圈资源利用与可持续发展效率有待提升

在成都都市圈的发展过程中，资源浪费现象依然存在。例如，水资源的利用效率不高，农业灌溉方式较为粗放，工业用水重复利用率较低；土地资源利用不合理，存在闲置和低效利用的情况；能源消耗量大，能源结构不够优化，对传统化石能源的依赖度较高。资源回收利用体系不完善，垃圾分类和回收处理工作还需进一步加强。大量的可回收资源没有得到有效利用，不仅浪费了资源，还对环境造成了污染。

成都都市圈的产业结构中，传统产业仍占较大比重，绿色产业发展相对滞后。虽然近年来在新能源、节能环保等领域取得了一些进展，但总体规模较小，技术创新能力不足。绿色产业的发展缺乏政策支持和资金投入，市场机制不够完善。企业对绿色发展的认识不够深刻，缺乏积极性和主动性。同时，绿色产业的产业链条不够完整，上下游企业之间的协同发展不足。

（四）成都都市圈生态建设的公众参与和意识有待提高

在成都都市圈的绿色生态建设中，公众参与的渠道和方式还比较有限。大多数情况下，公众只是被动地接受政府的决策和措施，缺乏主动参与的意识和积极性。公众参与的机制不够健全，缺乏有效的反馈和互动平台。政府在制定生态建设政策和规划时，往往缺乏对公众意见的充分听取和考虑，导致政策的实施效果受到一定影响。

成都都市圈公众生态意识有待加强。部分群众对绿色生态建设的重要性认识不足，环保意识淡薄。在日常生活中，存在浪费资源、破坏环境的行为，如乱扔垃圾、过度使用一次性用品等。生态教育的普及程度不够，学校、社区等场所的生态教育活动开展较少。公众缺乏对生态知识的了解和掌握，难以形成良好的生态行为习惯。

四、进一步促进成都都市圈绿色生态建设的创新举措

成都都市圈的绿色生态建设是催化和发展新质生产力的重要条件，是成渝地区双城经济圈建设实现“一极一源”“两中心两地”的重要支撑，更是成都都市圈高质量发展的重要底色。

（一）进一步加强成都都市圈生态空间的打造与保护

成都要贯彻落实《全国国土空间规划纲要（2021—2035 年）》《成渝地区双城经济圈建设规划纲要》，以建设践行新发展理念的公园城市示范区为牵引，协同德眉资共同建设龙泉山城市森林公园，联合实施“增绿增景”生态工程，将其打造为世界级城市绿心。这不仅增加了城市的绿化面积，还有助于调节城市气候、改善生态环境，为居民提供了更大的休闲娱乐空间。

成都都市圈要加强龙门山、邛崃山大熊猫栖息地生态修复和生态廊道建设，强化水源涵养和水土保持功能，为大熊猫等珍稀野生动植物提供了更好的栖息环境，同时也维护了生态系统的平衡和稳定。例如，通过建设生态廊道，连接了碎片化的栖息地，促进了物种的交流和繁衍。

成都都市圈构建蓝绿交织生态水网，系统修复岷江、沱江等流域自然岸线和湿地，协同建设沿江生态廊道，促进与涪江支流绿色廊道贯通成带。这不仅改善了河流的生态环境，提高了水体的自净能力，还为城市增添了美丽的景观。

（二）进一步促进成都都市圈生态环境协同治理与监管

德阳、眉山和资阳要积极融入“智慧蓉城”建设，利用大数据、人工智能等技术，建立生态环境智慧监管平台。例如，在道路旁设置监控机动车尾气的设备，在入河排水口安装 AI“眼睛”，24 小时监测河道水质，实现了对环境污染的实时监测和精准溯源。

“成德眉资”四市要进一步加强环境污染联防联控联治，在大气污染防治方面，联合实施大气污染联防联控工程，推动细颗粒物（PM2.5）浓度持续下降，遏制臭氧浓度上升趋势；在流域治理方面，开展岷江、沱江流域水环境治理合作试点，联合整治重点跨界河道，共同提升水质。

积极探索建立沱江、岷江流域横向生态保护补偿机制，通过经济手段激励各地加强生态环境保护，促进了流域的可持续发展。

（三）进一步推进成都都市圈绿色产业高质量发展

成都都市圈要抢抓新质生产力发展、国家发展战略腹地产业备份基地和新一轮固定资产更新改造机遇，推动传统产业如砖瓦、家具、制鞋等行业的转型升级，加大对企业的技术改造支持力度，推广应用绿色生产技术和设备，降低能源消耗和污染物排放，提高产业的绿色化水平。

成都都市圈要大力发展生态环保、新能源、氢能等绿色产业，做大做强节能环保装备制造产业基地，加快组建绿色低碳产业基金，举办相关产业展会，吸引圈内外投资和企业入驻，推动绿色产业的集群化发展。积极培育发展未来产业，构建绿色产业发展的新赛道。

（四）进一步深化成都都市圈资源的循环利用

建设成都都市圈资源循环利用基地。例如，金牛区绿化再生资源利用基地，对园林垃圾和大件木质废弃物进行资源再利用，通过将落叶等转化为燃料棒、发酵有机肥、淤泥中和剂等产品，实现了垃圾的减量化、无害化和资源化处理，减少了对环境的污染。抓好新能源电池的回收、拆解和再利用，形成循环经济产业新赛道。

成都都市圈要积极推行垃圾分类制度，完善垃圾处理设施，提高垃圾资源化利用率；同时，加强对各种废旧物资的回收和再利用，建立城市废弃物资源循环利用基地和再生资源分拣中心。

（五）进一步提高成都都市圈生态建设的公众参与面

成都都市圈要建设科普宣教中心群落，通过多媒体、实体沙盘、动植物标本、环幕电影等多种方式，向公众宣传展示大熊猫等生物多样性保护的重要意义，提高公众的生态保护意识，增强成都都市圈的生态文化自信。

成都都市圈通过开展各类环保活动、志愿者服务等形式，鼓励公众积极参与到绿色生态建设中来，形成了全社会共同参与的良好氛围。例如，组织市民参与植树造林、河流清理等环保活动，增强了公众的环保责任感和参与感。

（六）进一步促进成都都市圈与雅安绿色示范市的协同

雅安市森林覆盖率高，曾长期位居全省前列，是成都都市圈的西门户。这为雅安提供了大量的氧气、保持了水土、调节了气候，对生态环境的稳定起到了重要作用。茂密的森林为众多动植物提供了栖息地和生存空间，孕育了丰富的生物多样性。雅安地处四川盆地西南边缘的青衣江中游地区，境内有青衣江等众多河流。这些河流为成都都市圈农业灌溉、工业生产和居民生活提供了充足的水源。

雅安作为国家定位的绿色发展示范市，拥有丰富的绿色资源、自然景观和文化资源，如碧峰峡、蒙顶山、上里古镇等。成都都市圈可以与雅安合作开发旅游线路，将雅安的旅游景点与成都及周边城市的旅游资源进行整合，打造精品旅游线路。

目前，在成都市的北部有德阳，南部有眉山，东部有资阳，四市共同形成了成都都市圈，唯独西部缺失。因此，在“十五五”期间，成都都市圈应该谋划西部扩围，把名山，以及雅安雨城区等纳入成都都市圈一体规划发展，如同把广安全域纳入重庆都市圈一体化规划一样。这样，更有利于成都都市圈的绿色发展，更有利于成都都市圈成为四川和西藏经济合作，建设川藏铁路产业园区、民族经济走廊、西部大开发形成新格局的桥头堡和前进基地。

（七）进一步促进成都都市圈生态建设的开放合作

在国际方面，成都都市圈积极与国外生态建设先进的都市圈或地区建立合作关系，学习借鉴国外在生态城市建设、绿色交通、可再生能源利用等方面的经验。例如，与欧洲一些以生态环保著称的城市开展友好城市交流活动，互派专家进行学习考察，引进适合成都都市圈的生态建设理念和技术。

在国内方面，成都都市圈与其他生态建设成效显著的都市圈加强合作。向其他都市圈分享成都都市圈在建设践行新发展理念的公园城市示范区、生态资源保护、生态产业发展等方面的经验，同时学习其他都市圈在区域生态协调、生态补偿机制等方面的成功做法。积极参加国内生态建设论坛、研讨会等，拓展合作交流的渠道。

第九章

公共服务便捷的成都都市圈

2016年4月，国务院审定同意《成渝城市群发展规划》，第一次在国家规划中明确提出建设成都都市圈，并指出："充分发挥成都的核心带动功能，加快与德阳、资阳、眉山等周边城市的同城化进程，共同打造带动四川、辐射西南、具有国际影响力的现代化都市圈。"成渝地区双城经济圈建设和成都都市圈的获批，加快了成都都市圈建设的步伐。公共服务的便捷，是成都都市圈老百姓获得感、幸福感、安全感的主要体现，也是成都都市圈一体化建设的重要标志。

一、成都都市圈公共服务建设的成效突出

四川省推进成德眉资同城化发展领导小组第九次会议于2024年9月30日在资阳召开。2024年，成都都市圈着力推动18项可感可及民生实事，截至8月底，已有4项提前完成，其余各项正有序推进。

（一）成都都市圈教育领域的一体化形成新格局

成都都市圈优质资源共享与校际合作不断深化，积极推动同学段、同类型学校结对共建，都市圈结对学校数量众多。例如，成都的优质学校与德阳、眉山、资阳的学校广泛开展合作，通过教师交流、师资培训、同场竞技等方式，提升了整体教育质量。

成都都市圈优质网课资源全域共享取得成效，相关网校已覆盖德眉资远端学校，让更多学生能够享受到成都的优质教育资源。成都都市圈职业教育协同发展，建立了成德眉资雅乐阿职教联盟，开展中高职衔接、校企合作、产教融合、技能大赛等工作，为区域内培养了大量的技能型人才，推动了职业教育与产业的深度融合。

成都都市圈教育平台与机制不断完善，积极构建教育共享平台，在师资培养、数字共享等方面不断推进，为教育资源的进一步整合与共享提供了有力支撑。并且，一些地区还在探索教材统一、中考考试"四同步"等，以促进教育的协同发展。

（二）成都都市圈医疗领域的一体化力度加强

成都都市圈医疗项目建设加速推进，总投资超 280 亿元的 14 个医疗项目正在建设中，包括成都的四川大学华西东部医院、智慧医疗医学中心二期项目，德阳的成都中医药大学附属医院德阳医院，资阳的中国西部生育健康服务中心建设项目、资阳市第一人民医院区域医疗中心建设项目等。这些项目的建设将大大提升成都都市圈的医疗服务水平和能力。

实现成德眉资四市市级、区（市）县疾控中心和二级以上公立医疗机构全部接入“5G+医疗健康”远程应用体系，提高远程会诊协作水平，是关乎 3 000 万成都都市圈群众健康的大事。截至 2024 年 8 月底，成德眉资四市 247 家市级、区（市）县疾控中心和二级以上公立医疗机构全部接入“5G+医疗健康”远程应用体系。2024 年来成德眉资都市圈医疗机构与华西等医院远程会诊 6 000 余次，通过远程会诊提升医疗机构诊疗能力，同时降低患者的医疗成本，提高服务和协作水平。

目前，成德眉资四市已全面实现城镇职工普通门诊和门诊统筹异地就医直接结算，城镇职工和城乡居民“两病”门诊、门诊特殊疾病、普通住院、无第三方责任外伤住院、生育住院费用异地就医直接结算。同时，新增血友病、帕金森氏病等 5 个病种纳入门诊特殊疾病异地认定范围，异地认定门特病种已达 9 个。成都都市圈医疗资源共享机制逐步建立，共建医联体、远程会诊平台、专业学科联盟、医疗专家库等平台，推动优质医疗卫生资源共享。同时，异地就医结算更加便捷，正在推进异地就医“一单式”直接结算，全面覆盖都市圈内主要医疗机构，并且不断增加异地就医联网结算定点医疗机构数量。

（三）成都都市圈文化旅游一体化如火如荼

在成都都市圈内，广汉三星堆博物馆新展馆、眉山的江口沉银博物馆、资阳的乐至县陈毅故里景区整体提质建设项目、安岳石窟数字展示中心项目（一期）等一批文旅项目正在加紧建设或有了新进展。这些项目的建成将丰富成都都市圈的文化旅游资源，提升区域的文化影响力。

成都都市圈文化活动与合作日益频繁。随着成都大运会等大型活动的举办，成都都市圈的文化交流与合作更加紧密，为文化产业的发展带来了新的机遇，老百姓享受到的公共服务水平也进一步提升。

（四）成都都市圈政务服务一体化进展迅速

成都都市圈政务服务一体化取得新进展，依托全省一体化政务服务平台和天府市民云平台，连接德阳、眉山、资阳政务办理平台，推进各地政务服务办理标准、要求统一，实现了政务服务“一网通办、异地可办”，方便了群众和企业办事。一个“窗口”就能让成德眉资户籍居民就近办理居民身份证申领、换领、补领业务。

目前，成都都市圈四市已开通成德眉资居民身份证申领、换领、补领业务“绿色通道”，优化申请流程，变线下为线上，对符合“绿色通道”办理条件的，按照“加快证件”流程制发，切实保障各类急需用证群众的迫切需求。

截至 2024 年 9 月底，成德眉资四市“全程网办”居民身份证 32 317 张，受理绿色通道证件 6 874 件。2024 年，成都都市圈将提升群众社保待遇领取资格认证服务便利度纳入民生实事。重点推广人脸识别认证，加快推进大数据比对认证，促进认证服务从“好办、快办”向“无感智办”升级。

成都都市圈依托全省社保信息系统，将获取的医疗、交通、民政等外部数据定期上传至省平台，通过省系统进行大数据分析比对，以数据跑路代替群众跑腿，实现成德眉资待遇领取资格异地“无感认证”，互办资格认证 1.07 万人次。成都都市圈信息互通与数据共享逐步加强，克服了信息孤岛障碍，成都都市圈各城市之间加强了信息互通和数据共享，提高了政务服务的效率和质量。

（五）成都都市圈就业保障与人才培养一体化加速推进

成都都市圈就业创业实现协同共进，成都与德阳、眉山、资阳等地签订了劳务合作协议，上线运行公共就业创业服务管理信息系统，实现了就业登记、税收减免认定等信息互通互认，为区域内的就业创业提供了更加便捷的服务。

成都都市圈人才培养与交流合作加强，通过开展职业技能培训、技能大赛等活动，提升了区域内人才的技能水平。同时，加强了区域间的人才交流与合作，促进了人才的合理流动。

（六）成都都市圈城市治理与应急保障一体化水平提升

成都都市圈城市治理项目进一步推进。例如有城市治理项目陆续建成投用，提升了城市的管理水平和公共服务能力。

成都都市圈应急救援体系不断完善，国家西南区域应急救援中心的建设，将辐射四川、重庆等西南省市，提升了成都都市圈的应急救援能力，为区域内的人民生命财产安全提供了有力保障。

二、成都都市圈公共服务一体化建设的现存问题

成都都市圈发展规划实施 4 年多来，成都发挥都市圈“主引擎”作用，与德阳、眉山、资阳三市共绘规划蓝图、共促规划衔接、共抓规划实施，推动区域发展迈上新台阶。但是，发展中的不平衡和不充分问题还有待进一步解决。

（一）成都都市圈的公共服务资源分布不均衡

成都市作为中心城市，集中了大量优质的教育、医疗、文化等公共服务资源，而德阳、眉山、资阳三市的公共服务资源相对匮乏。例如，在医疗方面，成都拥有多家三甲医院和高水平的医疗专家团队，而周边城市的医疗水平和医疗设施相对较弱，一些疑难病症的患者往往需要前往成都就医，增加了患者的就医成本和时间成本。

在成都都市圈范围内，城市和农村地区的公共服务资源差距明显。农村地区的教育、医疗、文化等公共服务设施建设滞后，服务质量和水平较低，难以满足农村居民的需求。

（二）成都都市圈公共服务的协同合作机制不完善

尽管成德眉资四市在公共服务一体化方面开展了一些合作，但缺乏常态

化、制度化的组织协调机制，导致合作项目的推进速度较慢，效果不够理想。例如，在教育合作方面，虽然一些学校之间开展了结对共建活动，但在师资交流、课程设置、教学管理等方面的深度合作还不够。

利益分配和成本分担机制不明确。公共服务一体化建设需要大量的资金投入和资源配置，涉及成德眉资四市之间的利益分配和成本分担问题。由于缺乏明确的机制，一些合作项目在推进过程中存在利益冲突和矛盾，影响了合作的积极性和稳定性。

（三）成都都市圈公共服务信息共享和互联互通程度不高

目前，成都都市圈的公共服务信息平台建设还不够完善，四市之间的信息共享和互联互通程度较低。例如，在政务服务方面，虽然一些审批服务事项实现了跨城通办，但信息系统的对接还不够顺畅，存在信息不完整、不准确等问题，影响了政务服务的效率和质量。

成德眉资四市之间的公共服务数据标准不统一，导致数据的采集、存储、传输和应用存在困难，难以实现数据的共享和综合利用。例如，在医疗数据方面，不同医院之间的病历信息、检查报告等数据格式和标准不一致，影响了医疗信息的共享和远程医疗的开展。

（四）成都都市圈的公共服务人才短缺

成都都市圈周边城市的公共服务人才待遇和发展机会相对较少，导致人才流失严重。例如，一些优秀的教师、医生等专业人才往往选择到成都等大城市发展，使得周边城市的公共服务人才队伍建设面临较大的困难。

在公共服务人才培养方面，四市之间的合作不够紧密，缺乏统一的人才培养规划和培训机制，导致公共服务人才的培养质量和数量难以满足一体化建设的需求。

（五）成都都市圈公共服务的资金投入不足

公共服务一体化建设需要大量的资金投入，而四市的财政实力有限，难以承担全部的建设资金。特别是对于一些经济基础相对薄弱的城市，财政投入压力更大，影响了公共服务一体化建设的进度和质量。

在公共服务一体化建设中，社会资本的参与度不高，缺乏有效的政策引导和激励机制，导致社会资本对公共服务领域的投资积极性不高。

三、进一步促进成都都市圈公共服务建设的创新举措

从四川省推进成德眉资同城化发展领导小组办公室获悉，成都都市圈2024年，158个同城化重大项目完成投资687.9亿元、年度投资完成率67.5%，超额完成时间过半、任务过半的目标。下一步，成都都市圈公共服务建设将进一步加大力度，从都市圈的一体化向同城化迈进。

（一）进一步创新公共服务的深度与广度

过去，职工异地购房贷款只能向购房地申请，现在增加了可向缴存地申请的途径，实现了“两地通办”。例如，成都缴存职工在德眉资三市购房，既可向当地中心申请办理公积金贷款，也可向成都中心提交申请。

这一举措打通了成德眉资住房抵押互认，减少了职工跨区域跑动次数，缩短了贷款轮候时间，还实现了同城区域公积金中心的资金互济，缓解了购房地中心流动性压力。

（二）进一步创新社保卡的“一卡通” 功能

成德眉资四市要进一步优化社保卡的“一卡通”功能。市民在四市范围内，仅用一张社保卡就可以在医院挂号、就诊、买药等，方便了群众就医，减少了现金支付和手机支付的麻烦。

社保卡还可用于成德眉资四市的图书免费阅览和免押金借阅，并且在一个城市借的书可以在另一个城市的图书馆归还，打破了地域限制，实现了公共图书文献资源的共享。

（三）进一步创新职业技能培训平台功能

将成都市人社局打造的成都职业培训网络学院，拓展至德阳、眉山、资

阳三市，在三地分别设立分平台、搭建在线直播功能，实现四地共建共用培训资源，共享招工信息。

该平台如同“万能图书馆”，为劳动者提供了丰富的职业技能学习资源，而且免费开放，有助于提升四市劳动者的职业技能水平，促进了成德眉资人力资源同城化发展。

（四）进一步创新养老服务体系的政策支撑

德眉资三市的社会化养老机构接收成都中心城区户籍老人入住，可享受成都市提供的每床每月 150 元的服务性床位补贴。这一政策既为成都主城区的老人提供了更多的养老选择，也促进了德眉资地区养老产业的发展。

成德眉资同城化的推进有助于四地老年人的互相流动，让他们可以自主选择适合自己的养老公寓、养老地点和养老服务，推动了养老资源的优化配置。

（五）进一步创新医疗资源的合作路径

成都都市圈要着力医院建设与优质医疗资源下沉，积极推进成都优质医疗机构与德阳、眉山、资阳等地的合作，建设分院或开展医疗合作项目。例如，成都中医药大学附属医院德阳医院的建设，将成都优质、高效、特色的中医药技术引入德阳，为当地群众提供优质的医疗服务。

成都都市圈要联合组建皮肤、呼吸等医学专科联盟，开展远程医疗服务，让患者在当地就能享受到成都的优质医疗资源和专家诊断，提升周边城市的医疗水平。

（六）进一步创新文旅资源整合模式

成德眉资四市要加大投入，共同推进文旅项目建设，加快建设广汉三星堆博物馆新展馆、眉山的江口沉银博物馆、资阳的乐至县陈毅故里景区整体提质建设项目和安岳石窟数字展示中心项目等。这些项目的建设丰富了成都都市圈的文化旅游资源，提升了区域的文化旅游吸引力。

成德眉资要共同举办各类文化活动，如联合开展文艺演出、文化展览等，促进四市文化的交流与融合，丰富群众的文化生活。

（七）进一步创新政务服务平台功能

资阳市智慧治理中心是成德眉资同城数字化服务的亮点之一。基于天府市民云打造的资阳市民云平台，是资阳市市民服务的总入口，累计接入多个部门的服务，并及时响应成德眉资同城化发展要求，接入各地共享服务，实现都市圈内市民信息查询、费用缴纳、证明打印等行政许可和社会服务跨区域办理。

成德眉资四市要共同搭建政务服务一体化平台，构建服务事项集成办理和联网通办的服务体系，提高政务服务的效率和便捷性，方便企业和群众办事。

（八）进一步创新公服便捷的开放合作

在公共服务便捷方面，成都都市圈要加强与国内外先进发达地区开放合作。例如京津冀通过高铁、城铁、市郊铁路等多种轨道交通方式，实现城市间的快速通勤。成都都市圈可以借鉴这种多层次交通布局理念，优化区域内的交通线路，提高通勤效率，加强成都与周边城市如德阳、眉山、资阳的交通联系。京津冀实现了交通卡的互联互通，方便居民在都市圈内出行。成都都市圈可以建立类似的公共交通支付一体化系统，提升居民出行便利性。

借鉴京津冀都市圈推动优质医疗资源共享的模式。京津冀建立了远程医疗协作网，让基层患者能够享受到大城市的优质医疗服务。成都都市圈可以构建远程医疗平台，让成都的高水平医疗资源辐射到周边城市，同时也可促进医疗人才的交流培养。

借鉴长三角地区高校联合办学、学分互认的经验。长三角内的高校开展了广泛的合作，学生可以跨校选课、互认学分。成都都市圈的高校可以加强合作，打破学校间的壁垒，实现优质教育资源共享，提高教育质量。学习教育资源均衡布局的理念。长三角通过在都市圈内合理布局优质中小学教育资源，缩小区域内教育水平的差距。成都都市圈也应注重在周边城市合理分配教育资源，缩小城乡和城市间教育差距。

参考长三角建立统一的养老服务标准和信息平台的做法。成都都市圈可以建立类似的养老服务标准体系，使不同城市的养老服务能够对接，同时构建养老服务信息共享平台，方便老年人在都市圈内选择合适的养老机构。

借鉴粤港澳大湾区在社保衔接方面的探索。虽然大湾区存在内地与港澳制度差异，但已在探索社保互认、转接等方面的政策。成都都市圈可以研究如何在都市圈内实现更便捷的社保转移接续，提高社保服务的可及性。学习大湾区在文化资源整合和文化交流方面的经验。大湾区整合了各地的文化资源，开展了丰富多彩的文化交流活动。成都都市圈可以整合区域内的历史文化、民俗文化等资源，打造具有特色的都市圈文化品牌，开展跨城市的文化活动。

东京都市圈的公共交通以准时、高效著称。成都都市圈可以学习其先进的交通运营管理模式，包括精确的时刻表安排、高效的换乘设计以及智能化的交通调度系统等，以提高公共交通的吸引力和运行效率。借鉴东京都市圈在轨道交通建设与城市发展协同方面的经验。东京的轨道交通站点周边布局了大量的商业、住宅和办公设施，形成了 TOD（以公共交通为导向的发展）模式。成都都市圈可以在城市规划中推广 TOD 模式，促进城市的集约发展。东京在城市公共服务的细节方面做得非常出色，如公共设施的人性化设计、城市环境卫生的精细化管理等。成都都市圈可以学习这种精细化的服务理念，从公共设施的布局、设计到城市环境的日常维护等方面提升公共服务质量。

纽约都市圈是一个多元文化汇聚的地区，在公共服务供给上充分考虑了不同文化群体的需求。成都都市圈可以借鉴这种多元包容的服务理念，尊重不同民族、地域文化背景居民的需求，提供多样化的公共服务选项。纽约都市圈在公共服务领域有较为成熟的市场机制，同时政府保持着有效的监管。成都都市圈可以研究如何在部分公共服务领域引入市场竞争机制，提高服务效率和质量，同时加强政府的监管职能，确保公共服务的公平性和公益性。

伦敦都市圈注重绿色公共服务的打造，如大量的城市公园、绿色交通体系以及环保型公共建筑等。成都都市圈可以学习其在绿色发展方面的理念和措施，加强城市绿化建设，推广新能源公共交通工具，打造低碳、环保的公共服务体系。伦敦在智慧城市建设方面有很多先进经验，如智能交通管理、智能能源系统等，也值得成都都市圈学习、借鉴，开展合作交流。

他山之石可以攻玉。成都都市圈要借鉴国内外先进城市群和都市圈的这些经验，以新发展理念为引领，以道路自信、理论自信、制度自信、文化自信的比较优势，统筹发展和安全，以现代化都市圈治理体系，推进公共服务的智能化升级，利用大数据、物联网等技术提升公共服务的精准性和高效性。

第十章

现代化治理的成都都市圈

当前，城市群与都市圈正逐步崛起为高质量发展的核心驱动力与活力源泉。作为推动区域经济均衡发展的关键路径，都市圈的发展尚处于萌芽与成长阶段，亟须强化其现代治理体系的顶层设计，优化空间布局、产业协同及综合承载能力。国家治理体系的现代化，指的是一个系统而协调的国家制度体系的革新。提升国家治理效能不仅是推进国家治理现代化的重要内容和目标，而且对坚持和完善中国特色社会主义制度有重大意义。习近平总书记指出："城市治理是国家治理体系和治理能力现代化的重要内容。一流城市要有一流治理，要注重在科学化、精细化、智能化上下功夫。既要善于运用现代科技手段实现智能化，又要通过绣花般的细心、耐心、巧心提高精细化水平，绣出城市的品质品牌。"成都都市圈在治理实践中，应借鉴国际与国内的成功案例与教训，既要充分利用高密度城镇化所带来的土地高效利用、高产出效益及基础设施高利用率等优势，又要有效规避居住拥挤、生态退化、交通瓶颈等"大城市病"，力求在经济发展与资源环境保护之间找到平衡点，实现双重可持续发展目标。

一、都市圈现代化治理的科学内涵

都市圈现代化治理是指利用现代化技术手段和管理理念，对都市圈进行规划、管理、服务和监督等方面的全面协调和整合，以实现都市圈可持续发展和公共事务的高效运行。从政府视角与市民视角，都市圈现代治理主要包括都市圈治理体系和治理能力两个方面。

（一）都市圈现代化治理的政府视角

一是政府职能的转变。随着城市化进程的推进，政府在城市治理中的作用也在不断演变。张洪波（2017）指出，政府在城市治理中应该由单纯的行政管理者转变为协调者、服务者与监管者。同时，政府需要积极引导社会力量参与城市治理，实现合作共治。傅莹（2019）认为，政府应该更加注重市场化、法治化和社会化的治理方式，通过政策引导和市场机制推动城市治理的改革和创新。

二是智慧都市圈的建设。随着信息技术的快速发展，智慧城市建设成为城市治理的重要手段。张义（2016）认为，智慧城市建设可以提高城市信息化水平，实现城市治理的智能化和数字化。同时，智慧城市建设还可以增强政府与市民的互动性和透明度。

三是都市圈规划与环境治理。城市规划和环境治理是现代化城市治理的两大关键领域。王开泳，陈田（2018）认为，城市规划需要在统一性和多样性之间寻求平衡，同时注重基础设施建设和空间布局优化。在环境治理方面，顾晋饴等（2019）指出，政府应该加强对环境污染问题的监管和整治，同时推动生态文明建设，实现可持续发展。林爱华等（2020）则强调了城市绿色发展的重要性，认为政府应该重视生态文明建设，加强绿色基础设施建设和生态保护。

四是创新都市圈管理。城市管理创新是现代化城市治理的重要内容之一。陈琦（2020）则提出了“城市运营系统”理念，强调政府应该从城市规划、公共服务、环境治理等方面全面协调城市管理资源，实现城市治理的高效与智能。

（二）都市圈现代化治理的市民视角

一是社区参与。市民参与是现代化都市圈治理中至关重要的一环。董立新等（2017）认为，将市民纳入城市治理过程，积极推进社区参与，可以有效提高治理效率和治理质量。同时，市民也可以通过参与城市治理，增强自身的公共事务意识和责任感。苏玲玲、王红（2021）则研究了市民参与城市管理的实践案例，总结出市民参与需要注重政府引导、民主协商和多元参与等因素。

二是都市圈公共服务。都市圈公共服务是政府向市民提供的重要福利。李辉，胡彬（2023）指出，政府应该加强对城市公共服务的投入，提高公共服务的覆盖面和质量。同时，政府也应该注重提高市民的公共服务使用效率和便捷程度。陈婷等（2019）则分析了城市公共服务的发展趋势和挑战，认为政府需要通过信息化和多元化手段提高公共服务的质量，同时鼓励社会力量参与，实现公共服务的可持续发展。

三是都市圈文化建设。都市圈文化建设对于现代化城市治理同样具有重要意义。王开泳，陈田（2018）认为，都市圈文化建设应该注重传承和创新，丰富都市圈文化内涵，提高市民的文化素养和自我认同感。同时，都市圈文化建设也可以促进城市经济发展和社会进步。王志勇、张向东（2009）则研究了都市圈文化产业的发展模式和路径，认为政府需要加强文化产业政策支持和市场化运作，推动城市文化产业的快速发展。

二、都市圈现代化治理的制度框架

都市圈现代化治理是指通过各种手段和机制，协调和整合城市各方面的资源，共同推动都市圈可持续发展。都市圈治理的制度框架，它包括了都市圈治理的组织、管理、决策、执行等方面，是确保都市圈建设和发展的基础性保障。

（一）都市圈规划协调制度

一是构建都市圈规划编制机制。建立统一的规划编制委员会，成员由都市圈各城市政府代表、专家学者等组成。规划编制委员会负责制定都市圈整体发展规划，涵盖土地利用、产业布局、基础设施建设等多方面内容。例如，在京津冀都市圈治理中，共同编制区域协同发展规划，明确各个城市功能定位，避免重复建设。

二是设立都市圈规划咨询机制。邀请不同领域的专家对规划编制过程进行论证和咨询，确保规划的科学性、合理性和前瞻性。

三是建立规划衔接与监督制度。建立各城市规划与都市圈整体规划的衔接机制，要求各城市在编制自身城市规划时，必须与都市圈规划相协调。例如，在基础设施规划方面，城市内部的交通线路规划要与都市圈的大交通网络相契合。规划监督部门或委托第三方机构对规划执行情况进行监督，对违反规划要求的建设项目进行制止和纠正。

（二）都市圈决策协调制度

一是设置决策机构。成立都市圈决策协调委员会，作为都市圈治理的最高决策机构。其决策范围包括重大项目投资、区域政策制定等。例如，长三角都市圈决策协调委员会可以决定跨区域交通枢纽建设等重大事务。明确决策委员会的决策程序，如通过民主投票、协商一致等方式做出决策，同时规定各城市在决策中的权重，确保决策公平公正。

二是构建决策执行机制。建立决策执行部门，负责将决策协调委员会做出的决策付诸实施。该部门应具备明确的职能分工，确保决策执行的高效性。

三是建立决策执行跟踪和反馈机制。及时掌握决策执行情况，对于执行过程中出现的问题及时调整决策或执行方案。

（三）都市圈资源分配与共享制度

一是构建财政资源分配制度。建立财政转移支付机制，根据各城市在都市圈中的发展定位、财政能力和对区域发展的贡献等因素，合理分配财政资金。例如，对于在都市圈中承担生态保护功能较多的城市给予一定的财政补偿。

二是设立共同发展基金。由都市圈各城市按照一定比例出资，用于支持跨区域的基础设施建设、产业协同发展等项目。

三是建立基础设施与公共服务资源共享制度。在基础设施方面，建立基础设施共建共享机制，如交通、能源等基础设施。例如，都市圈内部的高速公路可以由多个城市共同投资建设，建成后共同使用。在公共服务资源方面，制定公共服务资源共享标准和流程。如教育资源共享，可以实现教师交流、学分互认等；医疗资源共享可以开展远程医疗、专家会诊等。

（四）都市圈利益协调与补偿制度

一是建立利益协调机制。建立利益协商平台，当都市圈内部城市之间出现利益冲突时，通过协商平台进行谈判协商。例如，在产业转移过程中，如果转出地和转入地之间在税收分配、就业安置等方面存在分歧，可以通过利益协商平台进行解决。

二是设立利益评估机制。定期对都市圈发展过程中的利益分配情况进行评估，为利益协调提供依据。

三是构建生态补偿制度。对于在都市圈中承担生态保护功能的区域，由受益区域给予相应的经济补偿。例如，上游城市为保护水源地限制工业发展，下游城市应对上游城市进行生态补偿。

四是建立产业补偿机制。在产业结构调整过程中，对因产业转移受到损失的城市或地区给予适当补偿，如对传统产业工人的再就业培训补贴等。

（五）都市圈监督评估制度

一是构建监督制度。建立多元监督主体，包括上级政府监督、各城市之间相互监督、社会公众监督和媒体监督等。例如，公众可以通过投诉举报渠道对都市圈治理中的不当行为进行监督。明确监督内容，涵盖规划执行、决策实施、资源分配等各个方面的都市圈治理工作。

二是构建评估制度。构建科学的评估指标体系，包括经济发展指标、社会发展指标、生态环境指标等，对都市圈治理效果进行全面评估。定期开展评估工作，根据评估结果调整都市圈治理的制度和政策，不断提高都市圈治理水平。

三、成都都市圈现代化治理的现状分析

近年来，成都都市圈在构建充分展现新发展理念的现代治理体系方面，累积了诸多宝贵经验。这些经验极为珍贵，构成了进一步建立健全、全面反映新发展理念的都市圈现代治理体系的牢固基石。

（一）基础设施建设和治理不断推进

轨道上的都市圈建设和治理基本成势。2024 年 9 月 29 日，轨道交通资阳线正式开通，连接起成都地铁 18 号线和 19 号线，实现了成都与资阳之间的快速通达，为资阳加快融入成都“半小时经济圈”提供了有力支撑。成眉 S5 线工程也在加速建设中，其起于四川天府新区红莲站，终于眉山东站，将进一步加强成都与眉山的联系。市域（郊）铁路成都至德阳线 S11 线（成德线）的建设步伐正在加快，其城区内的四座地下站点已全面步入主体

结构施工阶段，同时梁场建设也已基本竣工。未来该线路将极大促进成德两地间的通勤效率。这一系列市域铁路项目的推进，正助力成都都市圈朝着2027年建成“全国首个实现中心至副中心市域铁路全面覆盖的都市圈”的目标奋力迈进。

成都都市圈公路网络建设和治理不断完善，跨市的快速通道建设加强，提高了城市间的交通效率，促进了人员和物资的流动。此外，成都都市圈还积极推进交通枢纽的建设，提升了综合运输能力。

（二）产业协同发展和治理持续深化

围绕成德临港经济、成眉高新技术、成资临空经济3条产业带，加快打造新型显示、航空装备、新能源汽车等9条重点产业链。例如，德阳的企业为成都的“链主”企业提供配套，一些企业将研发、总部设在成都，生产制造放在德阳或资阳等地，形成了“链主+配套”“研发+制造”“总部+基地”的产业协同模式。

成都都市圈创新协同治理不断深化。以天府大道科创走廊为抓手，推进成都都市圈协同创新。成资协同创新中心作为全省首个跨区域协同创新平台，推动了资阳在更高平台共享集聚都市圈优势资源，吸引了众多科技型企业开展合作。

（三）公共服务共建共享共治取得积极成效

医疗领域方面，成德眉资四座城市在推进异地就医便利化及医保关系顺畅转移上取得了显著成果，现已全面落地住院与门诊费用的异地直接结算服务，覆盖的医药机构数量高达2.48万家。

教育领域方面，成都与德阳、眉山、资阳三市建立了广泛的学校结对合作关系，频繁开展管理人员与教师间的挂职交流、跟岗实践及短期培训等活动。此外，“蓉易学”网络教育资源已广泛惠及德眉资地区的众多学校，而高三阶段的“二诊”考试同步监测也已实现四市范围内的全面覆盖。

在政务服务方面，积极开展跨市的政务服务合作，例如成德两地的12345热线联动，加速办理并高效解决市民反映的问题，提高了政务服务的效率和质量。

（四）生态环境共保共治逐步加强

构筑多层次、网络化、功能复合的生态空间格局，开展生态共建环境共治。例如，加强对龙门山、龙泉山、岷江、沱江等生态屏障的保护和修复，推进流域综合治理等。

成德眉资四市共同探索生态价值转化有效路径，推动生态优势转化为经济优势，实现经济发展与生态保护的良性互动。

（五）体制机制创新不断推进

提升治理效能，成都都市圈四市在重点领域实施改革系统集成策略，优化资源要素配置效率，推动城乡一体化发展进程，并着手进行综合同城化试验。通过推进经济区与行政区适度分离的改革举措，成德眉资四市探索形成了一批可复制、可推广的城市治理典型经验和制度性成果，建立了跨市的协调机制和工作专班，加强了成都与德阳、眉山、资阳之间的沟通和协作，解决了同城化发展过程中的一些难点问题。

四、成都都市圈现代化治理的现存问题

成都都市圈是四个城市的共同体，存在着跨行政区的治理难题和瓶颈，经济政策与非经济政策之间难以形成“合成优势”。成都都市圈治理难度大，系统集成度高，故难免有这样或那样的问题和不足。

（一）产业同构现象治理困难

尽管成都都市圈在产业协同方面已经取得了一定进展，但部分领域仍存在产业同构的问题。例如，一些城市在产业规划和发展中，可能会倾向于选择相似的产业方向，导致产业重复建设和资源分散。这不仅会影响产业的整体竞争力，还可能引发过度竞争，不利于区域产业的健康发展。

成都都市圈产业链协同仍显不足，产业链的协同效应尚未充分发挥，上下游企业之间的联系不够紧密。一些企业在本地难以找到合适的配套企业，

导致产业链条不完整，企业的生产运营成本较高。例如，在电子信息、装备制造等产业中，核心企业与配套企业之间的合作还需要进一步加强。

产业协同创新能力有待提升。创新资源的整合和共享程度还不够高，各城市之间的创新合作机制还不够完善。高校、科研机构、企业等创新主体之间的互动不足，科技成果转化的效率较低，难以满足产业升级和创新发展的需求。

（二）交通基础设施建设及治理仍存短板

虽然成都都市圈在轨道交通、公路交通等方面取得了较大进展，但部分区域的交通衔接仍然存在问题。例如，一些城市之间的快速通道数量不足，交通拥堵现象时有发生；部分交通枢纽的换乘设施不够便捷，影响了居民的出行效率。

成都都市圈跨市交通成本较高。尽管已经实现了部分交通方式的同城化运营，但跨市交通的费用仍然较高，对于一些频繁往返于城市之间的居民和企业来说，交通成本是一个较大的负担。这在一定程度上限制了人员和物资的流动，影响了都市圈的一体化发展。

（三）公共服务建设和治理还有不足

成都都市圈公共服务资源分布不均衡。优质的教育、医疗、文化等公共服务资源主要集中在成都市区，而德阳、眉山、资阳等城市的公共服务水平相对较低。这导致了居民在享受公共服务时存在较大的差异，也影响了城市间的人才流动和区域间的协调发展。

公共服务标准不统一。成德眉资城市之间的公共服务标准存在差异，例如在医保报销政策、教育质量评估、政务服务流程等方面，缺乏统一的标准和规范。这给居民和企业在跨市办理相关事务时带来了不便，也影响了公共服务的整体质量。

（四）生态环境协同治理还有瓶颈

成都都市圈环境污染协同治理难度大。随着经济的快速发展和城市规模的不断扩大，环境污染问题日益突出。各城市之间在环境污染治理方面的合作还不够紧密，缺乏有效的协同治理机制。例如，在大气污染、水污染等方面，城市之间的联防联控措施还需要进一步加强。

成都都市圈生态保护与经济发展的矛盾突出。在推进经济发展的过程中，部分地区可能会忽视生态保护，导致生态环境遭到破坏。如何在生态保护的前提下实现经济的可持续发展，是成都都市圈面临的一个重要挑战。

（五）质量体制机制方面还没有完全统一

由于成都都市圈各城市属于不同的行政区划，在行政管理体制上存在一定的差异，这给都市圈的统一规划和协调发展带来了困难。例如，在项目审批、土地管理、税收政策等方面，各城市之间的政策协调和衔接还不够顺畅。

成都都市圈利益分配机制不一致。产业协同发展、基础设施建设等涉及各城市之间的利益分配问题。目前的利益分配机制还不够完善，缺乏科学合理的利益共享和补偿机制，这可能会影响各城市参与都市圈建设的积极性。

五、进一步加强成都都市圈现代化治理的创新举措

进一步加强成都都市圈现代化治理，必须建立统一协调的政策框架，涵盖经济发展、环境保护、社会民生等各个领域。

（一）进一步推进产业协同发展的现代化治理

建立跨区域的产业协同规划机构，对成都都市圈内各城市的产业布局进行统一规划和协调。根据各城市的资源禀赋、产业基础和发展优势，明确产业分工和定位，避免产业同构和恶性竞争。例如，成都可以重点发展高端服务业、科技创新等领域，德阳可侧重装备制造，眉山发展电子信息、新能源新材料，资阳聚焦临空经济等，形成优势互补、协同发展的产业格局。

成都都市圈要进一步完善产业链协同机制，加强产业链上下游企业之间的合作与协同，建立产业联盟、行业协会等组织，促进企业之间的信息交

流、技术合作和市场共享。鼓励企业开展跨区域的产业配套和协作，提高产业链的完整性和竞争力。例如，搭建产业供需对接平台，定期组织企业交流活动，推动成都的龙头企业与德阳、眉山、资阳的中小企业建立长期合作关系。

成都都市圈要进一步推动产业创新协同，整合成都都市圈内的创新资源，建立跨区域的创新合作平台和产学研协同创新机制。加强高校、科研机构与企业之间的合作，共同开展技术研发、科技成果转化等活动。设立成都都市圈产业创新基金，支持企业的创新项目和技术改造，提升产业的创新能力和科技水平。比如，依托天府大道科创走廊，加强各城市之间的科技创新合作，共同打造具有国际竞争力的创新产业集群。

（二）进一步推进交通基础设施建设的现代化治理

进一步优化交通网络布局，加快推进成都都市圈的轨道交通、高速公路、快速通道等交通基础设施建设，完善交通网络布局。加强城市之间的交通衔接，增加跨市公交线路和轨道交通线路的密度，提高交通的便捷性和可达性。例如，加快成德眉资之间的市域铁路建设，推进城市轨道交通的互联互通，实现“一小时通勤圈”的目标。

成都都市圈要进一步提升交通智能化水平，运用大数据、人工智能、物联网等技术，提升交通管理的智能化水平。建立统一的交通信息平台，实现交通信息的实时共享和智能调度，提高交通运行效率和安全性。推广智能交通系统，如电子收费、智能公交、智能停车等，为居民提供便捷的交通服务。

成都都市圈要进一步降低跨市交通成本，协调各城市的交通政策和收费标准，降低跨市交通的费用。推动交通一卡通在成都都市圈内的通用，实现公共交通的同城化待遇。加强对跨市交通运营企业的补贴和支持，降低企业的运营成本，从而减轻居民的交通负担。

（三）进一步推进公共服务一体化的现代化治理

进一步推进公共服务均等化，加大对德阳、眉山、资阳等城市的公共服务投入，提高公共服务的供给水平和质量。加强教育、医疗、文化、体育等公共服务设施的建设，优化公共服务资源的配置。建立跨区域的公共服务合作机制，推动优质公共服务资源的共享和流动。例如，开展教师、医生的交流轮岗和培训，建立远程医疗、教育等服务平台，让居民能够享受到更加优质的公共服务。

成都都市圈要制定统一的公共服务标准和规范，加强对公共服务的质量监管和评估。建立跨区域的公共服务协调机构，解决公共服务标准不统一的问题。推动政务服务的同城化，实现企业和居民办事的“一网通办”“异地可办”，提高政务服务的效率和便捷性。

（四）进一步推进生态环境共治共管的现代化治理

建立健全成都都市圈生态环境保护协同机制，加强各城市之间在大气污染、水污染、土壤污染等方面的联防联控。共同制定生态环境保护规划和政策，统一环境监管标准和执法力度。加强生态环境信息的共享和交流，共同应对跨区域的环境问题。例如，联合开展大气污染防治行动，加强对沱江、岷江等流域的水污染治理。

成都都市圈要积极探索生态价值转化的有效路径，将成都都市圈的生态优势转化为经济优势。发展生态农业、生态旅游、生态康养等产业，推动绿色发展和可持续发展。加强对生态资源的保护和开发利用，建立生态补偿机制，实现生态保护和经济发展的良性互动。

（五）进一步推进体制机制同频共振的现代化治理

成都都市圈要深入贯彻党的二十届三中全会精神，落实省委十二届五次、六次全会精神，深化行政管理体制改革，打破行政区划的限制，建立跨区域的行政管理协调机制。加强各城市之间的政策协调和沟通，推动行政许可、市场监管、行政执法等方面的一体化。探索建立跨区域的联合审批、联合执法等机制，提高行政管理效率和服务水平。

成都都市圈要进一步完善利益分配机制，保障各城市在成都都市圈建设中的利益。建立跨区域的项目合作利益分享机制，明确税收分成、产值统计等方面的规则和标准。加强对跨区域合作项目的成本核算和效益评估，确保利益分配的公平合理。

成都都市圈内各城市要加强在产业发展、人才引进、科技创新等方面的政策协同。制定统一的政策标准和优惠措施，避免政策差异导致的不公平竞争。建立政策沟通和协调机制，及时解决政策执行过程中出现的问题，提高政策的有效性和协同性。民创造更美好的生活环境。

（六）进一步形成深化和扩大开放的现代化治理

成都都市圈要深化与国内先进都市圈就现代化治理建立合作机制，与长三角、粤港澳大湾区、京津冀等国内先进都市圈开展定期的交流活动，分享在城市规划、交通管理、环境保护、社会治理等方面的经验和做法。可以组织考察团进行实地调研，学习对方的成功案例，并邀请专家学者进行专题讲座和研讨会，促进理念的交流和碰撞。选派优秀的干部和专业人才到其他都市圈进行挂职锻炼和学习，同时也欢迎其他都市圈的人才来成都都市圈交流指导。通过人才的流动，带来新的思路和方法，提升成都都市圈的治理水平。加强与国内先进都市圈的合作，共同打造产业链、创新链和供应链。可以通过共建产业园区、开展产业合作项目等方式，实现优势互补、协同发展。例如，成都都市圈的电子信息产业可以与长三角的集成电路产业、粤港澳大湾区的人工智能产业进行合作，共同推动产业升级和创新发展。

积极参与国际城市间的合作组织和论坛，如世界城市峰会、C40 城市气候领导联盟等，与国际先进都市圈建立联系和合作。通过这些平台，展示成都都市圈的发展成果和治理经验，同时学习国际先进都市圈在可持续发展、智慧城市建设、社会包容等方面的先进理念和做法。加强与国际友好城市的交流与合作，开展城市间的互访活动、文化交流活动和经济合作项目。可以借鉴国际友好城市在城市治理、公共服务、社区建设等方面的经验，同时也向国际社会展示成都都市圈的文化魅力和发展潜力。

引进国际先进的都市圈治理理念和技术，如智慧城市技术、绿色建筑技术、垃圾处理技术等。可以通过与国际企业和科研机构合作，开展技术引进和创新合作项目，提升成都都市圈的现代化治理水平。

积极引进国际先进的都市圈治理项目和技术，如智慧城市建设项目、可持续发展项目、文化创意项目等。可以通过招商引资、国际合作等方式，吸引国际企业和机构来成都都市圈投资和开展项目合作，提升都市圈治理的现代化水平。加强与国际金融机构的合作，争取国际金融机构的贷款和投资支持。可以通过申请世界银行、亚洲开发银行等国际金融机构的贷款项目，用于都市圈基础设施建设、环境保护、社会事业发展等领域，提高城市治理的资金保障能力。

鼓励本地企业和机构走出去，参与国际都市圈城市治理项目的合作和竞争。可以通过参加国际展会、论坛等活动，展示成都都市圈的城市治理成果和项目，拓展国际市场和合作机会。推动成都都市圈治理项目的国际化标准建设，提高项目的质量和竞争力。可以借鉴国际先进的标准和规范，对都市圈城市治理项目进行标准化建设和管理，提升项目的国际化水平。加强国际合作项目的落地和实施，建立健全项目管理机制和监督机制。确保国际合作项目能够顺利实施，取得预期的效果，为成都都市圈的现代化治理提供有力支撑。

六、 全面推进成都都市圈各城市治理能力的现代化

全面推进成都都市圈各城市治理能力的现代化是一个复杂而系统的工程，涉及多个方面的协同发展。更为重要的是，各城市治理能力的现代化，是成都都市圈治理能力现代化的基座。

（一）成都都市圈各城市治理能力现代化的基本内涵

成都都市圈各城市治理的核心是服务于人民。在规划城市建设时，要充分考虑居民的需求，如住房、就业、教育、医疗等基本民生需求。例如，打造 5 分钟的家门口生活场景，15 分钟生活圈，半小时消费圈，让居民能够满足日常生活的大部分需求，包括购物、休闲、就医等。

成都都市圈各城市治理的主体多元化，重视公众参与。通过多种渠道，如市民热线、网络平台、社区议事厅等，广泛收集市民意见和建议，使市民能够参与到城市规划、政策制定等过程中。

成都都市圈各城市注重生态环境保护。在城市发展过程中，平衡经济发

展与环境保护的关系，推动绿色发展。例如，增加城市绿地面积，推广可再生能源的使用，建设海绵城市以应对城市内涝和水资源管理问题。

成都都市圈各城市考虑城市的长远发展。制定长期的城市发展战略，避免短视行为，如合理规划城市空间布局，预留发展空间，防止过度开发。

（二）成都都市圈各城市治理体系的现代化

成都都市圈要建立健全城市治理法律体系，涵盖城市规划、建设、管理等各个方面，明确各主体的权利和义务。例如，制定严格的城市建筑规范，确保建筑物的质量和安全性；制定城市环境卫生管理条例，规范市民和企业的环境卫生行为；加强法治宣传教育，提高市民的法治意识，使市民自觉遵守法律法规，营造良好的法治氛围。

成都都市圈要建立高效的政府管理部门协同机制，打破部门壁垒，加强城市规划、建设、交通、环保等部门之间的合作。例如，在城市交通拥堵治理中，规划部门、交通管理部门和建设部门协同工作，从规划道路网络、管理交通流量到建设交通设施等多方面入手。

成都都市圈要推动多元主体参与治理。鼓励企业、社会组织和市民共同参与城市治理。企业可以通过投资城市基础设施建设、提供公共服务等方式参与；社会组织可以在社区服务、环境保护等领域发挥作用；市民则通过志愿者活动、社区治理等途径参与。

（三）成都都市圈各城市治理手段的现代化

成都都市圈各城市要注重大数据在城市治理中的运用。通过收集和分析城市运行中的各类数据，如人口数据、交通流量数据、环境监测数据等，为城市决策提供科学依据。例如，利用大数据分析优化公交线路，提高公共交通的运行效率。

成都都市圈各城市要重视智慧城市建设。构建城市物联网，实现城市设施的智能化管理。如智能路灯系统，根据光线和交通流量自动调节亮度；智能安防系统，利用摄像头和传感器实现实时监控和预警。

成都都市圈各城市要建立健全城市治理的科学评估体系。从经济发展、社会和谐、环境质量等多个维度对城市治理效果进行评估。例如，采用综合指标体系评估城市的宜居性。

成都都市圈各城市要实施科学的绩效管理，将城市治理目标分解为具体的绩效指标，对政府部门和相关工作人员进行考核，对标竞进，以提高城市治理的效率和质量。

（四）成都都市圈内各城市政府提升依法行政的管理效能

在构建成都都市圈各城市的城市治理体系过程中，逐步推行扁平化管理体制成为关键一环。这一过程中，优化权力架构至关重要，遵循“简化层级、精简机构、提升效率”的原则，积极探索街道与社区层级合并及职能整合的改革路径，旨在形成“区—街道（大型社区）”或“市—街道（大型社区）”的扁平化社会治理模式。同时，成都都市圈各城市还需切实推进城市基层政府职能的转变与规范，将理顺政府与市场、社会的关系视为转变基层政府职能的核心突破点，依据行政许可、处罚、强制、征收、裁决、检查、确认、给付、指导及服务等职能分类，制定市区部门及街道办的权力清单与运行流程，优化整合市、区、街道办内部机构设置，并通过电子政务平台公开信息，以摸清行政权力底数，清晰界定政府与市场、社会的界限。

在制度层面，成都都市圈各城市需加速完善社区行政事务准入制度，制定社区行政事务准入目录，规范区部门向街道、社区下放任务的流程、标准及类别，防止随意指派任务，为社区服务中心和社会组织的自主发展创造良好环境。同时，需明确社区职责清单，详细界定社区的工作任务、服务内容及考核标准，对现有繁杂事务进行系统性清理与优化重组，剥离非法定职责，逐步明确居委会与社区工作站的组织定位及职责范畴，原则上减少对其的行政性考核。

此外，成都都市圈各城市在明确责任划分上，以精简和规范基层行政检查项目为切入点，实行主管与属地责任相结合的责任追究机制。加大对市区部门主管责任的追究力度，明确主管责任聚焦于依法查处，属地责任则侧重于发现与报告，以破解当前主管部门责任弱化、属地责任落实难的困境。确保市区部门在辖区内发挥有效主管作用，街道与社区则专注于服务居民、调解矛盾与促进社会和谐，防止将行政任务及检查项目过度转嫁给居委会、社区服务中心和社会组织。

将经济管理、社区自治、社会服务等非街道与社区工作站职责剥离，交由居委会、社区服务中心、社会组织及企业承担，实现区政府与街道办、街道办与社区工作站、社区工作站与居委会、社会组织及企业的良性互动与多元共治格局，是成都都市圈各城市在制度构建上的又一重要任务。

最后，成都都市圈各城市需进一步提升政府依法治理城市的能力。以转变基层政府职能为契机，全面审查现有规范性文件，清理过时、冲突及操作性差的文件，依法制定适应新时代要求的政策文件。废止市、区、街道违规转嫁给社区的任务与指标，取消不必要的创建达标评比活动及工作记录，精简社区挂牌数量，切实减轻社区负担，强化社区工作站与居委会服务居民的能力。对要求街道社区出具的各类证明及盖章事项进行细致分类、整理与规范，将非街道办与社区工作站职责纳入相关政府部门统一管理，明确前置审批条件、标准及流程，确保依法行政，避免向街道社区过度下放行政事务。

（五）成都都市圈内各城市全面增强社会的有序“自我管理”能力

在成都都市圈各城市构建城市治理体系的进程中，强化基层自治组织的作用被视为推动治理现代化的核心路径。

首先，激活居民委员会的法定自治潜能。作为城市治理的关键组织基础，居民委员会的功能发挥对于促进治理体系和治理能力现代化至关重要。然而，由于历史遗留问题，居民委员会在实践中呈现出“行政化过度”“实质功能空心化”和“角色边缘化”的现象，其法定的自治职能未能充分发挥，因此，在后单位制时代的城市治理中，为自治组织赋能显得尤为迫切。这涉及提升居民委员会在社区自治、居民服务等方面的能力，激活并优化其法定自治、社区服务、政治整合、民意吸纳以及矛盾调解等多元功能，将其塑造为治理体系和治理能力现代化的核心组织载体。

其次，成都都市圈各城市应加强对业主委员会这一新兴自组织的建设力度。业主委员会作为基于产权关系形成的新型自组织，代表小区全体业主的利益，对物业相关重大事项及社区公共事务享有参与决策权。业主委员会制度体现了业主对房产权益及小区自主治理的诉求，其自治本质在于业主基于房产权益的自愿参与。因此，业主委员会是以房产私有权为联结纽带，通过

“身份契约”方式实现自我管理、自我服务的新型组织。加强业主委员会建设，有助于提升社区治理效能及居民满意度。

再次，成都都市圈各城市需进一步完善社会组织的培育与监管体系。社会组织在城市治理中的作用日益凸显。通过降低准入门槛、项目委托、购买服务、专项扶持、财政补贴、人才培育、资金筹措、税收优惠等多种方式，鼓励、支持和促进各类社会组织的快速发展。简化社会组织登记与备案流程，借鉴商事制度改革经验，深入推进社会组织直接登记制度改革，优化登记手续和程序。全面推行工商经济、公益慈善、社会福利、社会服务、文化娱乐、科技、体育和生态环境等类型社会组织直接向民政部门登记的制度。深化社会组织备案管理改革，实施“备案转登记”的升级管理策略，将一批运作良好的备案社会组织纳入直接登记范畴。

最后，在推动社会组织发展的同时，成都都市圈各城市还需强化对社会组织的监管力度，确保其健康有序发展。这包括建立健全社会组织监管机制，加强对社会组织活动的监督评估，确保其活动在法律框架内进行。同时，通过构建社会组织信用体系，提升社会组织的自我约束和自我管理能力，增强社会组织的透明度和公信力。

（六）成都都市圈内各城市全面增强多元主体协同参与“共同治理”能力

在成都都市圈各城市构建城市治理体系的进程中，提升基层社会治理现代化水平的关键举措在于强化基层党组织的社会凝聚力、构建居民广泛参与的民情沟通桥梁以及打造需求导向的社区服务共享体系。

首先，成都都市圈各城市需充分发挥社区党组织的引领作用，强化其社会整合功能。在提升社区党组织的领导力和整合效能的基础上，构建以基层党组织为核心，居委会、业委会、物业公司、社会组织等多元主体协同共治的“一核多元”党建新格局。此格局旨在促进党和政府主导与居民自治的深度融合，推动社区生活共同体的形成。同时，吸纳民间组织、企业中的优秀党员及民意代表进入基层党组织，以其为平台整合各类基层组织资源，充分听取并整合社会组织的意见和建议，将基层党组织打造成为基层社会建设与管理的核心平台和联结纽带。此外，还需加强基层党组织在倾听群众呼声、畅通民情反映、化解社会矛盾、协调部门关系及宣传政策方针方面的能力建设，提升其代表民意和引领社会发展的能力。

其次，成都都市圈各城市应重视构建居民广泛参与的“民情沟通桥梁”。依托居民委员会、社区党组织及“两代表一委员”等资源，创新社情民意的协商沟通机制，重点培育能够反映民意的社区社会组织，及时收集和整合居民诉求。对于与居民直接利益相关的具体事务或与其间接利益相关的社区公共事务，在多方主体共同参与的社区协商平台上进行集体讨论与合作治理。这样的平台有助于增强居民的参与感和归属感，提升社区治理的透明度和有效性。

最后，成都都市圈各城市需着力打造需求导向的“社区服务共享体系”。这包括推行“小项目大范围”的社区社会组织培育模式，创新居民通过社会组织参与社区治理的路径和机制。定期开展社区服务需求调查，鼓励居民通过社会组织参与社区服务项目的制定和享受，实现从传统的“政府配餐”向“居民点菜、政府买单”的服务模式转变。通过问政于民、问需于民、问计于民，从居民实际需求出发，编制政府向社会组织转移职能、购买服务的目录，引导和支持社会组织参与各类公共服务。通过实施一批“小项目”，激活备案社区社会组织的活力，推出多元化、定制化的服务项目，满足社区居民的多样化需求。

第十一章

人心相通的成都都市圈

三国时期，曹操挟天子以令诸侯得天时，孙权占据江东天险得地利，而刘备地处巴蜀得人心，当时众多仁人义士被玄德公的爱士之道打动，纷纷慕名来到成都投奔玄德公。刘备正是依靠他通人心的能力创造了一份属于自己的基业。受到玄德公的影响，成都也从那时开始逐渐形成了人与人之间彼此信任，心灵相通的文化氛围。1800 多年前的古人就为成都都市圈的人心相通奠定了历史基础。

成都都市圈的人心相通不只是物质上的相通，更重要的在于精神上的相通。“人心相通”在全面推进成都都市圈各城市治理能力现代化的过程中具有重要的意义，它能让成都都市圈各城市治理更加高效、和谐、可持续。

一、 都市圈人心相通的重要价值

都市圈要实现的是各领域的一体化甚至同城化，人心相通具有多方面的重要意义和价值。

（一）都市圈人心相通是文化认同的基础

在都市圈范围内，相似的历史文化背景往往是人心相通的重要基石。例如，成都都市圈中的各个城市可能有着共同的古蜀文化渊源，这种文化传承在建筑风格、民俗风情、传统技艺等方面都有所体现。像成都的宽窄巷子、德阳的三星堆遗址等都承载着古蜀文化的印记，人们对这些文化符号的认同会拉近彼此的心理距离。

都市圈共享的文化节庆活动，也有助于增强人心相通的感觉。如传统节日期间，都市圈各城市都会举办各种庆祝活动，这些活动遵循着相似的习俗和文化内涵，人们在参与过程中强化了对共同文化的归属感。

都市圈的发展会带来不同地域文化的交流与融合。随着人口流动，不同城市的文化元素相互碰撞，形成新的文化特色。例如，在都市圈的文化创意产业中，可能会融合成都的休闲文化、德阳的工业文化、眉山的诗书文化等元素，创造出独特的都市圈文化产品。这种文化融合过程中，人们在接受新事物的同时，也更加意识到自己是都市圈文化的共同创造者，进一步促进人心相通。

（二）都市圈人心相通是社会价值观的趋同

现代都市圈的建设往往伴随着共同的发展目标，如提升居民生活质量、推动经济可持续发展、加强环境保护等。这些目标促使都市圈居民形成相似的社会价值观，如对公平、和谐、绿色发展的追求。例如，在环保理念方面，都市圈居民可能都认同垃圾分类、节能减排等做法，这种价值观的趋同有助于构建和谐的都市圈社会关系。

教育在社会价值观的传播中起到重要作用。都市圈范围内统一的教育资源共享和教育理念推广，能够让居民在成长过程中接受相似的价值引导。例如，一些都市圈推行的教育协同发展计划，包括优质教育资源的跨区域共享，会使不同城市的学生接受相同或相似的教育模式和理念，进而在价值观上更加趋同。

交通和通信的发展使得都市圈的社会交往更加便捷。人们可以更容易地跨城市进行社交活动，如在成都工作的人可以周末到眉山的朋友家做客。这种跨城市的人际交往增加了人与人之间的了解和信任，打破了城市间的心理隔阂。

都市圈中的社区建设也在促进人心相通方面发挥作用。一些大型社区可能会吸引来自不同城市的居民居住，通过社区组织的各类活动，如文化节、体育比赛等，居民们能够相互交流、合作，形成社区归属感，进而延伸到整个都市圈的归属感。

（三）都市圈人心相通是经济利益共同体的体现

都市圈的产业协同发展使居民成为经济利益共同体。例如，在成都都市圈的产业带建设中，一个完整产业链可能分布在不同城市，各个城市的居民通过在产业链中的就业和创业分享经济利益。如果成都的企业是研发中心，德阳的企业负责生产制造，眉山和资阳的企业提供配套服务，那么产业链上的员工都会关注都市圈产业的整体发展，因为这与他们的经济利益息息相关。

都市圈经济发展带来的生活水平提升也是人心相通的重要因素。随着都市圈经济的发展，各城市居民的收入水平、消费能力等都可能呈现出同步增长的趋势。例如，都市圈统一的商业布局和消费市场建设，使得居民在消费体验上更加相似，同时也增强了他们对都市圈整体发展的期待和信心。

都市圈的人才流动促进了人心相通。在都市圈内部，就业机会更加多样化，人们可以在不同城市寻找适合自己的职业发展机会。例如，一个年轻人可能在成都接受高等教育后，到德阳的企业积累工作经验，然后再回到成都寻求更高层次的发展。这种跨城市的职业发展路径使人们更加关注都市圈的整体就业环境和发展前景，认识到自己的职业发展与都市圈的紧密联系。

都市圈范围内的职业培训和技能提升计划也有助于形成人心相通的氛围。当各城市共同为居民提供提升职业技能的机会时，居民们会感受到都市圈对他们个人发展的支持，从而更加认同都市圈的发展理念和目标。

二、 都市圈人心相通的内涵与外延

都市圈人心相通具有深邃的内涵和丰富的外延，包含了都市圈人际关系和社会交往的若干方面。

（一）都市圈的人心相通表达了文化认同

在都市圈范围内，往往有着共同的历史文化渊源。例如，一些都市圈中的城市可能共同经历过古代王朝的统治，有着相同的历史遗迹和文化传统。像京津冀都市圈，北京、天津、河北等地都留存着丰富的燕赵文化遗迹，如长城等。人们对这些历史文化遗产有着共同的珍视和传承意识，这种对共同历史文化的归属感是人心相通的重要体现。

民俗文化是都市圈人心相通的又一纽带。同一都市圈中的城市可能有着相似的民俗节日、传统习俗等。例如，长三角都市圈中的一些城市在春节、中秋等传统节日时，有着相似的庆祝方式，如舞龙舞狮、赏月吃月饼等习俗。这些民俗文化在人们的日常生活中不断传承，加强了都市圈居民之间的情感联系。

对文化产业的共同喜好。都市圈中的居民对本地文化产业往往有着共同的喜好和支持。例如，在成渝地区双城经济圈，川剧等具有地方特色的文化艺术形式受到区域内居民的喜爱。无论是成都市民还是重庆市民，都对川剧的表演艺术、独特唱腔等有着浓厚的兴趣，并且愿意参与到川剧的保护、传承和推广中来，这反映出一种基于文化产业的人心相通。

（二）都市圈的人心相通体现了共同价值观念

都市圈居民在生活价值观方面往往具有相似性。例如，对于生活品质的追求，在发达的都市圈如珠三角都市圈，无论是广州、深圳还是周边城市的居民，都注重健康的生活方式，追求舒适的居住环境、便捷的交通和丰富的休闲娱乐活动。这种对生活品质的共同追求反映了都市圈人心相通的一面。

在社会道德观念上，都市圈居民表现出高度的一致性。如对诚信、友善、互助等道德品质的推崇。在一个都市圈中，当遇到自然灾害或社会突发事件时，不同城市的居民会相互支援。例如，在某次地震灾害中，都市圈中的周边城市居民迅速向受灾城市提供物资、人力等援助，这体现了基于共同社会道德观念的人心相通。

都市圈中的城市有着共同的发展愿景和价值观。各个城市的居民都认识到都市圈整体发展对自身城市发展的重要性，积极支持都市圈的协同发展战略。例如，在武汉都市圈，武汉、鄂州、黄石等城市的居民都希望通过都市圈的产业协同发展、基础设施共建等方式，提升整个区域的竞争力，实现共同繁荣。

（三）都市圈的人心相通是社会交往的基础

都市圈内部频繁的人员流动促进了人心相通。大量的人口在都市圈中的城市之间流动，包括工作、求学、旅游等。例如，在长株潭都市圈，长沙、株洲、湘潭之间的人员流动十分频繁，人们在流动过程中相互交流、相互了解，逐渐形成了一种区域内的认同感。随着时间的推移，不同城市的居民之间的融合度不断提高，在社会交往中更加融洽。

随着都市圈的发展，居民的社交网络不断扩展到整个都市圈。现代通信技术和社交媒体的发展使得都市圈中的居民能够更加便捷地与其他城市的居民建立联系。例如，在都市圈的一些社交群组中，来自不同城市的居民会分享生活经验、交流本地资讯等，这种跨城市的社交互动增强了都市圈居民之间的心理联系。

在都市圈内部，婚姻与家庭关系的跨区域联系日益增多。不同城市居民之间的通婚现象越来越普遍，这使得家庭关系网络延伸到整个都市圈。例如，在成渝都市圈，成都和重庆的居民之间通婚情况逐渐增多，家庭成员之间的交流互动带动了两座城市居民之间更深入的了解和认同。

（四）都市圈的人心相通是精神层面共同富裕的表现

都市圈在追求共同富裕的征程中，其精神层面的共同富裕至关重要。精神层面的共同富裕意味着人们在思想、情感、价值观等方面的富足与和谐。

都市圈人心相通体现为人们拥有积极向上的人生态度。在一个精神共同富裕的社会里，人们对生活充满希望和热情，勇于面对挑战，以乐观的心态迎接未来。无论是在繁华的都市还是宁静的乡村，人们都能从日常的生活中找到乐趣和意义，不被困难和挫折打倒。价值观的趋同与升华也是精神层面共同富裕的重要表现。当社会成员在价值观上达成共识，追求真、善、美，崇尚公平、正义、诚信，整个社会将充满正能量。人们会更加关注他人的需求，乐于奉献和互助，形成良好的社会风尚。例如，在面对自然灾害时，大家齐心协力、互帮互助，共同渡过难关；在关爱弱势群体方面，积极开展志愿服务活动，让每个人都能感受到社会的温暖。

都市圈文化的繁荣与共享是实现精神层面共同富裕的关键途径。丰富多样的文化活动能够满足人们不同的精神需求，提升人们的审美水平和文化素养。图书馆、博物馆、艺术馆等文化设施的普及，让人们有更多的机会接触和欣赏优秀的文化作品。同时，传统文化的传承与创新也能增强人们的民族自豪感和文化认同感。例如，举办各种传统节日庆祝活动，让人们了解和传承民族文化；鼓励文艺创作，推出更多反映时代精神和人民生活的优秀作品。

都市圈教育的公平与普及是实现精神层面共同富裕的基础。优质的教育资源能够培养人们的思维能力、创造力和道德品质，让每个人都有机会实现自身的价值。无论是城市还是农村，都应确保孩子们能够享受到公平而优质的教育。通过教育，人们可以开阔视野、增长见识，提升自己的综合素质，为个人的发展和社会的进步奠定坚实的基础。

精神层面的共同富裕还体现在都市圈人们对自然环境的尊重和保护上。当人们意识到自然环境对人类生存和发展的重要性，就会积极采取行动保护生态环境。从节约能源、减少污染到积极参与环保活动，每个人都为建设美丽家园贡献自己的力量。这种对自然的敬畏和爱护不仅能让人们享受到优美的自然环境，还能培养人们的责任感和使命感。

可以断言，都市圈人心相通是共同富裕在精神上的体现，是都市圈共同富裕不可或缺的组成部分。它能够让都市圈人们在物质生活丰富的同时，拥有充实的精神世界，实现人的全面发展，为社会的和谐稳定和可持续发展提供强大的动力。

三、成都都市圈人心相通的现状分析

成都都市圈人心相通具有深厚的历史根基，有基于社会经济发展的大趋势，是促进成都都市圈一体化甚至同城化的重要条件。

（一）成都都市圈高文化认同度促进人心相通

成都都市圈范围内有着共同的历史文化渊源，如古蜀文化在成都、德阳、眉山、资阳等地都有着深厚的底蕴和广泛的影响。三星堆、金沙遗址等古蜀文化的重要代表，不仅是成都的文化瑰宝，也让整个都市圈的居民对这片土地的历史文化有着强烈的认同感和自豪感。这种共同的历史记忆和文化传承，为成都都市圈人心相通奠定了坚实的基础。

成都的川剧、茶馆文化等在都市圈其他城市也有一定的影响力和受众群体。例如，在德阳、眉山、资阳的一些地方，也会有川剧表演活动，居民们对这种具有浓郁地方特色的艺术形式有着较高的兴趣和欣赏水平。同时，成都的茶馆文化所体现的悠闲、安逸的生活态度，也在一定程度上影响着都市圈其他城市居民的生活方式和价值观念。

（二）成都都市圈经济联系紧密促进人心相通

成都作为都市圈的核心城市，与德阳、眉山、资阳在产业上的协同合作不断加强。例如，在制造业领域，德阳的装备制造产业与成都的汽车、电子信息等产业形成了良好的配套关系；眉山的新能源新材料产业也为成都的相关产业提供了重要的支撑。这种产业上的紧密联系，使得企业之间、员工之间的交流频繁，促进了不同城市居民之间的相互了解和认同。

随着成都都市圈的发展，圈内城市之间的人才流动日益频繁。成都的优质企业和发展机会吸引了德阳、眉山、资阳等地的人才前来就业，同时成都的人才也会到其他城市寻找发展空间。这种人才的流动打破了城市之间的界限，让人们在工作和生活中建立起了广泛的人际关系，增强了彼此之间的联系和认同感。

近年来，成都都市圈的轨道交通不断发展，市域铁路成资线、成德线、成眉线等的建设和规划，大大缩短了城市之间的时空距离。便捷的交通使得人们的出行更加方便，城市之间的联系更加紧密。例如，资阳市民可以通过轨道交通快速到达成都，享受成都的医疗、教育、文化等资源，同时也为成都居民到资阳旅游、休闲提供了便利，这种交通的便利性增强了人们对成都都市圈的归属感和认同感。

成都与德阳、眉山、资阳之间的公路网络不断完善，高速公路、快速通道等交通设施的建设，使得城市之间的物流、人流更加顺畅。居民们可以更加便捷地进行跨城市的购物、旅游、探亲等活动，进一步加深了城市之间的联系和交流。

（三）成都都市圈公共服务一体化促进人心相通

随着成都都市圈一体化的深入推进，成德眉资四市实现了住院、门诊异地就医直接结算，并且共建医联体，推动了医疗资源的共享。这使得居民在不同城市就医更加方便，减少了就医的成本和负担，也增强了居民对成都都市圈的认同感和依赖感。

成都的优质教育资源对德阳、眉山、资阳等地产生了辐射作用，四市之间开展了教育交流合作，共享教育资源。例如，教师的交流培训、学生的研学活动等，促进了教育理念和文化的传播，让居民们感受到了成都都市圈教育一体化带来的好处，人心相通形成新格局。

（四）成都都市圈政务服务一体化促进人心相通

成德眉资四市实现了部分高频政务事项的“无差别受理、同标准办理”，以及不动产抵押登记、公积金办理等业务的互联互通。这为居民和企业提供了更加便捷的政务服务，提高了行政效率，也增强了人们对成都都市圈政务服务一体化的认可。

成都、德阳、眉山、资阳四市在大气治理、生态建设、污染防治等方面开展了诸多合作，共同推进生态环境的保护和治理。例如，在大气污染防治方面，四市联合开展监测和治理，共同应对雾霾等环境问题。这种生态环境的共保共治，让居民们认识到生态环境是一个整体，需要共同努力来保护，从而形成了共同的生态理念和环保意识。

成德眉资四市共同举办了一些生态环保活动，如“成都都市圈公众生态价值理念提升高峰论坛”等，这些活动的开展，提高了居民的生态环保意识，也加强了四市居民之间的交流和合作，进一步促进了人心相通。

四、成都都市圈人心相通的现存问题

成都都市圈在人心相通方面没有最好，只要更好。在成都都市圈一体化进程不断加速的大背景下，基于成都都市圈发展中的不平衡性，人心相通仍然存在若干藩篱和瓶颈。

（一）文化多样性中的整合不足导致人心相通还有隔膜

虽然成都都市圈有着共同的古蜀文化底蕴，但各城市在文化发展过程中也呈现出一定的多样性。例如，成都的都市文化较为繁荣，眉山有着独特的三苏文化，德阳的三星堆文化有深入挖掘的潜力，资阳也有自身的地方文化特色。然而，在将这些多样的文化整合成一个具有广泛认同感的都市圈文化体系方面存在不足。各城市更多地关注本地特色文化的独立发展，缺乏在文化内涵、文化符号等方面的深度整合，导致居民对都市圈整体文化的认同感存在一定的碎片化。

在文化传播方面，尽管成都作为中心城市具有较强的文化传播能力，但在向都市圈其他城市传播过程中存在递减效应。例如，成都的一些现代文化产业成果，如新兴的文创园区、大型文化演艺活动等，在德阳、眉山、资阳等地的宣传推广力度不够，导致其他城市居民对这些文化成果的认知和参与度较低。同时，各城市之间的文化交流活动形式较为单一，多集中在传统的民俗文化交流、文艺演出互访等方面，缺乏在现代文化产业、数字文化等领域的创新交流形式，限制了文化对人心相通的促进作用。

（二）产业竞争带来人心相通的隔阂

在产业发展过程中，成都都市圈各城市之间存在一定的竞争关系。例如，成都在招商引资过程中，其强大的吸引力可能会使一些原本可能布局在德阳、眉山、资阳的项目被吸引到成都。这种产业竞争可能会导致城市之间的隔阂，使其他城市的居民对成都产生一定的距离感。同时，在产业协同发展中，虽然有一些合作项目，但在利益分配方面可能存在不均衡的情况，如在产业转移过程中，转出地和转入地之间可能在税收、就业岗位等方面存在分歧，影响城市居民之间的相互认同。

经济发展差距导致的心理落差。成都与德阳、眉山、资阳之间存在一定的经济发展差距。成都作为中心城市，在经济总量、产业结构、就业机会等方面具有明显优势。这种差距可能会使其他城市的居民产生心理落差，例如，在就业选择上，德阳、眉山、资阳等地的居民可能会觉得在本地发展机会相对较少，而向往成都，这种心理落差可能会影响他们对都市圈整体的归属感，在一定程度上阻碍了人心相通。

（三）交通与基础设施发展不平衡带来人心相通的藩篱

尽管成都都市圈在轨道交通和公路网络建设方面取得了一定成绩，但交通便利性仍有提升空间。例如，部分偏远地区与核心城市或其他城市之间的公共交通连接不够便捷，导致居民出行不便。一些跨城市的交通线路班次较少，在早晚高峰时段可能出现运力不足的情况。这种交通上的不便利会影响城市之间居民的交往频率，限制了他们对都市圈的整体感知和认同。

在基础设施共享方面，成都都市圈虽然有一些进展，但仍存在障碍。例如，在污水处理、垃圾处理等基础设施方面，各城市的规划和运营体系相对独立，缺乏有效的协调机制来实现共享。这不仅造成资源的浪费，也在一定程度上影响了居民对都市圈一体化的信心，不利于人心相通。

（四）公共服务水平差异带来人心相通的落差

成都都市圈各城市之间的公共服务水平存在差异。成都的教育、医疗等公共服务资源相对丰富且水平较高，而德阳、眉山、资阳等地相对较弱。这种差异会使居民在享受公共服务时产生不同的体验，例如，在教育资源分配上，其他城市的家长可能会为了孩子获得更好的教育而倾向于将孩子送往成都上学，这可能会引发对本地公共服务的不满情绪，同时也会在一定程度上影响城市居民之间的和谐关系，不利于人心相通。

目前，成都都市圈在公共服务一体化进程中，仍然存在协同难题。例如，在医保异地结算方面，虽然已经实现了一定程度的互联互通，但在报销范围、报销比例等方面还存在一些差异，需要进一步协同统一。这种协同上的困难会使居民在使用公共服务时产生困惑和不便，降低他们对都市圈公共服务一体化的认同感。

（五）社会交往的圈层化形成人心相通的障碍

在成都都市圈，社会交往存在圈层化现象。城市居民的交往更多地集中在本地城市或与成都的交往，而德阳、眉山、资阳之间的横向交往相对较少。例如，在社交活动、商业合作等方面，各城市居民更倾向于与成都建立联系，而忽视了与都市圈内部其他城市之间的互动，这种圈层化的交往模式不利于都市圈各城市居民之间的全面沟通与人心相通。

在人口流动过程中，成都都市圈存在社会融合的障碍。例如，当其他城市居民流入成都时，可能会面临文化适应、住房保障、子女教育等多方面的问题。同样，成都居民到其他城市也可能存在对当地社会环境不适应的情况。这种社会融合的障碍会影响居民之间的情感交流和相互认同，成为人心相通的瓶颈。

五、 进一步促进成都都市圈人心相通的创新举措

成都都市圈的人心相通，是民生工程，是民心工程，是人民的幸福工程，更是成都都市圈精神层面共同富裕的重要体现。促进成都都市圈的人心相通势在必行，这将为成都都市圈的繁荣发展和居民的幸福生活奠定坚实的基础，也有助于精神成都都市圈层面的一体化和同城化。促进成都都市圈的人心相通，政府可以发挥主导作用，社会各界要充分发挥合力作用，齐心协力，久久为功。

（一）以文化融合创新促进成都都市圈人心相通

整合成都都市圈的文化资源，共同打造具有代表性的都市圈文化品牌。例如，以古蜀文化为核心，联合开发“古蜀探秘之旅”文化旅游线路，将成都的金沙遗址、德阳的三星堆、眉山的江口沉银遗址等串联起来，制作统一的宣传标识和文化手册。通过这种方式，强化都市圈整体文化形象，让居民对都市圈文化有更全面、深入的认知，增强文化认同感。

鼓励都市圈文化企业合作，共同创作以都市圈文化为主题的影视作品、动漫、游戏等现代文化产品。例如，制作一部以古蜀文明为背景的动漫系列片，在成都都市圈的电视台、网络平台同步播出，将古蜀文化中的神话传说、历史故事等以现代的形式呈现给观众，特别是吸引年轻一代对都市圈文化的关注。

创新文化交流平台，建立成都都市圈数字文化云平台，整合各城市的文化活动、文化资源、文化遗产等信息。平台可以提供在线展览、线上文化讲座、虚拟博物馆游览等功能，让居民可以随时随地了解都市圈的文化动态。同时，通过这个平台开展文化创意作品的征集、展示和评选活动，鼓励都市圈居民积极参与文化创作和交流。

举办成都都市圈文化节，采用“主会场+分会场”形式，在不同城市轮流举办。文化节涵盖文化艺术表演、民俗展示、文化创意集市等多种形式，吸引都市圈各城市居民广泛参与，并且在文化节期间设置文化交流互动环

节，如市民文化交流营，让成都都市圈各城市的居民有机会深入交流文化体验和感受。

（二）以经济领域的协同创新促进成都都市圈人心相通

着力构建成都都市圈利益共享的产业联盟。例如，针对新兴的电子信息产业，由成都、德阳、眉山、资阳的相关企业共同组成产业联盟。联盟内企业在技术研发、生产制造、市场销售等环节进行深度合作，共享收益。通过制定合理的利益分配机制，如按照企业的投入比例、技术贡献等分配产业发展带来的税收、利润等收益，减少城市间的产业竞争隔阂，增强城市居民对都市圈产业协同发展的支持。

设立成都都市圈产业协同发展基金，由各城市政府和企业共同出资。基金主要用于支持跨城市的产业合作项目，如对在德阳、眉山、资阳等地承接成都产业转移的项目给予资金补贴、对联合开展的技术研发项目提供资助等。同时，在基金的管理和使用过程中，充分吸纳各城市居民代表参与监督，让居民了解都市圈产业协同发展的政策和资金流向，提高认同感。

构建成都都市圈统一的创业就业服务平台，整合各城市的就业信息、创业政策、培训资源等。平台为都市圈居民提供均等化的创业就业服务，例如，在平台上发布都市圈范围内的招聘信息，无论企业位于哪个城市，求职者都可以在平台上方便地查找和申请职位；为创业者提供统一的创业辅导、项目孵化、资金申请等服务，消除城市之间的就业和创业差距感。

开展成都都市圈创业大赛，鼓励各城市居民参与。大赛设置不同类型的奖项，获胜者不仅可以获得资金奖励，还可以在都市圈范围内享受创业优惠政策，如在任意城市获得免费的办公场地、税收减免等。通过这种方式，激发都市圈居民的创业热情，促进人才在都市圈内部的合理流动，减少因经济发展差距导致的心理落差。

（三）以交通与基础设施优化创新促进成都都市圈人心相通

构建便捷通勤交通体系，进一步优化成都都市圈的交通网络，构建以轨道交通为核心的便捷通勤交通体系。例如，加密成都与周边城市之间的市域铁路班次，特别是在早晚高峰时段增加运力。同时，规划建设更多的城市快速路、高架桥等道路设施，提高公路交通的通行效率。此外，探索开通都市圈定制化通勤公交，根据居民的出行需求设置站点和线路，方便居民在城市之间的日常通勤，提高城市之间的联系紧密度。

推行成都都市圈交通一体化票务系统，例如，发行都市圈通用的交通卡，居民可以使用该卡乘坐地铁、公交、市域铁路等多种交通工具，在不同城市之间实现无缝换乘。并且，通过交通卡的使用数据，分析居民的出行习惯和需求，进一步优化交通线路和服务。

创新成都都市圈基础设施共建共享模式，以污水处理为例，可以采用区域化共建共享模式。由成都都市圈各城市共同出资建设大型污水处理厂，根据各城市的污水排放量分配建设成本和运营费用。污水处理厂的选址可以综合考虑地理位置、环境承载能力等因素，实现资源的优化配置。同时，在垃圾处理方面，建立都市圈统一的垃圾收运和处理体系，采用先进的垃圾分类和处理技术，提高垃圾处理效率，减少对环境的污染。通过基础设施的共建共享，增强居民对都市圈一体化的信心。

（四）以公共服务的同城化创新促进成都都市圈人心相通

着力提升公共服务均衡化水平，加大对德阳、眉山、资阳等地公共服务资源的投入，通过成都的优质公共服务资源辐射带动周边城市。例如，建立成都都市圈教育联盟，由成都的名校与周边城市学校开展结对帮扶，派遣优秀教师到周边城市支教，同时接收周边城市教师到成都培训学习。

在医疗方面，进一步扩大医联体范围，鼓励成都的三甲医院在周边城市建立分院或合作医疗点，提升周边城市的医疗服务水平，缩小公共服务水平差距，减少居民对本地公共服务的不满情绪。

制定和完善成都都市圈公共服务一体化标准，在教育、医疗、养老等领域统一服务标准、规范服务流程。例如，在教育方面，统一教材、教学大纲和教学质量评估标准；在医疗方面，统一医保报销目录、报销比例和医疗服务质量标准等。通过标准化建设，提高居民对公共服务一体化的认同感。

建立成都都市圈公共服务协同管理机构，负责统筹协调各城市公共服务一体化工作。该机构可以由各城市政府相关部门人员组成，定期召开会议，研究解决公共服务一体化进程中的难题。例如，在医保异地结算方面，协同管理机构可以协调各城市的医保部门，统一医保政策，优化结算流程，提高异地结算的效率和准确性。

利用现代信息技术，建立成都都市圈公共服务大数据平台。平台整合各城市的公共服务数据，如教育学生信息、医疗患者病历、养老服务需求等。通过大数据分析，为公共服务的规划、决策和管理提供依据，同时也方便居民查询和使用公共服务信息，提高公共服务的协同管理水平。

（五）以共同富裕机制促进成都都市圈人心相通

逐步构建成都都市圈共同富裕意味着经济上的公平与发展成果的共享。当成都都市圈致力于共同富裕时，人们能够看到每个人都有机会获得更好的生活，无论是在城市还是乡村，无论是从事何种职业。这种公平的发展环境能让人们感受到社会的公正，从而增强对社会的认同感和归属感。

在经济层面，成都都市圈的共同富裕机制可以促进区域内的经济协同发展。不同地区、不同群体之间的经济差距缩小，产业合作更加紧密，资源得到更合理的配置。例如，通过产业转移和合作，落后地区可以获得发展机遇，提升经济实力。人们在经济活动中的联系更加紧密，合作共赢的理念深入人心，这有助于打破成德眉资以及城乡地域和群体之间的隔阂，促进人心相通。

在社会层面，成都都市圈的共同富裕机制带来的是更加均衡的公共服务和社会福利。教育资源的公平分配让每个孩子都有机会接受良好的教育，提升自身素质；医疗保障的完善确保人们在生病时能够得到及时有效的治疗；社会保障体系的健全为人们的生活提供了坚实的后盾。这些公共服务的均衡发展，让成都都市圈群众感受到社会的关爱和温暖，增强了人们之间的信任和凝聚力。

在文化层面，成都都市圈的共同富裕机制可以推动文化的交流与融合。当人们的生活水平提高后，对文化生活的需求也会增加。不同地区的文化活动可以相互交流、借鉴，促进文化的创新与发展。同时，共同富裕也有助于保护和传承传统文化，让人们在文化的传承中找到共同的精神家园，增进彼此之间的情感认同。

成都都市圈要着力构建共同富裕机制，促进人心相通。在经济发展、社会事业、生态环境、社会治理等方面实现协同发展，让居民共享发展成果，增强居民的获得感、幸福感和安全感，从而促进人心相通，实现成都都市圈的和谐稳定发展。

（六）以统筹发展和安全的机制促进成都都市圈人心相通

发展和安全如鸟之两翼、车之两轮，相辅相成、缺一不可。一方面，发展是安全的基础。只有不断推动经济发展、社会进步，才能为安全提供坚实的物质保障和技术支撑。强大的经济实力可以投入更多资源用于安全领域，如加强国防建设、提升公共安全设施水平、改善生态环境等。另一方面，安全是发展的保障。没有安全稳定的环境，发展就无从谈起。一个国家或地区如果面临着战争、恐怖主义、重大自然灾害等安全威胁，经济发展必然会受到严重阻碍。只有确保国家主权安全、社会稳定、人民生命财产安全，才能为发展创造良好的条件。

成都都市圈建设要坚持以人民为中心的发展思想，把人民生命安全和身体健康放在首位。在发展经济的过程中，要充分考虑人民的需求和利益，确保发展成果惠及全体人民。

不同地区在资源禀赋、经济发展水平等方面存在差异，需要通过统筹发展和安全，实现区域间的优势互补、协同发展。成都都市圈各城市在产业发展、生态保护、公共服务等方面加强合作，共同应对安全挑战，这无疑是人心相通的底线。

成都都市圈要着力加强生态环境保护，共同守护成都都市圈的生态本底。建立生态补偿机制，鼓励各城市共同保护生态环境。加强水资源保护、大气污染防治、土壤污染治理等工作，推进绿色发展，实现可持续发展。加强生态修复和建设，提升生态系统服务功能。开展山水林田湖草沙生态保护修复工程，加强森林资源保护和绿化建设，提高生态系统的稳定性和抗风险能力，促进成都都市圈的人心相通。

成都都市圈要加强社会治安综合治理，维护社会稳定。建立社会治安防控体系，加强公安、消防、应急等部门的协作配合，严厉打击各类违法犯罪活动。加强矛盾纠纷排查化解，妥善处理信访问题，维护社会和谐稳定，促进成都都市圈的人心相通。

成都都市圈要加强安全生产管理，防范各类安全事故。建立健全安全生产责任制，加强对重点行业、重点领域的安全监管，加大安全投入，提高安全技术水平。加强安全教育培训，提高从业人员的安全意识和技能，促进人心相通。

成都都市圈要加强网络安全防护，保障信息安全。建立网络安全管理体系，加强对关键信息基础设施的保护，防范网络攻击和数据泄露。加强网络安全宣传教育，提高居民的网络安全意识和防范能力，促进成都都市圈的人心相通。

（七）以社会交往拓展创新促进成都都市圈人心相通

成都都市圈要促进精神上的共同富裕，打破社会交往圈层，组织成都都市圈居民交流活动，如开展“都市圈邻里节”，以社区为单位，鼓励不同城市的社区之间结对开展交流活动。活动内容可以包括社区文化节、体育竞赛、家庭互访等，增进居民之间的横向交往。同时，在商业合作方面，由政府搭台，举办成都都市圈企业对接会，重点促进德阳、眉山、资阳之间的企业合作，引导企业之间开展业务往来、技术交流等活动，打破城市之间的圈层化交往模式。建立成都都市圈志愿者服务联盟，整合各城市的志愿者资源。志愿者服务联盟可以开展跨城市的志愿服务活动，如环保公益活动、文化遗产保护志愿者行动等。通过志愿者服务，让不同城市的居民在共同的目标下合作，加强相互之间的了解和信任。

成都都市圈要着力促进社会融合发展，针对人口流动过程中的社会融合问题，各城市政府出台相关政策。例如，在住房保障方面，为流入本城市的都市圈其他城市居民提供公租房、住房补贴等优惠政策；在子女教育方面，确保外来人口子女享受与本地居民子女同等的教育待遇。同时，开展新市民融入计划，为新流入居民提供文化适应、就业指导等培训服务，帮助他们更好地融入当地社会。并且，建立都市圈居民融合评价指标体系，定期评估各城市的社会融合状况，及时调整政策措施，促进居民之间的社会融合发展。

第十二章

成都都市圈高质量发展评价

通过成都都市圈高质量发展评价，监测成都都市圈高质量发展进程和水平。构建成都都市圈高质量发展评价体系，需要综合考虑经济、社会、文化、生态环境、交通与基础设施等多个方面的因素，通过科学的评估方法和指标体系，全面客观地反映成都都市圈高质量发展现状和潜力，为成都都市圈的规划和高质量发展提供决策依据。

一、 成都都市圈高质量发展评价指标体系的建立

（一）指标体系设立的基本原则

在制定成都都市圈高质量发展的评估标准时，必须坚持以下原则以确保指标体系能够准确地反映都市圈的真实发展状况（王丽霞，2021）。

第一，综合性原则。鉴于成都都市圈的发展是一个综合性的系统工程，评价其发展指标时应当涵盖经济、社会和生态环境等多个方面，确保各部分相互联系并共同作用于整体发展中。

第二，科学性原则。选择指标时应基于客观事实和科学方法，确保所选指标合理可靠，能真实反映实际情况。

第三，数据可操作原则。选取多样化指标时，考虑到研究的实际操作，应选取可获取性较高的数据，并且这些数据必须是可以量化的，以便于进一步地分析和计算。

第四，针对性原则。指标体系中不同层面的功能应当彼此关联，下层的具体指标需紧密对应上层的核心维度，确保它们能够有效地支持对都市圈各个城市特定维度的测量，同时避免冗余或混淆。

（二）指标体系结构

联合国 2001 年设定的城市发展指数系统（CDI）以生产能力、基础设施、废品处理、健康和教育五个方面作为评估依据进行质量评价。中国经济实验研究院对 2019 年国内 35 个主要城市及地区的生活质量进行了深入研究，结合主观和客观因素，制定了两个层面的详细经济社会评价指标。此

外，中国社科院与联合国人居署联合开展的研究，则通过经济、社会、资源环境和全球联系四个角度来衡量全球 1 006 个城市在 2019—2020 年的经济竞争力。上述案例为本书质量评价指标体系构建提供了经验。

成都都市圈的高质量发展指标旨在评估其在满足城市区域发展需求和提升居民生产生活条件方面的成效。构建这一评价指标体系时，本书采取了以下两种主要方法：

一是借鉴已有研究成果。本书参考了前文所述的科学评价指标体系以及学术界关于都市圈等城市区域高质量发展的研究成果。这些研究为构建评价体系提供了理论基础和实践指导。

二是基于可持续发展的视角。本书从可持续发展的视角出发，立足于促进高质量发展的立场，在确保数据可获取性的前提下，将都市圈发展中不可或缺的各项综合要素纳入考量。通过这种方法，能够更全面地反映都市圈的发展状况。

通过上述方法，本书设计了一个包含 21 个具体指标的评价框架，以期较为全面而客观地反映成都都市圈高质量发展的关键要素，确保评价结果能够准确体现其在经济、社会和环境三个维度的发展状况。具体指标介绍如下表 12-1 所示。

表 12-1 成都都市圈高质量发展评价指标体系

一级指标	二级指标	具体指标	单位	属性
经济发展	经济规模	GDP	亿元	正向
		人均 GDP	元	正向
		GDP 增长率	%	正向
		人均 GDP 增长率	%	正向
	产业协同	产业结构高级化	—	正向
	开放程度	外贸依存度	%	正向
	数字经济	互联网普及率	%	正向
		中国数字普惠金融指数	—	正向

表12-1(续)

一级指标	二级指标	具体指标	单位	属性
社会发展	文化自信	文化机构数	个	正向
	现代治理	治安案件查处率	%	正向
	公共服务	城镇登记失业率	%	逆向
		教育支出	万元	正向
		每万人卫生机构床位数	张/万人	正向
	人心相通	城镇化率	%	正向
		人口密度	人/平方千米	正向
		城乡居民人均可支配收入	万元	正向
		城乡居民人均生活消费支出	万元	正向
环境发展	环境治理	生活垃圾无害化处理率	%	正向
	资源利用	单位 GDP 能耗	吨标准煤/万元	逆向
	绿色生活	公园个数	个	正向
		年末实有耕地面积	千公顷	正向

（三）指标解释

1. 经济发展

经济实力是成都都市圈高质量发展的基石，也是评价其发展水平的重点。评估时不仅需要关注经济总量的增长，还要重视结构优化、个体协调发展以及经济效益。具体衡量指标如下：

X_1：地区生产总值（GDP），作为衡量经济规模的核心指标，直接反映成都都市圈的经济实力。

X_2：人均 GDP，从个体层面体现经济发展成果，衡量居民福利水平。

X_3：GDP 增长率，动态展示经济增速与活力。

X_4：人均 GDP 增长率，进一步细化经济增长对个人的影响。

X_5：产业结构高级化，通过第二产业和第三产业占 GDP 比重来评估产业结构升级情况。

X_6：外贸依存度，利用进出口总额占 GDP 比例来衡量对外开放水平及其对区域经济的贡献。

X_7：互联网普及率，以互联网用户数占总人口的比例来衡量成都都市圈的信息化水平。

X_8：中国数字普惠金融指数，包括覆盖广度、使用深度和数字支持服务程度三方面，由北京大学开发。

2. 社会可持续性

社会和谐稳定是都市圈发展的必要条件，文化输出随经济发展成为文明进步的基础。社会可持续性能够侧面反映经济发展的质量和目标。具体衡量指标如下：

X_9：文化机构数，反映文化基础设施建设水平。

X_{10}：治安案件查处率，衡量城市安全和社会秩序。

X_{11}：城镇登记失业率，反映就业市场的健康状况。

X_{12}：教育支出，显示地方政府对教育事业的支持力度。

X_{13}：每万人卫生机构床位数，反映医疗卫生服务能力。

X_{14}：城镇化率，反映了人口从农村向城镇迁移的程度，是经济发展、社会进步和现代化水平的一个重要标志。

X_{15}：人口密度，反映地区人口密集程度（考虑西部地区的人口流失问题，将其视为正向指标）。

X_{16}：城乡居民人均可支配收入，衡量居民生活水平。

X_{17}：城乡居民人均生活消费支出，反映居民的生活质量和消费能力。

3. 环境发展

良好的生态环境对于提升居民生活质量至关重要，也是都市圈可持续发展的保障。生态可持续性强调人与自然的和谐共处，注重绿色生态空间的建设和生活方式的转变。具体衡量指标如下：

X_{18}：生活垃圾无害化处理率，反映城市环境治理成效。

X_{19}：单位 GDP 能耗，评估能源使用效率。

X_{20}：公园数量，间接反映居民绿色生活的普及程度。

X_{21}：年末实有耕地面积，体现农业用地保护情况。

二、 评价方法选取与计算方法

（一）评价方法选取及介绍

在对成都都市圈高质量发展的评价研究中，评价指标体系呈现出多样化的特点。学术界针对多指标综合评价的方法主要可以分为两大类：主观赋权评价和客观赋权评价。

主观赋权评价方法基于专家或学者的经验和认知进行定性决策。通过专家打分并加权计算来确定各指标的权重。常见的方法包括层次分析法和综合指数法等。尽管这些方法应用时间较长而且较为成熟，但是当有多个指标需要处理时，专家并不能够准确地评估各指标的相对重要性，也就导致存在严重的主观随意性。

客观赋权评价是一种基于定量计算的方法，通过数学模型和统计技术来确定评价指标的权重。常用的方法包括主成分分析法、因子分析法和熵值法等。客观赋权方法依赖于数据本身的信息量和结构特征，减少了人为因素的干扰，提高了评价结果的客观性和准确性。

本章希望能够客观并较为全面地评价成都都市圈的高质量发展，同时考虑到评价体系中包含大量客观指标，而且数据的时间跨度有十年，如果采用主观赋权的方法可能会因操作复杂和主观性较强而不能够准确地反映都市圈的真实情况。因此，选择客观赋权方法相对来说更为科学和精确。

鉴于需要对经济、社会、生态三个维度下的 21 个指标进行全面赋权，熵值法尤为适用。熵值法起源于物理学中的“熵”概念，最初由鲁道夫·克劳修斯提出用于描述系统的混乱程度，后被克劳德·香农引入信息论，用以衡量信息的无序性和不确定性。该方法的优势在于其客观性、科学性和适应性：通过基于数据本身的特征进行权重计算，减少了专家打分带来的主观随意性；通过计算指标的变异程度来确定权重，能够有效反映各指标在整体评价中的重要性，并具有坚实的数学基础；适用于多种评价问题，特别适合处理多指标数据集，并且计算步骤清晰，易于实现。

综上所述，本章使用熵值法来进行研究具有一定的合理性，因为它能有效避免专家打分的主观干扰，提高科学性，并且适用于各种评价问题。本章采用线性加权法来计算综合评价指数得分，结合熵值法计算的权重，进一步保障了评价的客观性。通过线性加权法，可以计算各指标、各维度及各城市的发展指数，最终得出都市圈整体高质量发展指数，进行全面系统的质量评价。

（二）计算过程

通过文献回顾发现，已有文献在将熵值法应用于面板数据时，存在计算方法不统一的问题，容易产生诸多错误。为避免这些问题，本章采用以下步骤进行熵值法的计算：

第一步，无量纲化处理。本章选择使用极值法进行无量纲化处理。为了确保数据的有效性和避免出现零值，本章采用平移法对处理后的数据进行调整。具体而言，将所有处理后的数据值加上一个非常小的常数，本章设定该常数为 0.000 001。这样既保证了数据的有意义性，又满足了运算要求。公式如式 12-1、式 12-2：

$$x_{ij} = \frac{X_j - \min\{X_j\}}{\max\{X_j\} - \min\{X_j\}} \quad \text{（式 12-1）}$$

$$x_{ij} = \frac{\max\{X_j\} - X_j}{\max\{X_j\} - \min\{X_j\}} \quad \text{（式 12-2）}$$

其中，X_j 表示第 j 个指标，$\max\{X_j\}$ 表示指标 j 中的最大值，$\min\{X_j\}$ 表示指标 j 中的最小值，x_{ij} 表示标准化以后的第 j 个指标中的第 i 个样本。

第二步，计算第 j 个指标中，第 i 个样本标志值的比重，见式 12-3：

$$p_{ij} = \frac{x_{ij}}{\sum_i x_{ij}} \quad \text{（式 12-3）}$$

第三步，计算第 j 个指标的熵值，见式 12-4，其中 m 表示指标 j 共有 m 个样本量。

$$e_j = -\frac{1}{\ln m}\sum_i (p_{ij} \times \ln p_{ij}) \quad \text{（式 12-4）}$$

第四步，定义第 j 个指标的差异程度，见式 12-5。

$$d_j = 1 - e_j \quad (式 12-5)$$

第五步，定义权重，见式 12-6。

$$w_j = \frac{d_j}{\sum_j d_j} \quad (式 12-6)$$

最后，计算出综合竞争力，见式 12-7。

$$C_j = \sum_j w_j p_{ij} \quad (式 12-7)$$

（三）计算结果

在对成都都市圈从 2014 年至 2022 年的高质量发展进行评估时，我们基于构建的评价指标体系，分别计算了综合发展指数、经济发展指数、社会发展指数和环境发展指数。这些指数的变化趋势揭示了成都都市圈在这些年间的总体发展状况。

1. 综合发展指数

成都都市圈的综合竞争力指数详细计算结果见表 12-2，变化趋势图见图 12-1。通过对成都都市圈从 2014 年至 2022 年期间的高质量发展进行评估，结果显示，成都市在都市圈内的综合竞争力显著增强，从 2014 年的 0.211 稳步上升至 2022 年的 0.719，表明其在经济发展、社会发展以及环境发展等方面均有显著提高。与此同时，德阳市、眉山市和资阳市也呈现出不同程度的进步，但相较于成都市仍存在一定的差距。例如，德阳市的综合竞争力指数从 2014 年的 0.220 增加至 2022 年的 0.369；眉山市则由 2014 年的 0.134 增长至 2022 年的 0.412；资阳市的指数也从 0.376 上升到了 2022 年的 0.561。

总体来看，这四个城市之间的差距逐渐拉大，成都市与其他三个城市的差距尤其明显。此外，虽然德阳市、眉山市和资阳市的综合竞争力都有所提高，但是它们之间的竞争格局并没有发生太大改变。

表 12-2　2014—2022 年成都都市圈综合发展指数

年份	成都市	德阳市	眉山市	资阳市	成都都市圈
2014	0.211	0.220	0.134	0.376	0.178

表12-2(续)

年份	成都市	德阳市	眉山市	资阳市	成都都市圈
2015	0. 319	0. 243	0. 183	0. 412	0. 289
2016	0. 376	0. 239	0. 255	0. 270	0. 401
2017	0. 398	0. 282	0. 229	0. 319	0. 467
2018	0. 504	0. 319	0. 309	0. 371	0. 503
2019	0. 676	0. 353	0. 403	0. 440	0. 597
2020	0. 594	0. 281	0. 267	0. 420	0. 572
2021	0. 754	0. 521	0. 572	0. 584	0. 739
2022	0. 719	0. 369	0. 412	0. 561	0. 701

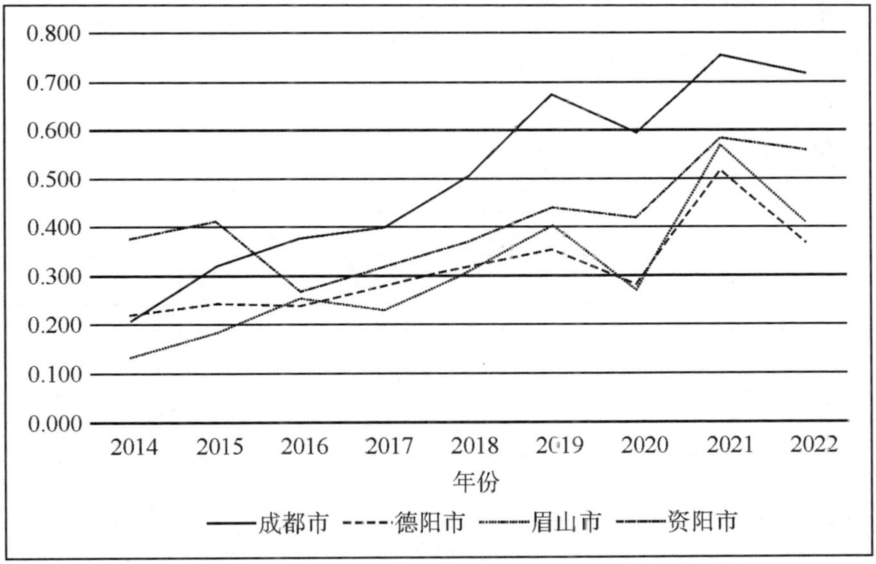

图 12-1　2014—2022 年成都都市圈综合竞争力指数趋势图

2. 经济发展指数

成都都市圈经济发展指数计算结果见表 12-3，变化趋势见图 12-2。2014—2022 年，成都市的经济发展指数一直领先于其他三个城市，数值从 2014 年的 0. 219 增长至 2022 年的 0. 828；德阳市的经济发展指数排名第二，在这期间其数值从 0. 451 上升到了 0. 593；眉山市的经济发展指数在这段时间内也有所提升，从 0.227 增加到 0.772；而资阳市的经济发展指数在 2014—2018 年年间变化不大，始终维持在 0.37 左右。2019—2022 年，资阳市的经济发展指数从 0.552 增长至 0.683。

总体来看，这四个城市之间的经济差距逐渐拉大，成都市与其他三个城市的差距尤其明显。此外，虽然德阳市、眉山市和资阳市的经济发展指数都有所提高，但是它们之间的竞争格局并没有发生太大改变。

表 12-3　2014—2022 年成都都市圈经济发展指数

年份	成都市	德阳市	眉山市	资阳市	成都都市圈
2014	0.219	0.451	0.227	0.408	0.174
2015	0.178	0.397	0.247	0.326	0.101
2016	0.237	0.342	0.303	0.279	0.304
2017	0.381	0.449	0.324	0.342	0.558
2018	0.476	0.532	0.537	0.408	0.599
2019	0.741	0.537	0.597	0.552	0.693
2020	0.729	0.423	0.525	0.500	0.656
2021	0.957	0.676	0.837	0.739	0.885
2022	0.828	0.593	0.772	0.683	0.793

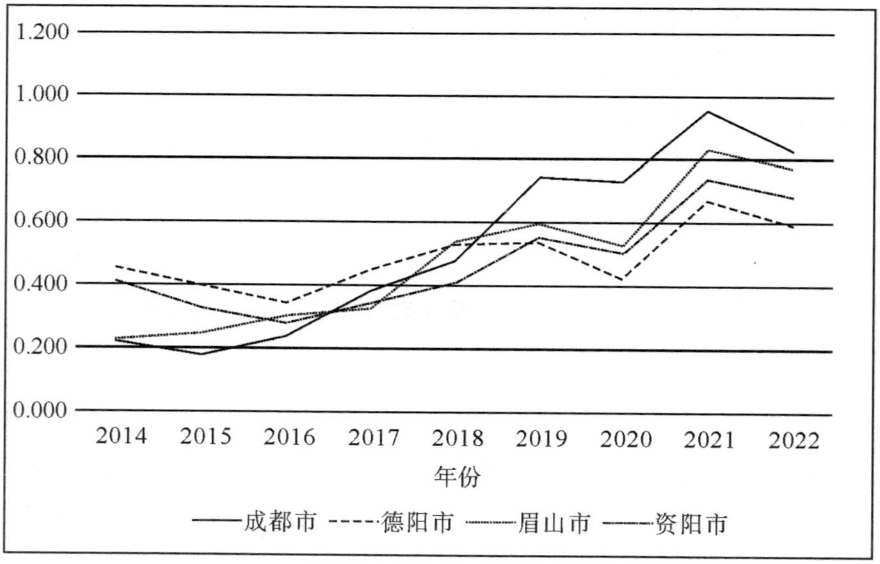

图 12-2　2014—2022 年成都都市圈经济发展指数趋势图

3. 社会发展指数

成都都市圈社会指数计算结果见表 12-4，变化趋势见图 12-3。可以看出成都市的增长最为显著，从 2014 年的 0.091 增加到 2022 年的 0.684；其次是德阳市，从 0.164 增加到 0.372；眉山市从 0.136 增加到 0.329；资阳市从 0.443 增加到 0.356。总体来看，成都都市圈的社会发展指数从 2014 年的 0.110 增长到了 2022 年的 0.702，呈现出进步的大趋势，意味着这些城市的社会发展水平都在逐年提高。

此外，我们还可以看出，在这八年的时间里，成都市的平均增长率最高，为每年约 0.056；其次为德阳市，每年约 0.031；眉山市每年约 0.023；资阳市每年约 0.013。这表明成都市在这段时间内取得了最大的进步和发展。

最后，我们可以注意到，虽然这四个城市的社会发展水平都在逐年提高，但是它们之间的差距也在逐渐拉大。例如，成都市与德阳市之间的差距从 2014 年的 0.075 扩大到了 2022 年的 0.312；而眉山市与资阳市之间的差距则从 0.307 缩小到了 0.027。

表 12-4　2014—2022 年成都都市圈社会发展指数

年份	成都市	德阳市	眉山市	资阳市	成都都市圈
2014	0.091	0.164	0.136	0.443	0.110
2015	0.314	0.220	0.197	0.526	0.292
2016	0.323	0.259	0.223	0.228	0.269
2017	0.448	0.296	0.273	0.331	0.388
2018	0.536	0.327	0.305	0.337	0.448
2019	0.601	0.411	0.363	0.319	0.501
2020	0.553	0.322	0.271	0.341	0.588
2021	0.703	0.748	0.795	0.557	0.772
2022	0.684	0.372	0.329	0.356	0.702

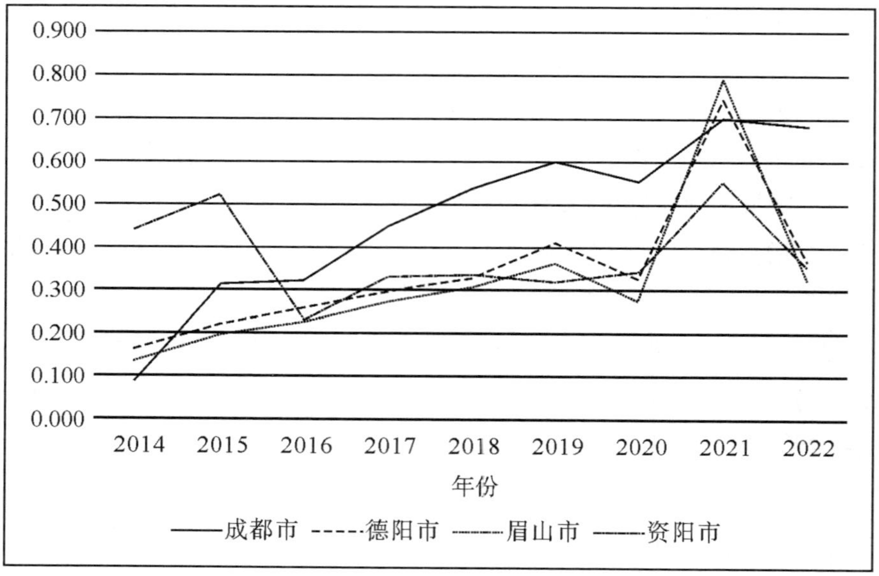

图 12-3　2014—2022 年成都都市圈社会发展指数趋势图

4. 环境发展指数

成都都市圈环境发展指数计算结果见表 12-5，变化趋势见图 12-4。在 2014 年至 2022 年期间，成都市的环境发展指数经历了逐步上升的过程，从最初的 0.429 稳步增长至最高的 0.591；德阳市的环境发展指数也在同一时间段内持续攀升，由起初的 0.011 升至最终的 0.193；眉山市的环境发展指数在这段时间内亦表现出明显的增长态势，从 0.069 一路上涨至 0.272；资阳市的环境发展指数虽然在初期阶段变动不大，但从 2018 年开始出现了显著的上升趋势，由 0.385 跃升至 0.772。

成都都市圈的环境发展指数在 2014 年至 2022 年间总体呈现上升趋势，这表明该地区的环境保护工作在不断加强并取得一定成效。从 2014 年的 0.313 到 2022 年的 0.559，总环境发展指数的上升反映了整个都市圈在生态环境建设方面的努力。尽管各城市的具体分数有所不同，但都显示出积极向上的发展趋势。

表 12-5　2014—2022 年成都都市圈环境发展指数

年份	成都市	德阳市	眉山市	资阳市	成都都市圈
2014	0. 429	0. 110	0. 069	0. 213	0. 313
2015	0. 582	0. 151	0. 122	0. 318	0. 570
2016	0. 727	0. 137	0. 262	0. 336	0. 799
2017	0. 333	0. 136	0. 112	0. 269	0. 481
2018	0. 492	0. 144	0. 159	0. 385	0. 463
2019	0. 703	0. 142	0. 323	0. 515	0. 633
2020	0. 431	0. 124	0. 090	0. 459	0. 416
2021	0. 489	0. 129	0. 123	0. 430	0. 456
2022	0. 591	0. 193	0. 272	0. 772	0. 559

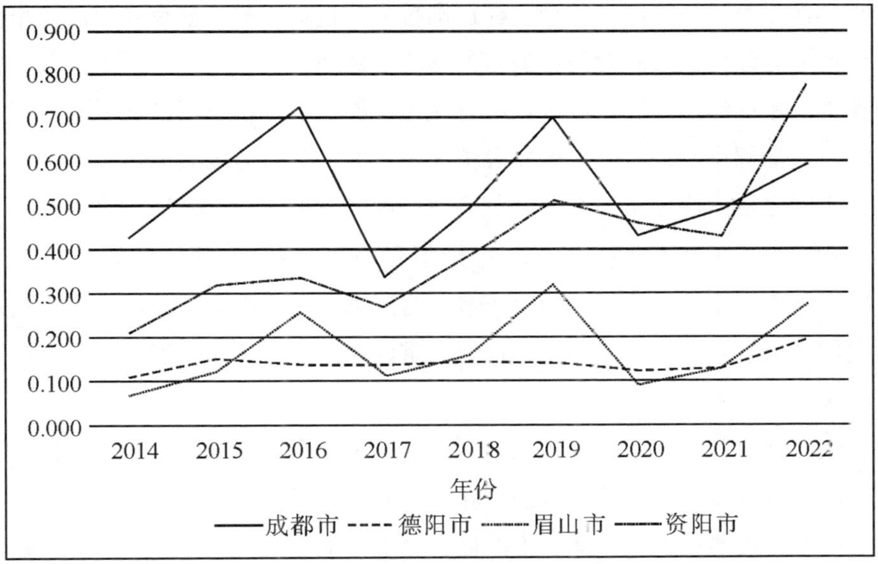

图 12-4　2014—2022 年成都都市圈环境发展指数趋势图

三、 成都都市圈高质量发展评价总结

综上所述，从 2014 年到 2022 年，成都都市圈内的四个城市——成都市、德阳市、眉山市和资阳市在综合发展、经济发展、社会发展和环境发展等方面均呈现出不同程度的进步。其中，成都市在各项指标中表现突出，综合竞争力、经济发展指数和社会发展指数均位列第一，并且与其他三个城市间的差距逐渐加大。德阳市在经济发展方面紧随其后，但在综合竞争力和社会发展方面略逊一筹。眉山市和资阳市的发展速度相对较慢，但也有一定的提升。

值得注意的是，虽然各个城市在不同领域均有改善，但整体而言，成都市与其他三个城市之间的差距正在逐渐拉大。这种现象可能反映出成都市作为区域中心的地位及其对周边城市的影响。然而，这也提示我们需要关注如何促进区域内均衡发展，以确保所有城市都能共享经济发展的成果。

对成都都市圈过去数年的发展情况进行深入分析后，我们可以认为，成都都市圈之核的成都市，在综合竞争力、经济发展、社会发展和环境发展等方面均取得了显著的成绩，成为引领地区发展的核心力量。然而，德阳市、眉山市和资阳市的发展速度相对较慢，与成都市之间的差距逐渐拉大。这提醒我们在追求经济增长的同时，也要注重区域内部的均衡发展，避免形成过于悬殊的城市差异。

因此，成都都市圈应该继续发挥自身优势，抢抓新质生产力发展机遇，充分利用各种资源，推动科技创新和产业升级，提高整体竞争力，形成新极化。同时，需要加大对其他城市的社会经济辐射力度，通过政策引导、资源共享等方式，引领德阳、眉山和资阳更好地融入成都都市圈高质量一体化发展进程，共同构建一个更加和谐、繁荣的高质量发展共同体。

参考文献

[1] ANTONELLI, C. Localized technological change, new information technology and the knowledge-based economy: the European evidence [J]. Journal of evolutionary economics, 1998, 8 (2): 177-198.

[2] CHALUPA P. Synergetic conception of regional population and social-democratic processes taking place in the Czech Republic [J]. Geojournal, 1993, 31 (4): 435-438.

[3] CHALUPA, PETR. Synergetic evaluation of region, social, economic and population processes in Czech Republic [J]. Earth magnetism geography, 1993, 4 (3): 128.

[4] DAVIS J C, HENDERSON J V. Evidence on the political economy of the urbanization process[J]. Journal of urban economics, 2004, 53 (1): 98-125.

[5] FRIEDMANN J. Regional development policy: a case study of Venezuela [J]. Sustainability. 1966, 4 (3): 309-311.

[6] HENDERSON J V, WANG H G. Urbanization and city growth: the role of institutions[J]. Regional science & urban economics, 2007, 37(3): 283-313.

[7] PORTER, M. E. Industrial organization and the evolution of concepts for strategic planning: the new learning [J]. Managerial and decision economics, 1983, 4 (3): 172-180.

[8] STIEGLITZ N. Digital dynamics and types of industry convergence: the evolution of the handheld computers market [J]. Social science electronic publishing, 2007.

[9] 赫尔曼·哈肯. 协同学：大自然构成的奥秘 [M]. 凌复华，译. 上海：上海译文出版社，2005.

[10] 勒施. 经济空间秩序：经济财货与地理间的关系 [M]. 王守礼，译. 上海：商务印书馆，2010.

[11] 安树伟，闫程莉. 沿海三大城市群产业协作效果评价与比较 [J]. 河北学刊，2017，37 (5)：144-150.

[12] 邴正，昂翁绒波. 跨文化传播中的解域化与再域化：以成都武侯区民族街为例 [J]. 贵州民族研究，2022，43 (5)：81-85.

[13] 曾健，张一方. 社会协同学 [M]. 北京：科学出版社，2000.

[14] 陈琦. 新公共服务理论在美丽乡村建设中的应用路径研究：以河南省扶沟县为例 [J]. 北京农业职业学院学报，2020，34 (5)：55-61.

[15] 陈婷，武文斌，何建军，等. 多源空间数据融合的城市人居环境监测模型与应用研究 [J]. 生态学报，2019，39 (4)：1300-1308.

[16] 陈小卉. 都市圈发展阶段及其规划重点探讨 [J]. 城市规划，2003，27 (6)：3.

[17] 陈燕，林仲豪. 粤港澳大湾区城市间产业协同的灰色关联分析与协调机制创新 [J]. 广东财经大学学报，2018，33 (4)：89-97.

[18] 陈宜海. 合肥都市圈产业协同性研究 [D]. 合肥：安徽大学，2017.

[19] 程华薇，黄妍，李太斌. 融媒体视野下成都城市文化品牌传播策略研究 [J]. 西部广播电视，2021，42 (23)：4.

[20] 邓聚龙. 灰色预测与决策 [M]. 武汉：华中理工大学出版社，1988.

[21] 邓聚龙. 社会经济灰色系统的理论与方法 [J]. 中国社会科学，1984 (6)：47-60.

[22] 董立新，王亚炜，白昊阳，等. 河流治理与修复工程技术模式研究进展 [J]. 环境保护科学，2017，43 (2)：7-13，61.

[23] 方茜. 中心城市与周边城市发展的关联性研究：以环成都经济圈为例 [J]. 经济体制改革，2019 (3)：54-61.

[24] 傅娟，耿德伟，杨道玲. 中国五大都市圈同城化的发展审视及对

策研究［J］．区域经济评论，2020（6）：101-110.

［25］傅莹．把握变局、做好自己，迎接新的全球时代［J］．世界知识，2019（19）：18-21.

［26］龚静，岳培宇．全球化视阈下成都建设“世界文化名城”的评价指标体系构建［J］．成都大学学报：社会科学版，2021（1）：10.

［27］顾晋饴，刘培，李岱远，等．三峡库区生态环境与经济协调发展时空演变特征［J］．三峡生态环境监测，2019，4（1）：22-30.

［28］顾菁，薛伟贤．高技术产业协同创新研究［J］．科技进步与对策，2012，29（22）：6.

［29］郭存芝，沈宁，顾佳乐．江苏与长江经济带其他省份产业协同发展研究［J］．中国科技论坛，2016（10）：84-89，154.

［30］胡序威．沿海城镇密集地区空间集聚与扩散研究［J］．城市规划，1998（6）：7.

［31］黄桂媛，李琦．数字经济与冷链物流产业协同发展关系研究［J］．商业经济研究，2023（15）：82-86.

［32］姜安印，刘晓伟．“一带一路”背景下我国西北五省（区）产业结构协同测度及发展研究［J］．新疆社会科学，2017（3）：47-53.

［33］蒋茜．活态传承视域中四川皮影戏的当代保护与传承［J］．成都师范学院学报，2022（5）：117-124.

［34］李辉，胡彬．“混合型”政策创新：我国地方政府政策创新的解释框架：以J市“老楼加梯”为例［J］．山东大学学报（哲学社会科学版），2023（5）：60-71.

［35］李朋瑶，徐峰．成都古镇文化空间量化分析［J］．现代城市研究，2018（11）：7.

［36］李瑶，马丽．地方历史文化融入成都公园城市建设的现状、问题与对策［J］．资源与人居环境，2021（9）：42-47.

［37］李优树，冯秀玲．成渝地区双城经济圈产业协同发展研究［J］．中国西部，2020（4）：35-45.

［38］林爱华，乔红芳，沈利生．环境规制对绿色发展水平的作用效果：基于断点存在时的面板被调节中介分析［J］．资源开发与市场，2020，36

(12)：1334-1342，1409.

［39］林溪，廖若兰. 以熊猫文化为核心的成都文旅 IP 塑造与推广［J］. 四川戏剧，2021（1）：4.

［40］刘冲，李皓宇. 基于投入产出表的京津冀产业协同发展水平测度［J］. 北京社会科学，2023（6）：37-48.

［41］刘英基. 高技术产业技术创新、制度创新与产业高端化协同发展研究：基于复合系统协同度模型的实证分析［J］. 科技进步与对策，2015，32（2）：66-72.

［42］罗富政，赖纹慧. 统一大市场建设对城际经济协同发展的影响研究［J］. 南方经济，2024（3）：38-55.

［43］马源文. 成都平原经济区生产性服务业和制造业协同集聚对绿色经济发展的影响研究［D］. 成都：四川师范大学，2021.

［44］孟庆松，韩文秀. 复合系统协调度模型研究［J］. 天津大学学报，2000（4）：444-446.

［45］孟祥娟. 成都杜甫草堂楹联文化内涵与传播略论［J］. 重庆三峡学院学报，2022，38（4）：10.

［46］宁越敏. 国外大都市区规划体系评述［J］. 世界地理研究，2003，12（1）：8.

［47］钱堃. 基于全域旅游视域探析成都地域文化［J］. 西部旅游，2021（2）：27-28.

［48］钱紫华. 都市圈概念与空间划定辨析［J］. 规划师，2022，38（9）：152-156.

［49］冉宏林. 郎家村遗存再分析：兼谈三星堆文化在成都平原的分布［J］. 中国历史文物，2020（6）：18-29.

［50］任英华，王传引，张晨瑜，等. 现代化产业体系区域协同发展及驱动因素研究［J/OL］. 调研世界，1-12［2024-10-21］.

［51］石敏俊，孙艺文. 中国都市圈的产业分工与功能协同分析［J/OL］. 地理学报，1-16［2024-10-17］.

［52］石硕，王志. 论天府文化的兼容特点：兼论成都在汉藏交流中的连接枢纽作用［J］. 西南民族大学学报（人文社会科学版），2018，39

(2)：6.

［53］宋彩霞，乔翠霞．数字经济与产业结构优化：基于服务业发展的视角［J］．郑州大学学报（哲学社会科学版），2023，56（5）：46-52.

［54］宋祖萱，刘芳妹．人民城市，规划赋能：2023 中国城市规划年会论文集［M］．北京：中国建筑工业出版社，2023.

［55］苏玲玲，王红．济南全方位推进低碳城市建设［J］．环境教育，2021（1）：52-53.

［56］眭海霞，陈俊江．文化消费如何成为新的经济增长点：以成都为例［J］．开放导报，2016（3）：5.

［57］王开泳，陈田．行政区划研究的地理学支撑与展望［J］．地理学报，2018，73（4）：688-700.

［58］王理，廖祖君，李后强．区域协调视角下产业创新系统评价研究：以成德绵高新技术产业为例［J］．中国西部，2018（1）：1-8.

［59］王丽霞．成都都市圈综合发展质量评价与对策研究［D］．成都：西南交通大学，2021.

［60］王晓亚，翁国阳．知识密集型产业协同度及影响因素研究［J］．中国科技论坛，2015（11）：7.

［61］王兴明．产业发展的协同体系分析：基于集成的观点［J］．经济体制改革，2013（5）：102-105.

［62］王志勇，张向东．打造中国最年轻的省会城市党报［J］．传媒，2009（12）：44-45.

［63］翁钢民，李慧盈．京津冀旅游产业协同发展水平测度与整合路径研究［J］．资源开发与市场，2017，33（3）：369-372.

［64］肖金成．关于新发展阶段都市圈理论与规划的思考［J］．学术前沿，2021（4）：7.

［65］谢杰．长三角城市群一体化背景下区域产业协同发展研究［D］．苏州：苏州大学，2024.

［66］徐春光．基于新发展格局的中国数字经济产业协同发展水平测度［J］．统计与决策，2023，39（18）：5-10.

［67］徐涵蕾．资源型城市产业协同机会和能力评价研究［J］．中国人

口·资源与环境，2010，20（2）：134-138.

［68］徐力行，高伟凯. 产业创新与产业协同：基于部门间产品嵌入式创新流的系统分析［J］. 中国软科学，2007（6）：131-134，140.

［69］薛俊菲，顾朝林，孙加凤. 都市圈空间成长的过程及其动力因素［J］. 城市规划，2006（3）：53-56.

［70］杨继瑞，罗志高. 成都绿色生态都市圈构建研究［J］. 成都大学学报（社会科学版），2022（2）：25-34.

［71］杨开忠. 一种值得探索的中国绿色发展技术路线图谱：《中国绿色发展效率与政策工具选择》书评［J］. 城市与环境研究，2023(1)：108-110.

［72］姚士谋. 中国的城市群［M］. 合肥：中国科学技术大学出版社，1992.

［73］尹涵. 长江经济带高新技术产业协同发展测度及影响因素研究［D］. 重庆：重庆大学，2018.

［74］尹稚，尚嫣然，崔音，等. 现代都市圈规划理论框架体系与实践研究［J］. 规划师，2023，39（4）：5-10.

［75］尹稚，叶裕民，卢庆强，等. 培育发展现代化都市圈［J］. 区域经济评论，2019（4）：103-113.

［76］张洪波. 沈阳建设东北区域金融中心研究［D］. 沈阳：辽宁大学，2017.

［77］张健，李沛. 京津地区现代服务业协同创新融合度评价：灰色关联分析［J］. 现代财经（天津财经大学学报），2016，36（1）：13-21

［78］张京祥，胡航军. 新发展环境下的都市圈发展、规划与治理创新［J］. 经济地理，2023，43（1）：17-25.

［79］张京祥，邹军，吴君焰，等. 论都市圈地域空间的组织［J］. 城市规划，2001，25（5）：19-23.

［80］张义，陈虞君，杜博文，等. 智慧城市多模式数据融合模型［J］. 北京航空航天大学学报，2016，42（12）：2683-2690.

［81］张羽，蹇令香，宓淑婧. 粤港澳大湾区产业的协同发展［J］. 大连海事大学学报，2019，45（3）：24-31.

［82］赵亚鹏，陈珮. 港航物流产业与港口城市协同发展实证研究：以

宁波为例［J］. 海洋经济，2021，11（2）：89-95.

［83］赵亚萍，曹广忠. 山东省海陆产业协同发展研究［J］. 地域研究与开发，2014，33（3）：21-26，48.

［84］钟骥，朱敏. 成都道教文化资源开发利用策略研究：以青城山为例［J］. 青年与社会，2018（11）：2.

［85］周路. 成都经济区先进制造业与现代物流业融合发展的研究［J］. 经济研究导刊，2018（18）：44-47，66.

［86］周一星. 城镇郊区化和逆城镇化［J］. 城市，1995（4）：7-10.

［87］周垠，蒋治国. 活力城乡 美好人居：2019 中国城市规划年会论文集［M］. 北京：中国建筑工业出版社，2019.

［88］朱永达，张涛，李炳军. 区域产业系统的演化机制和优化控制［J］. 管理科学学报，2001（3）：73-78.

［89］朱直君，彭耕，熊琳，等. 成都都市圈空间协同策略探讨［J］. 规划师，2020，36（19）：79-83.

后　记

为了深入推进成都都市圈建设的研究，在四川省社科联、成都市社科联的支持下，由西南财经大学、重庆工商大学、西南民族大学牵头，组成了《成渝地区双城经济圈战略引领下的成都都市圈研究》专著撰写组（以下简称“专著撰写组”）。专著撰写组在成渝地区双城经济圈开展了大量深入的调研，在此基础上，完成了专著的撰写工作。

本书由杨继瑞和何雄浪设计整体研究和撰写框架。各部分的主要撰写人如下：前言（杨继瑞、付莎），第一章（杨继瑞、王健、付莎），第二章（杨继瑞、黄潇），第三章（杨继瑞、覃业青），第四章（杨继瑞、何雄浪、李楠新），第五章（杨继瑞、李治惠），第六章（黄潇、朱立、王健），第七章（杨继瑞、陈冰、何雄浪），第八章（杨继瑞、黄潇），第九章（杨继瑞、吉娜），第十章（邓舒耀、杨继瑞、王健、何雄浪），第十一章（杨继瑞、邓舒耀、韩宏文），第十二章（赵建浩、朱立）。专著由杨继瑞、黄潇、何雄浪统稿，邓舒耀参与了部分章节的修改。

本书在研究、撰写和出版过程中，参考了众多专家的研究成果，得到了不少专家的指导与帮助。他们是：李后强、李萍、李好、毛中根、杨颖、姜晓萍、丁任重、戴宾、熊平、汪希成、黄善明、邵腾伟、阎星、胡雯、汤继强、马胜、张千友、蒋永穆、涂裕春、张友、王川、龚勤林、王冲、黄寰、王小刚等。还有不少专家为本书的撰写和出版提出了宝贵的意见和建议。在此，专著撰写组向各位专家学者表示衷心的感谢！

由于专著撰写组水平有限，本书难免存在疏漏或表述不周之处，还请专家学者与各位读者批评指正。愿这本专著能够为成都都市圈高质量发展的理论和实践贡献一份力量。

专著撰写组

2025 年 3 月